imaginist

想象另一种可能

理
想
国

imaginist

现代政治的正当性基础

周濂 著

上海三联书店

图书在版编目（CIP）数据

现代政治的正当性基础 / 周濂著 . -- 上海 : 上海三联书店 , 2021.12

ISBN 978-7-5426-7571-2

Ⅰ . ①现… Ⅱ . ①周… Ⅲ . ①政治哲学 Ⅳ . ① D0-02

中国版本图书馆 CIP 数据核字 (2021) 第 216430 号

现代政治的正当性基础

周濂 著

责任编辑 / 徐建新

特约编辑 / 孔胜楠

装帧设计 / 赤 徉

内文制作 / 李丹华

责任校对 / 张大伟

责任印制 / 姚 军

出版发行 / 上海三联书店

（200030）上海市漕溪北路331号A座6楼

邮购电话 / 021-22895540

印 刷 / 肥城新华印刷有限公司

版 次 / 2021 年 12 月第 1 版

印 次 / 2021 年 12 月第 1 次印刷

开 本 / 1230mm × 880mm 1/32

字 数 / 220千字

印 张 / 10.75

书 号 / ISBN 978-7-5426-7571-2/D · 514

定 价 / 58.00元

献给我的父亲和母亲

目　录

第一章

政治正当性的概念结构

政治正当性问题的第一次提出

公元前416年夏，雅典人发动对米洛斯岛的远征。斯时，雅典的海上霸业已成，雅典同盟的成员遍及基克拉底斯群岛，只有雅典人死敌——拉栖代梦人的后裔米洛斯人和另一个岛屿的居民仍然拒绝臣服雅典。雅典同盟的远征军由38艘舰船、3100名重装步兵、300名弓箭手和20名骑兵射手组成。

在大军压境、战争一触即发之际，雅典人派遣使者与米洛斯人谈判，于是便有了这段经典的对话：

> 米洛斯人："……如果我们证明正义在我们这一边，拒不向你们投降，那么结果就是战争；反之，如果我们听从你们的要求，我们就会沦为奴隶。"
>
> 雅典人："……我们双方都知道，当今世界通行的规则是，正义的基础是双方实力均衡；同时我们也知道，强者可以做他们能够做的一切，而弱者只能忍受他们必须忍受的一切。"

米洛斯人："在我们看来，无论如何，这只是一种权宜之计——因为你们强迫我们置正义的原则于不顾，而只是从利益关系着眼……"[1]

据信这是人类有文字记载以来第一次关于政治正当性（legitimacy）的公开辩论。[2]雅典人单刀直入、明白无误地给米洛斯人提供了两个选择：或者屈服于雅典的统治，或者选择毁灭。而米洛斯人也不甘受辱，不但拒绝接受雅典的统治，并且严辞指斥雅典人的逻辑：正义的原则不等于利益计算，武力并不能使权力成为道德上对的。

对话注定不欢而散。米洛斯人最后的答复决绝而悲壮："雅典人，我们的决定与以前陈述的一样。我们不愿使我们生养安息已达700年之久的城邦立即丧失自由。"

酷暑转瞬即过，凛冬来临之际，强大的雅典同盟终于毫无悬念地将米洛斯从古希腊的版图上彻底抹去。雅典虽然用武力征服了这座岛屿，但米洛斯人提出的问题却并未消失：雅典统治的正当性问题——也即"是什么使得权力或强力成为道德上对

1　修昔底德，《伯罗奔尼撒战争史》，徐松岩等译，第五卷，第十七章，广西师范大学出版社，2004，第312—319页。

2　Morris Zelditch Jr., "Theories of Legitimacy", in *The Psychology of Legitimacy*, edited by John T. Jost and Brenda Major, Cambridge:Cambridge University Press, 2001, p.34. 这次争论发生在米洛斯人与雅典人之间，牵涉的似乎是国际正义的问题，但是如我们所见，米洛斯人对暴力征服以及强权政治的道德根据的质疑却的确是在追问"正当性"问题，即："是什么使得权力——亦即强力——成为道德上对的？"

的？”——却一直困扰着希腊哲人，并成为此后2000多年政治哲学不断追问的问题。

为什么需要政治正当性？

在回答“何为正当性”之前，首先需要追问“为什么需要正当性？”这个问题。

就像雅典人并不在乎米洛斯人反驳他们的正义观念，权力似乎也并不天然要求成为道德上对的。事实上，与权力存在内在关联的概念是服从（compliance）。所谓“服从”，按照当代社会学家罗德里克·马丁（Roderick Martin）的观点，就是指“由权力引起的态度和行为”，或者更具体地说，是“依照他人的命令（直接的或间接的）所做出的不考虑自己利益的行动”。[1] 马丁认为，围绕着权力这个中心概念存在四个相关的术语，其中服从是权力关系的核心特征，而其他三个概念如强制（coercion）、权威（authority）和影响（influence）则是指权力的三种不同基础，也就是说，服从的产生既可能是因为强迫的结果，也可能是基于权威或者影响。

在现代社会科学理论中，从命令-服从的角度入手分析权力和政治现象一直是主流观点，其中尤以马克斯·韦伯（Max

1　Roderick Martin, *The Sociology of Power*, London: Routledge & Kegan Paul, 1977, p.41.

Weber）的影响最为深远。在韦伯看来，“人对于人的支配(herrschaft)”[1]乃是人类命定的存在方式，任何试图摆脱这一局面的理论构想都难逃乌托邦的指责。韦伯这样定义“支配”：“一群人会服从某些特定的（或所有的）命令的可能性。”[2]根据这个定义，“支配或者权威可能会基于非常不同的服从动机：由最单纯的习惯性服从，到最纯粹理性的利益计算”。韦伯认为，作为支配的基础，单靠习惯、个人利害、纯感情或理想等动机来结合仍不够坚实，除了以上这些基础，通常还需要另一个因素，那就是正当性的信念。正如彼得·拉斯曼（Peter Lassman）所说，韦伯把正当性的问题作为解释支配关系的中心议题，他认为这是社会生活的基本事实，即任何权力分配的不平等以及任何形式的支配都需要证成自己以及寻找正当性。[3]而那种靠暴力威胁、监视或者谎言来维持社会稳定的政体不仅会消耗更多的资源，而且必定处于高度的不稳定状态。

正当性是一个应用范围很广的概念。在政治领域中，除却权力与服从，正当性以及不正当性（illegitimacy）还可以用来评价以下这些现象：(1）个体与国家和其他社会体系（组织或者社会）的关系，以及个体与民族和其他身份认同群体的关系；(2）社会

1　“Herrschaft”是韦伯的核心概念，中文一般译为“支配”、“权威”或者“统治”。译法不同，意义也不同，本书取钱永祥等人的译法，把它译为“支配”。

2　马克斯·韦伯，《支配的类型》，康乐等译，广西师范大学出版社，2004，第297页。

3　Peter Lassman, “The Rule of Man Over Man: Politics, Power and Legitimation”, in *The Cambridge Companion to Weber*, edited by Stephen Turner, New York: Cambridge University Press, 2000, pp.81-98.

运动，尤其是抗议运动；(3) 社会变动以及新的规范、态度、实践和制度形式的发展与传播；(4) 对异类的社会控制和社会定义；(5) 对人权和既有规范的过分侵犯。[1]

本书的主旨主要集中在政治权力上，具体地说将处理国家、政府以及法这三个对象。自霍布斯、洛克以降，国家的正当性与政府的正当性就一直是西方政治哲学尤其是契约论传统所讨论的主题[2]，而法的正当性虽然在现代政治社会扮演的角色日益重要，但直到20世纪中叶之后，特别是随着罗尔斯的《政治自由主义》以及哈贝马斯的《在事实与规范之间》的发表才成为政治哲学讨论的中心之一。在我看来，从国家和政府的正当性到法的正当性，论题的转变代表了政治哲学乃至政治社会的深刻转变，不过这些问题将留待后文再做处理。

当雅典人告诉米洛斯人，“强者可以做他们能够做的一切，而弱者只能忍受他们必须忍受的一切”，这其中的讯息再明白不

---

1 Herbert C. Kelman, “Reflections on the Social and Psychological Processes of Legitimization and Delegitimization” , in *The Psychology of Legitimacy*, edited by John T. Jost and Brenda Major, 2001, p.54.

2 需要指出的是，在英语中，国家（state）与政府（government）这两个概念基本上是可以互换的，而与 state 和 government 相对应的概念则是 administration，比如中文中的“布什政府”在英文中对应的是“Bush administration”，而非“Bush government”，但是在中文中，government 和 administration 却都被翻译成政府，由此导致一些不必要的混乱。在一个健全的民主国家中，state、government 的正当性不同于 administration 的正当性。一般说来，state、government 不具备正当性，则 administration 一定不具备正当性；而 administration 不具备正当性，却并不必然导致 state、government 不具备正当性。打个比方，布什政府也就是说 state、government 的正当性相对 administration 具有逻辑上的优先地位。而在专制国家或者一党专政的国家里，state、government 的正当性却和 administration 的正当性具有相当的同一性。

过：无论弱者认可与否，都必须接受乃至忍受强者的意志，弱者的意志表达在这里没有任何位置。不过，虽然强迫或者影响可以达到使他人服从的目的，但是在暴力夺取政权或者完成占领之后，出于社会稳定以及统治效率等因素的考虑，统治者会尽力寻找道德理由去论证自己的统治并试图说服被统治者，让后者接受并相信统治秩序是非强制的乃至在道德上是有根据的，唯其如此，统治秩序才能名正言顺、长治久安。马丁指出，只有基于“权威”的服从才和“正当性”存在实质性的关系，因为只有权威才拥有“期望和要求服从”的“权利”（right）而非“权力”（power）[1]。对此，卢梭说得更加明白，“即使最强者也不能总是强大得足以永远做主人，除非他把权力转化为权利以及把服从转化为义务”。[2]

由此可见，在政治领域中，只要存在支配-服从关系就会有正当化的诉求。并且无论我们如何构想正当性的具体内容，正当性都是对支配关系所做的某种道德证成。这种道德证成并非可有可无，它可以通过使支配者拥有发布命令的权利、被支配者负有服从命令的义务，从而确保社会政治秩序的稳定性。换言之，“正当性”不只是标贴在支配-服从关系上面的一枚“道德勋章”，它有着直接的理论效果和现实效果：既让支配者拥有统治权利，又让被支配者负有政治义务[3]。不过，我们需要立即提请注意的是，

1　Roderick Martin, *The Sociology of Power*, 1977, p.42.

2　卢梭，《社会契约论》，何兆武译，商务印书馆，2001，第 12—13 页。

3　理论界一般认为消极的政治义务包括服从法律、缴纳税款、服兵役等义务，而积极的政治义务则还包括积极参与政治的义务，包括爱国，乃至为国家寻找敌人并消灭之等。

对支配-服从关系所做的道德评价有多种方式，正当性只是其中之一，并且政治正当性也并不一定等同乃至垄断与“政治义务”和“支配权利”有关的所有论题。

以上是从正当性的效果出发回答“为什么需要正当性”。显然，在这个问题域中，正当性与其亲缘概念“政治义务”、“政治权威”、“权利”以及“证成性”之间组成的概念框架——这个概念框架的内部结构关系还需进一步澄清——可以很好地解释政治秩序稳定的现象。

几乎没有哪个政治哲学家会在这个意义上否定正当性概念的必要性，但是，依然有不少哲学家从另外一个角度质疑是否需要正当性。他们认为，正当性不过是其他一些更为简单有效的概念的衍生物，在描述政治现象时不仅没有提供新鲜的视角或信息，反而徒增许多不必要的混乱。比如，有些学者认为，正当性不过是从“服从”这个概念中衍生出来的副概念[1]；另一些学者则认为，正当性不过是“相信”或者“规范”的同义词，既然我们已经有了“相信”和“规范”，为什么还需要“正当性”这个概念？[2]从这些观点出发，一个自然而然的结论似乎就是，正当性不过是一个冗余（redundant）的概念，我们完全可以用那些更加清晰有

1　参见：Rosemary H. T. O’Kane, “Against Legitimacy”, in *Political Studies*,1993, 41(3):471-487。爱德华·鲁宾（Edward Rubin）在《从正当性到服从》（“From Legitimacy to Compliance”）一文中也提出了类似的观点，参见：Edward Rubin, *Beyond Camelot: Rethinking Politics and Law for the Modern State*, Princeton, N. J.:Princeton University Press, 2005。

2　Morris Zelditch Jr., “Theories of Legitimacy”, in *Psychology of Legitimacy*, 2001, pp.47-48.

效的概念——如服从、相信和规范——来取代正当性。这是一个相当有力的质疑，在某种意义上，它必须要结合“何为正当性”才能得到最为清晰的解答。对这个问题的回答将会一直贯穿本书始末，而在此之前，我们可以给出一个相对直观并且简单的回答：因为正当性是一个日常语言中被普通人反复使用的词汇，虽然日常语言存在歧义性和模糊性，但是哲学家并没有权利取消某一个日常概念，哲学家的任务是通过爬梳概念与概念之间的关系从而清理和呈现出一张较日常语言更为清晰的概念之网。因此，任何武断宣称要取消正当性概念的主张都是对哲学理论限度的僭越。

在正式进入学理探讨之前，我们需要对本书的几个关键概念的译名做一个澄清。Legitimacy 在汉语学界里一般被翻译成“合法性”、“肯认性”或者“正当性”，本书不主张“合法性”这一翻译，理由是：(1) 虽然 legitimacy 是拉丁语 lex（法）的衍生语，原义为合法性，但由于在中世纪有自然法传统或者上帝意志作为依归，所以合法性这个概念仍旧保留有超越的道德维度，但如今这些超验的根据都已式微，在这样的时代背景下仍把 legitimacy 翻译、解释为“合法性”，就会沦为法律实证主义的工具，为一些威权政治做辩护，从而丧失 legitimacy 原有的超越的道德维度；(2) 由于在英文里另有 legality, lawful 等词表示“合法性”的意思，而 legitimacy 除了有“合法有效”的意思外，还有“正统的”“正确的”等多重含义，仅用合法性这个概念无法涵盖 legitimacy 的所有意义。

本书也不主张“肯认性”这个翻译，理由是它过多强调

legitimacy 的主观性，似乎只要获得被统治者的“肯认”就足以为政治权力奠定道德理据，这一翻译显然深受韦伯的影响，但却忽视了 legitimacy 的客观性与规范性，因此本书也不拟采纳。

综合比较上述三个翻译，本书认为将 legitimacy 译成正当性，将其动词形式 legitimate 译成“正当化”是比较妥当的。另外，justification 在中文中一般译成“理据”“论证”“合理性”，其动词形式 justify 一般译成“证成”、“证立”或者“为……辩护”等不一而足。为统一译名，并兼顾 justification 与 legitimacy 在概念上的对应性，本书一般把 justification 译成“证成性”，以与“正当性”在中文词形上形成呼应。但为照顾行文，在某些脉络中酌情将其译为“证成”或者“有理据”，而其动词形式 justify 则一律译成“证成”。

何谓政治正当性？

从词源学的角度看，“正当性”这个术语要到中世纪才开始出现，但是如前所述，政治正当性这个问题早在古希腊时期就已提出。公元前 375 年，也就是雅典人征服米洛斯之后 41 年，雅典公民柏拉图撰写《理想国》。在这部人类历史上最早并且可能也是最伟大的政治哲学著作中，柏拉图第一次尝试回答米洛斯人的质疑。

借用智者色拉叙马霍斯之口，雅典同盟的观点再次被提出：“正义就是强者的利益。”这显然是柏拉图笔下的苏格拉底所不能接受的逻辑。苏格拉底雄辩滔滔地反驳这一命题，并且指出，首先，用不正义的手段去征服别的城邦，并将它们置于自己的奴役之下的做法是不对的；其次，一个国家征服别的国家后，它的强权就必定要靠正义而不是不正义来维持。[1]《理想国》中关于政治正当性的讨论并不足以承担讨论的出发点，这不仅因为它没有在概念上厘清正当性和正义的区别，而且因为它交出的答案只是一个近于"政治正确"的回答。

比较而言，亚里士多德在《政治学》中的回答要更具现代意义。尽管亚里士多德关注的是酬劳分配的正当性而不是政府的正当性，但是他依然在《政治学》中为正当性理论勾勒出了一些典范性思路：首先，亚里士多德第一次明确地把政治秩序的稳定性与正当性联系在一起；其次，亚里士多德第一次把正当性建立在法治、自愿认可和公共利益的基础之上。有学者因此甚至认为亚里士多德版本的正当性理论是"认可理论"的鼻祖。而在我看来，亚里士多德的更大贡献在于，他勾勒出了正当性概念的两个主要面向：一方面，政治正当性是基于被统治者的意志表达，如信念、认可或者同意，这是正当性概念的主观面向；另一方面，作为某种外在的规范，正当性又具有其客观面向。某种意义上可以说，正是正当性的主观面向和客观面向之间此消彼长的紧张关系构成了此后两千余年正当性理论发展的主线。

亚里士多德尽管勾勒出了政治正当性的主要结构，但是正当

1　柏拉图，《理想国》，第一卷，351B，郭斌和、张竹明译，商务印书馆，1995。

性的主观面向，也就是被统治者的自愿认可在亚里士多德理论中的地位并不重要，政治正当性这个问题在当时也不是政治哲学的中心问题。这是因为，在古希腊主流哲学家看来，政治制度不是人为设计的产物，而是自然生长出来的，就像空谷幽兰或者河畔垂柳，即使没有世人的关注和浇灌，它们也能展现出勃勃的生机，而且必然指向共同的目的。既然政治制度的生长符合自然规律，那么其中的各种安排都是自然正确的（naturally right），它既不以人类意志的自觉行动为基础，也不要求人类意志的自觉行为。虽然米洛斯的个案会引发正当性的困惑，但是总体而言，要想回答"是什么使权力成为道德上对的"这个问题并不特别复杂难解，因为在亚里士多德的整体主义和目的论中，政治组织的各个部分，小到家庭、大至城邦都是由实现良善生活（good life）这个目的所规定的。既然政治社会的发展有明确的至善目的，那么这个社会就应该由那些知道这个善是什么以及如何获得这个善的人来统治。这类理论更进一步假定，有些人——如柏拉图的"哲学王"或者与上帝亲自立约的摩西——天生地或就其本性适合承担统治的任务。根据这类理论，在政治共同体中，由这些人来统治其他人就是人类事务中神圣的、自然的或者命定的状态，既然如此，这种统治就必然是道德上对的，也即必然具有正当性。

政治正当性的紧迫性和重要性要到中世纪才慢慢开始突显出来，这其中的理路并不复杂：由于基督教教义认定真正的王国在彼岸，所以此岸建立的政治制度不再是自然的而只是人为约定的，因此也就需要证成自己。"君权神授"理论和自然法理论都是为了用来论证政治秩序的正当性，不过正如我们所见，个体的意志表达在此时仍旧没有获得根源性的地位。

启蒙之后，自然与约定的分离愈益加深，整体主义目的论的观念日渐边缘化，人类生而自由、平等的观念逐渐深入人心，人们开始认为没有人拥有天生的或者自然命定的权威去统治别人，唯一没有问题的权威就是每一个人之于他自身的权威性。既然所有类型的政治制度都不是自然之物而是人为设计的产物，既然所有的政治权威都会受到质疑，都需要证成自身，那么政治正当性的问题成为政治哲学的核心命题也就再自然不过。

政治正当性首先是一个历史性、脉络性的概念，不同的生活形式、文化背景和政治传统对其有着各自不同的定义。约翰·夏尔（John H. Schaar）在《现代国家的正当性》一文中，列举了《牛津英语词典》《韦伯斯特词典》以及三种流行的专业的对正当性和正当化的定义：

《牛津英语词典》

正当性（legitimacy）：（1）关于政府或者主权的称谓：符合法律或者规律的条件。（2）对规则或者规律的符合；合法。逻辑上的真确推理。

正当化（legitimation）：（1）词源上，这个单词表达了一种由某种权威赋予的或者认可的地位。（2）符合法律或者规则。被法律或者权利批准或者赋予权威的；合乎法律的，恰当的。（3）正常的，常规的，符合某一被认可的标准。

（4）被推理法则所认可的；逻辑上可接受或者可推演的。

《韦伯斯特词典》

正当的（legitimate）：（1）合法地产生……（2）真实的，真正的；不是错误的、伪造的或者虚假的。（3）符合法律或者符合已经建立的法律形式和要求；合法的。（4）符合已经建立的规律，或者被接受的规则或标准。

关于正当性的三种流行的专业定义

1．正当性是系统产生和维持“现存的政治制度是对这个社会最为适合的政治制度的信念”的能力。[1]

2．在韦伯的传统里，正当性被定义为“制度被评价以及被认为是对的和合适的程度”。[2]

3．我们也许可以把政治正当性定义为公众认为依附在政治政体上的“应该性”的质素。一个政府是正当的就是被认为对一个社会是道德上恰当的。[3]

通过引述正当性的不同定义，夏尔认为，思想史上至少存在两种类型的定义，一种是传统的和词典编纂式的定义，另一种

1 Seymour Martin Lipset, *Political Man*, Garden City, N.Y.: Doubleday, 1960, p.77.

2 Robert Bierstedt, “Legitimacy”, in *Dictionary of Social Science*, New York, N.Y.: The Free Press, 1964, p.386.

3 Richard M. Merelman, “Learning and Legitimacy”, *American Political Science Association*, 1966, 60(3):548.

是现代的科学式定义。二者的主要区别在于：传统的和字典编纂式的定义包括法律或者权利的因素，并且某一主张的效力是建立在外在于或者独立于主张者的纯粹判断或观点的事物的基础之上的，因此称一个政治权力是正当的，当且仅当主张者能够诉诸某些超越或者高于他本人的权威资源，比如，古老的习俗、神圣的法律、自然法、宪法。与此相对应，科学式的正当性定义则把正当性消解成为信念或者观点：如果一个人相信现存的制度是合适的或者道德上合适的，那么这些制度就是正当的。[1]

夏尔的这个区分大体符合主流政治哲学家对政治正当性之历史流变的看法。比如，帕特里克·莱利（Patrick Riley）指出，17、18 世纪之后，政治正当性的基础不再建立在“父权制、神权中心、神圣的权利、某些优异人群的自然优越性、政治生活的自然性、必然性、习惯、便利、心理的强制或者任何其他基础之上”，而是建立在“同意”“自愿的个体行为”或者是“与自愿的个体行为相关联的行为”的基础之上。[2]

根据这个区分，我们可以说，在政治正当性的两个结构性因素中，古代政治更倾向于正当性的客观面向，强调一个政治制度是正当的乃是因为它符合某种外在于人的主观态度和政治制度本身的客观规范，而现代政治则更注重正当性的主观面向，也就是

1　John H. Schaar, *Legitimacy in the Modern State*, New Brunswick, N.J.:Transaction Publishers, 1981, p.24.

2　Patrick Riley, *Will and Political Legitimacy*, Cambridge, MA: Harvard University Press, 1982, p.1.

强调被统治者的意志表达。

在古代政治中，正当性的客观外在基础又可区分为两类：自然主义的和超自然主义的（super-naturalistic）。自然主义的政治理论以亚里士多德的目的论为代表，前面说了，被统治者的自愿认可虽然在亚里士多德的正当性理论中占据一席之地，但并不是根据和基础。而所谓超自然主义虽然在形式上是自愿主义(voluntarism)，但这个意志不是人类的意志而是上帝的意志或者天意，超自然主义把政治正当性建立在上帝的意志之上，它的典范理论是君权神授理论。

由此看来，尽管自有正当性理论开始，被统治者的意志表达就始终是正当性概念的构成要素，但在不同历史时期，它的地位和作用却不可同日而语。沃尔特·乌尔曼（Walter Ullmann）在分析中世纪的正当性理论时，从正当性的不同源头出发区分了下行的（descending，自上而下的）正当性理论和上行的（ascending，自下而上的）正当性理论。下行的理论把政治正当性归诸普遍的原则或者更高的强力，而上行的理论则把政治正当性归之于公民的同意或者认可。[1] 乌尔曼是在中世纪基督教的背景下区分下行理论与上行理论的，但是，在我看来，这一区分模式却更适用于区分古代政治正当性理论和现代政治正当性理论。上行的正当性理论（也即现代政治的正当性理论）与下行的正当性理论（也即

1　Walter Ullmann, *Law and Politics in the Middle Ages*, Ithaca, N.Y.: Cornell University Press, 1973, p.62.

古代政治的正当性理论）的公约数虽然都是公民（臣民）的信念系统，但是根据下行的理论，公民之相信政府是根据外在于他们的权威而被证成的，换言之，被统治者的意志表达并不是正当性的根据和基础，而是正当性的结果和表征；而根据上行的理论，公民之所以相信政府，乃是根据某些关于公民自身的信念的过程或者纪录而被证成的，也就是说，被统治者的意志表达是政治正当性的根据与原因。

迈克尔·沃尔泽（Michael Walzer）在《义务》（*Obligation*）一书中特别指出："在认可理论的脉络中，我们不能说因为政府是正义（just）的，所以公民就应该遵守义务，而更应该说因为公民认可，所以政府才是正义的。"[1] 沃尔泽并不支持认可理论（consent theory），也没有正确区分正当性与正义，但是他把正义（政治正当性）、认可以及政治义务联系在一起，并指出了认可的根源性地位，却是把握住了认可理论的精髓所在。正如威廉·克诺利（William Connolly）所说，自然的世俗化、人类意志和主体性的中心化、约定的地位上升以及正当性问题的突出，这几方面的因素均发生在启蒙之后的欧洲，并且是相互预设、彼此孕育的。[2]

1　Michael Walzer, *Obligation:Essays on Disobedience, War, and Citizenship*, Cambridge, MA:Harvard University Press, 1970, xii.

2　William Connolly,ed., *Legitimacy and the State*, New York: New York University Press, 1984, p.4.

两次正当性危机

启蒙前后的欧洲大陆，旧有的政治权威正在失落，新的政治权威尚未建立，问题虽还是那个老问题："为什么一些人应当服从另一些人？"答案却需要有新意思。这是正当性第一次出现危机之际，也是正当性问题突显为核心问题之时，启蒙思想家们选择把政治正当性的基础从外在的客观基础转成内在的主观基础。

政治正当性的内在主观基础可以划分为两大类型，第一种是"同意"、"认可"、"自愿的个体行为"或"与自愿的个体行为相关联的行为"，第二种是"个体的信念"或"态度"。

从"同意"或者"自愿的个体行为"出发寻求政治正当性的进路同样被称作自愿主义的进路，与中世纪的超自然主义的自愿主义不同，霍布斯、洛克以降的自愿主义传统所强调的意志并非上帝的意志或者神圣的意志，而是世俗社会中每个个体的意志。关于社会契约论产生的时代背景，卢梭曾有一个相当简练而精辟的陈述："既然任何人对于自己的同类都没有任何天然的权威，既然权力并不能产生任何权利，于是便只剩下来约定才可以成为人间一切合法权威的基础。"[1] 社会契约论传统在17、18世纪的欧洲盛极一时，曾成功垄断西方现代政治哲学的主流话语权，尽管反对阵营里有休谟、黑格尔这样的人物，但其支持者更包括霍布斯、洛克、卢梭、康德等重量级哲学家；而在现实政治层面，更

1　卢梭，《社会契约论》，2001，第10页。

有美国的立国作为成功的典范。契约论的第二波高潮发生在 20 世纪 70 年代，尤其是随着罗尔斯《正义论》的发表获得再生，此后大卫 · 高锲尔（David Gautier）、托马斯 · 斯坎伦（Thomas Scanlon）等人均先后对此有所贡献。

除了契约论传统，西方现代政治哲学史上还有其他一些理论也或多或少处理过政治正当性这个问题，比如马克思主义以及效益主义（Utilitarianism）传统。与这些理论流派相比，契约论传统的独特之处在于：(1) 从契约关系出发思考政治社会的源起和建构；(2) 必然与某种形式的认可理论相关联。[1] 需要强调指出的是，契约论虽然把政治正当性的基础落实在个体的自愿行为上，但个体的自愿行为只是正当性的必要条件而非充分条件，因为正当性的客观面向在契约论的结构中并非彻底失落，无论洛克还是罗尔斯，都强调只有在不违反公民基本权利或者正义原则的前提下，一个国家或者法律才可能是正当的。

从个体的"信念"或者"态度"出发寻求政治正当性的进路以马克斯 · 韦伯和查尔斯 · 泰勒（Charles Taylor）为典型代表。

---

1 根据辛西娅 · 斯塔克（Cytheia A. Stark）的观点，契约论可以分为道德的契约论和政治的契约论。道德契约论的进路是为了证立道德原则；它们意在告诉我们所拥有的道德原则。例如，斯坎伦和高锲尔都试图表明行动者有理由遵守特定的基本道德原则，比如，要求我们不要伤害别人或者责成我们要诚实。政治契约论的进路试图证立政治原则（例如，罗尔斯对分配的正义原则的论证）、一个特殊的政府形式（例如，洛克对代议制政府或者霍布斯对专制政府的论证），或者普遍的国家权威。除此之外，认可理论包括实际的认可理论、假然的认可理论，彼此的理论效力不尽相同。关于这些差别我们将在后文做详细的探讨。参见：Cynthia A. Stark, "Hypothetical Consent and Justification", in *The Journal of Philosophy*, 2000, 97(6):313-334.

约翰·西蒙斯（A. John Simmons）将这类理论称为正当性的“态度解释”，也有人称之为正当性的“信念解释”。正当性的“态度解释”（或信念解释）自韦伯之后，成为政治科学家和社会科学家流行的理论模式，但一直以来也备受哲学界的批评，论者大都认为韦伯对正当性的使用丧失了这个概念的规范性或者客观面向。例如，西蒙斯就曾尖锐地指出，韦伯进路的问题首先在于，在做正当性判断时关注主体（subject）太多而关注事态（state of affairs）本身太少。西蒙斯认为，首先，称一个国家是正当的，就是在谈论关于国家的某些事情，比如，关于国家所拥有的权威或者它的权威所及的范围，国民的态度与信念顶多可以作为支持国家正当性的一部分理由，但不是正当性之所在。其次，如果把国家正当性建立在国民的态度与信念上，国家就可以通过意识形态宣传、灌输、洗脑来创造或者提升它们的正当性。更有甚者，国家可以通过愚民统治来达到这个目的，因此，把正当性的基础归结于极端主观的态度和信念显然是不能被接受的。[1]

西蒙斯进一步指出，对社会科学家来说，把研究国家正当性的焦点放在国民的态度和信念上，或者放在国家创造并维持这些态度的能力上是可以理解的。因为社会科学家对于是什么东西创造了忠诚度，以及区分创造忠诚度的不同原因感兴趣，这是无可厚非的。但是，哲学家却不应该把这类经验科学的考察与国家和政府的道德正当性问题相混淆。西蒙斯对韦伯进路的这一批评可

1　A. John Simmons, “Justification and Legitimacy”, in *Ethics*, 1999, 109(4):749-750.

谓一针见血。事实上，西蒙斯的批评包含两个层面的意思。首先，他区分了哲学研究与社会学、政治学研究，简单说，为什么认可（或者信念）能在规范意义上构成现代政治的正当性基础，这是一个哲学问题；而在具体的政治实践过程中，哪些经验性的因素和机制能够产生或者导致认可或者信念，则是一个政治学和社会学的问题。前者是一个道德规范性的问题，后者是一个现实策略性的问题，虽然二者有时也存在重叠，但是原则上我们不能混淆这两个问题的基本问题域。其次，西蒙斯强调，是“认可”而不是“信念”构成了现代政治的正当性基础。尽管认可与信念同属于主观范畴，二者甚至存在相互蕴含的关系：我们很难想象一个真正的认可不包含相信，而相信也似乎必然会导致认可的发生。但是，在现代政治哲学特别是自由民主制的传统里，“认可”行为是以投票制度加以确定和保障的规范性概念，而过分强调信念就会丧失这种制度性的保证并最终丧失规范性的意义，韦伯的正当性理论正是因为这个原因遭到了晚近政治哲学家的普遍批评。西蒙斯选择回归洛克主义立场，而更多的哲学家则选择回归康德主义并强调“共识”（consensus）的作用，比如罗尔斯与哈贝马斯，虽然二者对共识的理解不尽相同，但是就强调政治正当性的客观面向而言却是一致的——他们都认定，从共识出发能够证成政治正当性，并达到交互主体间的某种客观性和确定性。

本书认为，对共识的强调，一方面是出于对正当性之态度解释的不满，另一方面则是为了应对政治正当性的第二次危机。政治正当性的第二次危机肇始于 20 世纪中叶，到 1989 年前后达到高潮，直到今天仍余波未平。这五六十年间，全球化的步伐开始加速，“诸神之争”的场域从奥林匹亚山扩展到全世界，不同种族、民族、文化传统频繁照面，世人再也无法躲在柏拉图式的洞穴里“关起门来成一统”。虽然从某种意义上说第二次正当性危机只是第一次危机的余响，但二者毕竟时代相隔久远、历史背景有别、空间场域不同，更重要的是，问题感也不尽相同。简单说，第二次正当性危机所面临的问题是：“在一个各种价值目标相冲突的社会里，如何能够成功地调停各种对立的正义理想，并为一个共同接受的政治秩序提供道德基础？”这里的“社会”既可指称国际社会，也可指称国内社会，前者涉及的是国际政治的正当性问题，后者涉及的是多元化的民族–国家内部的政治正当性问题。我们可以这样理解两次正当性危机的区别：对第一次政治正当性危机来说，价值多元主义和虚无主义尚未蔚然成势，毋宁说它们是第一次正当性危机的伴生物；而到了第二次正当性危机，价值多元主义和虚无主义已然蔚为大观，以最明确无误的方式表征为这个时代的理论背景和现实背景。

作为第二次正当性危机的最早诊断者之一，哈贝马斯在那本著名的《正当性危机》中如此说道：“如果正当性信念被视为一种同真理没有内在联系的经验现象，那么它的外在基础也就只有心理学意义。”[1] 很显然，哈贝马斯的雄心不仅限于批驳韦伯式的

1　Jürgen Habermas, *Legitimation Crisis*, translated by Thomas McCarthy, Boston, MA:Beacon Press, 1975, p.97.

“信念解释”，更企图重建正当性与真理（或者说规范性、客观性）之间的关系。如果哈贝马斯的方案成功，则可以看到一条近似“否定之否定”的正当性发展之轨迹：现代政治的正当性基础之所以落在被统治者的主观意志（无论表现为认可还是信念）上，正是因为正当性的客观外在基础尤其是真理概念在政治领域的失势，而到了20世纪初，正当性的“态度解释”更宣告了真理概念和客观性概念的彻底沦陷，在此背景下，哈贝马斯“知其不可为而为之”，试图通过沟通理性行动及交谈伦理学重构正当性的客观因素乃至真理概念，这不啻为正当性理论向客观因素的一次回流。当然，哈贝马斯的交谈伦理学，以及近年来声势逐渐浩大的审议民主（deliberative democracy）理论究竟能否为民主政治正当性提供一个更优选择，仍有待进一步的理论分析和现实评估。

三重理论结构

对于西方政治哲学史上关于正当性理论的探讨，我们可以借用威廉·埃德蒙森（William A. Edmundson）的观点将之区分为三重结构。[1]

正当性理论第一重结构是寻找标准以判别正当性。说一个政治社会具有正当性，究竟是指它具有创造政治义务的能力，还是

1　William A. Edmundson, *Three Anarchical Fallacies: An Essay on Political Authority*, Cambridge:Cambridge Uinversity Press,1998, p.35.

指它具有获得理性认可的能力或者实施强迫行为的道德特权？毋庸置疑，正当性的判准是理解正当性问题的关键所在，在我看来，要想在哲学上彻底厘清这个问题，就必须首先从概念上澄清“正当性”与“证成性”、“政治义务”、“政治权威”等亲缘概念的关系，唯其如此，才有可能标识出“正当性”在政治哲学概念地图上的确切位置。这一层面的工作应当属于元-政治哲学。

第二重结构涉及的是实质性的道德理论或者政治理论，即能否真正建立起一套符合正当性标准的实质理论。比如，建立一种政治义务理论（如果存在政治义务的话），以告知我们在什么样的条件下面存在服从（国家或者法律）的普遍义务；或者建立一种实践理性的理论，以告诉我们在什么样的条件下面理性的行动者将会服从国家权威；或者建立一种认可理论，说明在什么样的条件下国家的强制力可能是道德上被允许的，不一而足。这一层面的工作，我称之为实质的政治哲学理论建构。

第三重结构不是规范性的理论，而是从社会学、政治学等中层理论出发去描述历史上存在过的各种正当性权威。最为经典的范例当数马克斯·韦伯的工作，韦伯认为，人类历史上曾经出现过三种类型的正当性权威：传统型、卡里斯玛型以及理性-法制型。

作为一本政治哲学的专著，在上述正当性理论的三重结构中，本书将把重点首先集中在第一层结构上，也就是说，我们会首先从概念分析的角度出发梳理正当性及其亲缘概念之间的关系，包括证成性、合法性、政治义务、政治权威等。在此基础上，本书会结合某些实质性的正当性理论做进一步的分析，至于社会学、政治学意义上的正当性理论则会作为相关辅助材料予以一定程度的关注和考量。换言之，尽管我们认为哲学工作的主要方式是概念分析，但是，政治哲学却要求我们必须兼顾观念的批判以及历史的考察，以期在理论与实践之间取得一定的平衡。[1]

之所以首先关注概念分析，乃是因为——借用吉尔伯特·赖尔（Gilbert Ryle）的观点——哲学家的工作目的"并不在于增加对于研究对象的所知，而在于纠正我们已经掌握的知识的逻辑地理格局（logical geography）"。[2] 赖尔的这个主张与维特根斯坦提倡的"不要想，而要看"相契合，体现出日常语言分析学派的基本哲学姿态，即哲学家的工作是"为了某种特定的目的采集回忆"[3]，这种回忆不同于柏拉图的回忆说，它不是对超越的理念界的回忆，而是对语言和概念的实际用法的回忆，是一种"语法性的考察"。更进一步的，这种语法考察的对象虽然仍旧是真理、

1 有关概念（concept）与观念（conception）的区分，参见罗尔斯在《正义论》第一章第一节中的分析。罗尔斯区分正义的概念（The concept of justice）与正义的诸观念（conceptions of justice）。他认为，即使是抱有不同正义观的人同样会就正义概念的以下两个特征达成一致意见："在某些制度中，当对基本权利和义务的分配没有在个人之间做出任何任意的区分时，当规范使各种对社会生活利益的冲突要求之间有以恰当的平衡时，这些制度就是正义的。"这段表述给出了关于正义概念的两个形式化的限制：不做任意区分（no arbitrary distinctions），以及恰当的平衡（proper balance）。至于什么样的区分是任意的、什么样的区分是不任意的，什么样的平衡是恰当的、什么样的平衡是不恰当的，不同历史、文化、传统给出的答案各有不同。也就是说，正义的诸观念是相对的、具体的，因传统而异的。而正义的概念则是非相对的、抽象的，具有普适性的。本书也正是在这个意义上区分正当性的概念与正当性的诸观念。

2 吉尔伯特·赖尔，《心的概念》，刘建荣译，上海译文出版社，1988，第1页。

3 维特根斯坦，《哲学研究》，陈嘉映译，上海人民出版社，2001，第77页。

经验、正当性这样的一些超级概念，但却要求哲学家放弃对超级概念之间的超级秩序的执迷不悟，把这些超级概念从形而上学的用法拉回到“粗糙的地面”，对它们的日常用法进行考察。也正是在这个意义上，赖尔说，哲学的工作并不在于增加研究对象的“所知”，因为对哲学问题的澄清和解决，“不是靠增添新经验，而是靠收集和整理我们早已知道的东西”。[1] 更进一步的，哲学家也无权创造新概念，他的主要任务就是通过爬梳现有的概念网络，厘清概念之间错综复杂的关系，以期呈现而不是创造出一张“逻辑地理格局”。

尽管我对维特根斯坦的哲学观抱有最深切的理解和认同，但是，就政治哲学研究而言，我们还必须认识到，政治哲学的这些超级概念除了植根于日常语言的沃土，还另有理论建构的规范性源头以及不同文化传统的经验差异。因此，我们不能毫无保留地接受维特根斯坦拒斥理论建构的极端立场，恰恰相反，在政治哲学的研究过程中，对概念的语法考察工作必须要与理论规范和现象描述工作多头并进，缺一不可。以政治正当性为例，它在日常语言中的歧义性和复杂性固然是我们思考的重要起点（但并非最后的判准和终点），政治哲学史上如亚里士多德、洛克、卢梭以及罗尔斯、哈贝马斯等人的规范性理论同样也是我们理解和分析正当性概念的重要资源，而不同文化背景、政治传统中的正当性解释也在不断提请我们注意正当性观念的历史面向。

1　维特根斯坦，《哲学研究》，2001，第 72 页。

四个结构性因素及本书基本结构

本书认为，就概念组成而言，政治正当性一方面有其客观面向，即要符合某种规范性乃至客观性，另一方面有其主观面向，也即被统治者的主观意志表达；就其理论效果而言，政治正当性一方面使统治者拥有统治的权利，另一方面使被统治者负有服从的义务。这四个因素在不同历史阶段、不同政治文化背景中存在诸多组合可能，比如，政治正当性的客观面向和主观面向一直处于此消彼长的紧张态势；比如，不同哲学家对于政治正当性与政治义务之间是否存在概念的或逻辑的关系始终聚讼纷纭，并因此产生了各种具体的正当性观念。但无论作为观念的正当性呈现出何种形态，政治正当性都在概念上与这四个因素——正当性的客观面向和主观面向以及统治权利和政治义务——存在某种结构性的关系。由此我们可以断言，从这四个因素入手研究政治正当性会是一个再适合不过的突破口。

不过，在深入分析正当性概念的四个结构性因素之前，本书认为，一个更加重要的工作是要先行区分政治正当性与证成性之间的概念差异。政治哲学主流观点认为，所谓政治正当性就是对政治权力所做的道德证成，因此多数学者倾向于把对政治权力所做的一切道德证成都等同于正当化的工作。本书认为，这种把正当性与证成性混为一谈的做法是导致正当性评价发生混乱的主要原因之一。本书的第二章将通过援引汉娜·阿伦特（Hannah Arendt）、约翰·西蒙斯、大卫·施密茨（David Schmidtz）以及哈贝马斯等人的理论，首先分析并确立正当性与证成性的概念差异，建立起正当性／证成性这一基本的分析框架。

在此基础上，本书的第三章会梳理政治正当性与政治义务之间的关系。之所以优先从政治义务而不是统治权利出发考察政治正当性，是因为尽管在理论上正当性是一个“关系”概念——它描述的是统治者与被统治者之间的某种道德关系，但是政治正当性——特别是现代政治的正当性首先是一个需要得到承认的概念，而承认的主体是被统治者，因此从被统治者的政治义务出发考察正当性就在理论上具有优先性。我们甚至可以断定，现代之后由于被统治者的意志表达获得了根源性的位置，统治权利在某种意义上已经成为政治义务的衍生概念。在第三章中，我将首先澄清政治义务（political obligations）与政治责任（political duties）的概念差异，然后我将结合第二章的理论成果，指出政治证成性与政治责任之间存在更为密切的联系，而政治正当性则与政治义务之间存在着概念关联，凡是能够有效论证政治义务的理论同样也能够有效论证政治正当性。我将论证，在传统的政治义务理论中，自然责任解释、感恩原则、成员身份解释都只与政治责任也即政治证成性有关，在现代政治的背景下，能够有效论证政治义务进而论证政治正当性的理论只可能是公平游戏原则或者认可理论。

在第四章中，我会检讨公平游戏原则论证普遍政治义务的效力问题，指出公平游戏原则并不足以承担起这一重任。

而在第五章中，我将集中探讨认可理论对政治义务和政治正当性的证成——这是社会契约论的主要观点，同时也是现代政治正当性的主流理论。我将着重分析社会契约论尤其是认可理论的成就及其缺点，并拒绝那种出于理论的纯粹性而主张“哲学无政府主义”的观点。

在第六章中，我们会重新回到正当性与证成性的区分问题，回答当代政治哲学主流如罗尔斯混用正当性与证成性的根本原因所在。我认为，当代政治哲学主流之所以倾向于把正当性混同于证成性，其背后隐藏着从洛克主义到康德主义的范式转换，但这是一个尚未完成的范式转换。

鉴于政治正当性的认可理论存在某些难以克服的理论困难，最近几十年来兴起的审议民主理论正在力图重新为现代社会奠定正当性根据。本书第七章将集中讨论以哈贝马斯为代表的审议民主理论，我将把重点放在沟通行动与“共识”之间是否可以为民主正当性提供新的视角。

最后，我会在第八章对本书的主题做一小结，并重提这个问题——“需要正当性这个概念吗”：我们在何种意义上能够澄清正当性的混乱，以及在什么意义上，政治正当性仍旧可以作为一个有效的道德评价术语应用于我们的政治生活和日常语言。

一种表述只有在特定的生活之流中才有意义。尽管我们力图首先在“概念分析”而不是“观念批判”的层面上进行工作，但即使是概念分析也依旧处在时空的流变之中，它只是比观念更少脉络的依附性，却永远也不可能彻底挣脱这种依附性。维特根斯坦说：“哲学家不是任何观念共同体中的公民。这使他成为一个哲学家。”[1]我们应该从否定性的角度去理解这句话，一个脱离了任何观念共同体的哲学家也许可以提交最理想和最可欲的哲学答案，但它却很可能是一种不知所谓的“胡言乱语”。就此而言，我清醒地意识到本书的限制所在，它是在现代性的背景下考问政治正当性，这让它不得不随身承载了许多现代性的观念负荷，但我不将之视为一种羁绊，毋宁说，它是我们进行思考的起点与条件。对我来说，如果本书能够把概念与观念、政治哲学与政治历史本身结合起来，并对理解和澄清当下的政治现实有所启发，则余愿足矣。

1 Ludwig Wittgenstein, *Zettel*, edited by G.E.M. Anscombe and G.H. von Wright, translated by G.E.M. Anscombe, Berkeley: University of California Press,1970, No.455.

第二章

正当性与证成性：道德评价国家的两条进路？

正当性或许是政治哲学领域中最为根本同时也是含义最为混乱的概念之一。

说它根本,是因为通常认为正当性追问的是权力的道德基础,即“是什么使得权力或者武力成为道德上对的”。说它混乱，是因为不仅在人类学、社会学中存在不同类型的正当性，而且在政治哲学史中,对于“何为正当性”这个问题也从来没有标准答案,进一步的，在概念层面上，正当性与其亲缘概念如证成性、合法性、政治义务、政治权威之间的关系也一直处于晦暗不明的状态。

在所有混乱之中，最为根本的是正当性与证成性的混乱。一般认为，政治哲学的中心课题之一是如何在道德上证成国家(justify the state)，因此，当代主流政治哲学家普遍认为，一个国家在道德上被证成就等于这个国家具有正当性，换言之，正当性与证成性是可以对等互换的两个概念。本书认为，正当性虽然在概念上从属于证成性，但并非所有在道德上证成国家的方式都是在正当化国家，二者存在较为明晰的差异。当代政治哲学之所以在探讨正当性问题时会产生如此之多的混乱，其根本原因之一正在于，没有正确区分正当性和证成性这两条道德评价国家的进路。

本章的基本结构如下：第一部分，从汉娜·阿伦特对正当性与证成性的讨论出发，尝试对这两个概念做出初步区分；第二部分，结合大卫·施密茨的观点以及弗朗西斯·福山（Francis Fukuyama）和约翰·格雷（John Gray）之争，对正当性和证成性重新做出细致精确的概念区分；第三部分，从概念史的角度论证正当性与“发生的进路”的亲缘关系；第四部分，介绍并分析洛克主义尤其是约翰·西蒙斯在观念层面上对正当性与证成性的区分；第五部分，补充说明正当性与证成性之间的概念区分；第六部分，指出区分正当性与证成性的理论意义及后果。

阿伦特论正当性与证成性

在《论暴力》一文中，汉娜·阿伦特这样区分权力和暴力这两个概念：

> 权力（power）的确是政府的本质，而暴力（force）则否。暴力本是工具性的；像所有手段一样，需要目标的引导并将它证成（justification）。而如果需要他物予以证成，它就不可能是任何事物的本质。[1]

1　汉娜·阿伦特，《共和危机》，蔡佩君译，台北：时报文化出版公司，1996，第 104 页。部分译文参考英文本有改动。

> 权力不需要证成，因为它是内在于每个政治社群之存在的；权力需要的只是正当性（legitimacy）。一般把这两个词当作同义词使用，就像把服从与支持相等同的情形一样，造成误导和混淆。一旦人聚在一起、共同行动，权力便产生，但权力是从最初的群聚，而不是随之而来的人和共同行动，衍生其正当性，正当性受到挑战时，便诉求于过去以作为自身的基础；而证成则和未来的某个目标相连接。暴力可以被证成，但永远不会被正当化。[1]

阿伦特对正当性和证成性的区分基于她对权力所做的特定理解。我们在第一章中曾经指出，从支配-服从模式出发把权力定义成“把自己的意志强加于别人行为之上的可能性”是西方政治理论对权力所做的经典解释。这种工具主义权力观——以韦伯为典范——认为权力的本质就是“支配的有效性”，由此出发导致工具主义的政治观——政治过程被理解成与价值无涉的纯策略活动，其功能就是实现参与者的私人利益和目标。阿伦特并不完全否定上述定义的意义和价值，但她认为这种以目的-理性活动为基础的工具主义权力观更接近于“暴力”而非“权力”。根据阿伦特的独特理解，她把权力定义为“经过非强制力的沟通而对某种共同体行动达到协议的能力”。[2] 她眼中的权力不是指某一个人

1　汉娜·阿伦特，《共和危机》，1996，第 105 页。着重号为本书作者所加。

2　Jürgen Habermas, “Hannah Arendt’s Communications Concept of Power”, in *Social Research*, 1977, 44(1):3.

所具有的行动能力，而是指很多人一致行动的能力，这样一来，权力就不是以单数形式出现的而是以复数形式出现的："权力绝非一个个人的属性；权力隶属于一个团体，只要这些团体一直结合在一起，权力便一直存在。我们说某人'拥有权力'时，实际上是说他由一定数目的人民授予以人民的名义行动的权力。权力从而源生、开始运作［(权力在民众)，没有人民或团体就没有权力］的那个团体一旦消失，(他的权力）也就消散。"[1] 阿伦特认为，这种权力本身就是目的，它无须证成自己，因为凡是需要证成的都是工具性的范畴，比如，暴力就需要通过它所追求的目标的引导并将它证成。反之，本身就是目的的权力则需要正当化自身，因为权力是通过群体聚合而产生的，所以正当化的方式就是诉诸权力的产生过程。

阿伦特的权力观上承古希腊的直接民主思想，下接法国大革命精神教父卢梭的共和主义，其对由沟通行动产生权力的观察颇得哈贝马斯欣赏，为哈贝马斯后来发展交谈伦理学和沟通行动理论提供了重要的理论资源。但是，阿伦特的权力观也有其明显的局限性。恰如哈贝马斯所指出的，阿伦特把政治权力仅仅视为沟通，只关注权力的产生问题，而忽视了政治权力的使用、争夺与保持，也即政治权力的目的合理性，这是失之偏颇的。在哈贝马斯看来，"政治这个概念必须要延伸到围绕着政治权力而进行的策略性竞争以及权力在政治体制中的应用。政治不能像阿伦特所

1 汉娜·阿伦特，《共和危机》，1996，第 99—100 页。

说的那样等同于人们为了共同行动而相互交谈的实践(praxis)”[1]。

由此可见，阿伦特的权力观虽然为我们提供了一个新的解释模式和视角，却无法全盘取代支配-服从模式。如果所有的政治权力都必然包含“创建”、“行使”以及“维持”这三个面向，那么仅从“创建”角度去分析政治权力就是远远不够的。进而言之，正当性这个概念也不像阿伦特所说的只适用于权力（沟通模式的权力观）不适用于暴力（支配-服从模式的权力观），恰恰相反，正因为没有一个政府能够建立在赤裸裸的暴力之上，正因为纯粹支配-服从模式的权力是强制性和不稳定的，所以，为了实现统治秩序的稳定有序与长治久安，它就更需要“正当性”这个道德标签。[2] 另一方面，因为所有的政治权力都不只是目的性的存在而同时也是工具性的范畴——人们聚集在一起就一致行动达成共识，其目的不是为了达成共识本身而是为了通过达成共识去实现某些特定的目标——所以，执政者用人民所赋予的权力做了些什么是道德评价政治权力的一个重要面向。

因此，不论是支配-服从模式的权力还是沟通模式的权力都

---

1 Habermas, “Hannah Arendt’s Communications Concept of Power”, in *Social Research*, 1977, 44(1):21.

2 详细讨论请参见本书第一章第二节“为什么需要政治正当性？”。虽然我同意支配-服从模式的权力与沟通模式的权力之间存在差异，并且支配-服从模式的权力一直在人类历史上占据主导地位，但是随着自由、平等观念日益深入人心，一个屡见不鲜的事实是，许多通过暴力手段上台的政府在稳定住基本政局后就迫不及待地举行所谓大选。且不论这种选举是否可信，但至少从形式上表明支配-服从模式的权力同样需要被正当化——无论它是“先上船后买票”还是“有其名无其实”，并且其正当化的方向正是使支配-服从模式的权力转换成为通过沟通和同意形成的权力——我认为这一点至关重要。

需要正当性和证成性这两个道德评价的维度，因为权力既是目的又是工具，当它作为工具时，它需要借助所追求的目的来证成它，当它本身就是目的时，诉诸过去就成为正当化的根据。由此，我们可以得出与阿伦特不同的结论——权力既可以被正当化又可以被证成。

阿伦特的本意是区分暴力与权力，她没有系统展开论述用来区分暴力与权力的两个工具性概念：正当性与证成。尽管如此，字里行间，阿伦特至少给我们提供了一个暗示：正当性是个“回溯性”的概念，在权力受到挑战时总是诉诸“过去作为自身的基础”，而证成则似乎是一个“前瞻性”的持续性概念，它更多地与“未来的某个目标相连接”。这是一个极具洞见的观察，虽然我不同意阿伦特的某些论断如“权力不需要证成”，但是对权力的道德评价存在“正当性”与“证成”（证成性）这两条不同的进路却是一个极富意味的思考方向。

概念上区分正当性与证成性的可能

当阿伦特说长久以来政治哲学一直“把（正当性与证成性）这两个词当作同义词使用”时，她的指责稍有偏颇，因为根据主流观点，一个国家具有正当性就等于这个国家在道德上被证成。在这里，正当性与证成性并不完全对等，正当性在概念上其实是从属于证成性的。我们的困惑在于，是不是所有为国家所做的道德证成（辩护）都是在正当化国家，抑或正当化仅仅是一种特殊的道德证成？把这个疑问作为我们思考的起点，由此出发，我们可以继续追问的是，作为一种特殊的道德证成，正当化的“特殊性”究竟体现在哪里？更进一步的，这种特殊性是否足以令“正当性”与“证成性”并行不悖，从而成为道德评价国家的两条相对独立的不同进路？

根据大卫·施密茨的观点，当代政治哲学中有两种证成国家的不同方法，一种是“目的的证成”（teleological justification），一种是“发生的证成”（emergent justification）。[1]前者根据制度所实现（accomplish）的东西去证成之，而后者则是从制度的产生过程的发生性质（emergent property）去证成之。具体地说，目的的证成要设定一些目标，然后根据政府如何实现这些目标来比较不同政府形式的优劣高下。发生的证成则在国家产生的过程上设置一些限制性条件，它尤其关注国家产生的血缘或者谱系关系。施密茨举例说，如果利维坦的建立乃是为了避免霍布斯式的战争，那么我们可以说这种论证国家的方式就是“目的的进路”。

---

1 David Schmidtz, “Justifying the State”, in *For and Against the State*,edited byJohn T. Sanders and Jan Narveson. Lanham, MD: Rowman &Littlefield Publishers, 1996, p.82. 此外，郭宝钢（音译，BaoGang Guo）在一篇文章中指出，在探讨政治正当性问题时有两种分析架构：原初的证成（original justification）和效益的证成（utilitarian justification）。郭宝钢认为，原初的证成（的效力）或者源自神圣的存在，或者源自领袖的德行或独一无二的某些特点，或者仅仅来自人民的意志，它处理的问题是谁应该统治以及为哪些统治者提供道德资本；效益的证成（的效力）则源自统治者满足人民需要的能力，比如幸福的物质生活或者安全保障。在我看来，郭宝钢的分析框架与施密茨基本一致。差别只在于，施密茨没有提及正当性这个概念，而郭宝钢则认为这是两种正当化的方式。参见：BaoGang Guo, “Political Legitimacy and China’s Transition”, in *Journal of Chinese Political Science*, 2003,8(1):1-25.

与之相对应，当我们说一个利维坦是通过人们的认可而从自然状态中产生的时候，我们就是在“发生的进路”上证成国家。

我们发现，施密茨虽然区分两种道德评价国家的进路，但把它们都归为“证成”国家的范畴，并未提及正当性这个概念。与此相映成趣的是，也有哲学家从类似的进路评价国家，但却把它们放在国家“正当性”的范畴下面，没有提到证成这个概念。

弗朗西斯·福山在2004年出版的《国家构建》一书中指出，民主制度是现代政治唯一可能的正当性源泉。[1]很显然，这个观点带有极强的自由主义色彩，并且福山是从政府获得政治权力的途径和方式也即（借用施密茨的区分标准）从“发生的进路”去考察政治制度的“正当性”；与之相应的是约翰·格雷对该书的评论，格雷认为，国家的正当性根据最终并不在于它是否民主制或者是否认同自由主义价值，而在于国家是否以及在多大程度上提供了人民所需要的东西，比如，提供安全，确保体面的生活，保护对公民来说意义重大的文化价值，等等。[2]与福山相比，格雷的观点更具目的论和效益主义的色彩。按照施密茨的区分模式，格雷是从国家的功能也即从“目的的进路”去考察正当性。

从施密茨的论述以及福山／格雷之争出发，足以看出在道德评价国家（政府）时存在着多大的概念混乱。事实上，“正当

1　Francis Fukuyama, *State-Building: Governance and World Order in the 21st Century*, Ithaca, N.Y.: Cornell University Press, 2004, p.26.

2　John Gray, *Heresies:Against Progress and Other Illusions*, London: Granta Books, 2004.

性”评价的混乱状况远不止于此。人们在日常对话中常用“正当性”这个标签指称各种形式的政治体，比如，在国际背景中，当A政府被其他多数政府认可为正当时，我们也许会称它具有了“正当性”；而B政府在一个固定的领地内保持长时间未受挑战的统治——无论它是否采取了暴政或极权统治——人们有时也会称之为“正当的”。以上列举的国家正当性大多基于外在的标准，我称之为“外在的正当性”。与此相对应的是，基于国家内在的性质而做出的正当性评判，也即“内在的正当性”。施密茨的区分以及福山／格雷之争正是基于内在评判标准而出现的概念混乱。外在正当性的概念混乱不是本书考察的重点，我们感兴趣的是后者——内在的正当性。

在我看来，基于内在标准所导致的评价混乱，其根源正在于对正当性与证成性这两个概念的混用。事实上，如果我们把施密茨的区分与阿伦特的观点相结合，就会得到一个更为清晰的概念框架：作为“回溯性”概念的正当性，关注的是权力的来源和谱系，也就是从“发生的进路”去评价权力或者国家；而作为“前瞻性”概念的证成性，关注的是权力的效用和达成的目的，也即从“目的的进路”去评价权力或者国家。

具体说来，“目的的进路”，也即国家证成性所追问的是：“为什么需要国家？”换言之，国家作为一个工具或者手段能为公民提供什么样的好处和效用？与“为什么需要国家”这个问题具有逻辑等值地位的表述是：“为什么不要无政府状态？”如果我们无法证明国家能为公民带来比自然状态更多的好处，那么无政府就是可欲且应当的。因此，国家的证成性其实与“无政府主义”的问题直接相关。关于这一点,我们将在后文做更进一步的讨论。

“发生的进路”，也即国家正当性所问的问题是：“国家是如何产生的？”或者“在国家产生的过程中需要满足什么样的限制性条件？”对于这个问题，不同时代的回答各有不同。古代社会的正当化方式多为历史的或者发生学的描述（description）和说明（explanation），现代之后尤其是契约论传统则更多地是指逻辑和概念意义上的限制性条件，也即哲学上的证成。[1]

行文至此，我们可以对国家正当性与证成性的概念差异做一初步的厘定，即正当性是从“发生的进路”追问国家的谱系、来源或者国家由以产生的程序性条件；而证成性则是从“目的的进路”评价国家的功能和效用——这是道德评价国家（或者政治权力）的两种不同方式。

如果我们接受这一概念区分框架，就会发现，格雷对福山的批评实在有些不着边际：因为福山谈论的是国家的正当性，而格雷谈论的则是国家的证成性。这也再次印证了维特根斯坦对于哲学问题的一般判断：绝大多数的哲学争论其实都是基于概念混乱所导致的无谓之争，一旦我们澄清了概念之间的关系和语言的用法，哲学的误解和争论就消失了。

---

1 所谓“历史的或者发生学的描述和说明”，当然不是说诉诸“马上夺天下”或者“枪杆子出政权”的历史现实，而是某种具有规范性的历史描述和说明，至于这种规范的根据则是植根于不同的政治文化传统之中的。关于说明（explanation）与证成（justification）之间的概念区分，要特别感谢石元康先生以及陈嘉映先生的建议和启发。

毋庸讳言，迄今为止我们对正当性／证成性所做的概念区分只停留在理论假设上，问题的关键在于，首先，在概念史上是否具有充足的理由来这样区分国家正当性与证成性？其次，如此严格区分国家正当性与证成性是否必要，它具有什么样的理论意义和效果？

概念史上的论据

哈贝马斯这样定义正当性：

> 正当性意谓着对于一个政治秩序所提出的被肯认为对的及正义的（right and just）这项要求实际上存在着好的论证；一个正当的秩序应得到肯认（recognition）。正当性意谓着政治秩序之被肯认之值得性（worthiness to be recognized）。[1]

这个定义首先把正当性的评价对象限定在"政治秩序"，其次强调正当性就是要为政治秩序寻找一个"被肯认"的道德基础。从这个定义出发，哈贝马斯梳理了西方历史上曾经出现的三种层面的正当性：

1　Habermas, "Legitimation Problems in the Modern State", in *Communication and the Evolution of Society*, tanslated by Thomas McCarthy, Boston, MA:Beacon Press, 1979, p.178. 这段中文参考石元康先生的翻译，参见：石元康，《天命与正当性：从韦伯的分类看儒家的政道》，《开放时代》，1999（6）：28。

1．起源神话（myth-of-origin）类型。“在早期文明，统治家族借助于原始神话来证成他们（的权威地位）。”在这个层面上，正当化的对象主要是统治者本人，比如埃及的法老或者中国的皇帝，而正当化的方式则是叙述“神话故事”。

2．随着古代文明的发展，“不仅统治者本人需要被证成，而且政治秩序也需要被证成”。这一目的的实现是由以宇宙论为基础的伦理学、高级宗教以及哲学来完成的。在这一层面的正当化过程中，论证（argument）代替了叙述（narrative）。

3．现代之后，尤其是随着卢梭和康德哲学的兴起，“理性的形式原则在实践问题中取代了诸如自然或者上帝这样的实质原则，这些实践问题关乎规范和行为的证成（理据）……终极的根据不再可能获得，证成的形式条件自身就获得了正当化的力量。理性协议自身的程序和假设前提就成为原则”。哈贝马斯认为，这一层面的正当化抽空了所有的实质和质料的因素，成为“程序的”或者“形式的”，并且也正因为它是纯形式的，所以对任何实质性的体系都有效。哈贝马斯认为，这个阶段的正当性包含两个亚类型：（1）从康德到卡尔-奥托·阿佩尔（Karl-Otto Apel）的超验方向的理论；（2）从霍布斯、洛克到罗尔斯的社会契约传统。[1]

---

1 Habermas, “Legitimation Problems in the Modern State”, in *Communication and the Evolution of Society*, 1979, pp.183-184.

哈贝马斯认为，以上三种层面的正当性是一种历时性的关系，其中“被取代的正当性阶段，无论其内容为何，在向后一较高阶段的正当性过渡的时候都会被‘贬值’，并不是这一种或者那一种理由而是这一类型的理由不再令人信服”。[1]

如果哈贝马斯的观察基本无误，那么我们至少可以引申出以下两点结论：

第一，从“起源神话说”“实质的宗教或伦理理论”到“理性的形式原则”阶段，政治正当性的根据和基础发生了巨大变化，其基本走向是正当性的“外在的客观基础”日益萎缩，而“内在的主观根据”则逐渐占据根源性位置。这一点与本书此前提到的帕特里克·莱利以及约翰·夏尔的观点基本一致。政治正当性的基础从外在的客观根据转变成为内在的个人主观根据，适足反映出古代政治哲学与现代政治哲学的差异性。其原因正如列奥·施特劳斯（Leo Strauss）所说，自从历史之维进入视野，自然正当的观念就被抛弃；而事实与价值分野后，价值的客观来源更无从说起，由此导致价值主观主义与虚无主义的滥觞。[2] 正当性的客观外在基础——无论它是超自然的神学根据，还是自然的目的论根据——既然求之而不得，就只能转而诉诸主观内在的根据，个人的意志或者自主性就此成为道德原则与价值主张的阿基米德点。

1　Habermas, “Legitimation Problems in the Modern State”, in *Communication and the Evolution of Society*, 1979, pp.184-185.

2　列奥·施特劳斯，《自然权利与历史》，彭刚译，生活·读书·新知三联书店，2003。

第二，从“叙述神话故事”到“追溯论证的终极根据”，直至“证成的形式条件”，不仅政治正当性的基础和根据发生了巨大转变，而且正当化的方式也发生了改变，但是尽管如此，我们依旧可以从中看出一以贯之的思路，即正当化是从“发生的进路”出发，诉诸政治秩序的血脉、谱系或者产生的限制性条件以“作为自己的基础”。

正当化方式的这种一以贯之性在第一层面和第二层面表现得尤其明显。正像哈贝马斯所指出的，在原始神话层面，“叙述”是正当化的主要方式，人们通过叙述统治者的血缘和家族谱系，由此来显示（show）其权威地位的正当性。虽然哈贝马斯仍旧把“正当化”笼而统之地归入“证成”（理据）范畴，但叙述显然不同于论证和证成。一般认为，证成是一种“辩护性”(defensive)的概念，它总是出现在意见相左的时候。[1] 按照罗尔斯的观点，证成是“说给持有不同意见的人听的，或者是当我们犹豫不决的时候给自己的论述。证成假定了人与人之间或我们自身的内在意见存在冲突，而寻求去说服他人或我们自身关于我们的要求和判断所建基其上的原则的合理性。证成是被设计来用理性调解‘不同意见’的，它首先是由参与讨论的各方所共同接受的意见开始的”。[2] 叙述虽然也可以用来说服他人，但是“辩护性”并不是“叙述”的结构性组成成分，“意见相左”也不是“叙述”得以产生

1　Simmons, “Justification and Legitimacy”, in *Ethics*, 1999, 109(4):740.

2　John Rawls, *A Theory of Justice*, Cambridge, MA: The Belknap Press of Harvard University Press, 1971, p.580.

的外在环境，叙述更接近于说明，是把现成的知识传达或者传授给世人听。原始神话阶段的正当化方式是一种历史的或者发生学的描述和说明，它显然有别于证成。

在正当性的第二层面即由以宇宙论为基础的宗教、哲学、伦理学理论提供政治正当性的阶段，“论证”虽然取代“叙述”成为正当化的主要方式，但这种“论证”方式却是一种非常特殊的道德证成，它突出体现在对政治权威的起源的关注上。我们看到，尽管在古代西方和传统中国，论证政治权力的正当性有不同的方法和途径，但究其根本都是用谱系学的方法去探究政治权力卓尔不群、独一无二的渊源和血脉，以此证明其统治资格的“正统性”，比如西方的“君权神授”以及中国的“奉天承运”（天命）。而在君主制下，不仅政治权力的超自然来源成为统治正当性的基础，家族内部的血脉相连也成为政治正当性的根据，所谓“子孙继嗣，世世不绝，天下之大义也”。[1] 秦末汉初，陈胜、吴广起义时，一个极富煽动性的口号是：“王侯将相，宁有种乎？”这句话之所以振聋发聩，此后两千年不绝于耳，正因为它在挑战一个古代政治社会的典范性思路：政治权威的正当性根据在于家族谱系，在于血脉，在于“种”。

正当性发展到第三层面，就正当性的根据而言，神话与宗教的力量早已解魅，自然、天命、上帝这样的终极基础也不再令人

1　王健文，《奉天承运：古代中国的“国家”概念及其正当性基础》，台北：东大图书公司，1995，第 247 页。

信服；就正当化的方式而言，也从追溯“神话起源”“血脉、谱系”演变成寻找“产生的限制性条件”。既然终极的外在根据不复可能，证成的形式条件本身就获得了正当化的力量，只要政治权力是通过“程序上”或“形式上”合理的途径获得的，它就被视作具有了正当性。需要特别指出的是，这个阶段的正当性并不如哈贝马斯认为的那样被彻底地抽空了“实质和质料的因素”，它没有完全被化约为“纯形式”，而是保留了个人自主性作为道德的根据，由此发展出洛克式的自愿主义传统，以及康德式的自愿主义传统，后者又与“理性主义”传统有着极其紧密的关系。关于洛克主义和康德主义的区别，我们将在第六章再做详细分析。

综上所述，从概念史的角度看，对政治权力的正当化虽然与证成有诸多重叠，但也存在较为明晰的差异：正当化的方式或者是说明，或者是一种特殊的道德证成，更为重要的是，它始终是从“发生的进路”，也即从政治权威和制度由以产生的起源、血脉谱系或者限制性条件来表明或论证其权威性。这一“发生的进路”如此之特殊，足以使它与“目的的进路”等量齐观，成为道德评价国家的两种进路，即国家正当性与证成性。

洛克传统中的正当性与证成性

自阿伦特在《论暴力》中批评因为混用正当性与证成性“造成误导和混淆”，此后近三十年，当代主流政治哲学家并未对此做出响应。事实上，比阿伦特稍晚一些的许多著名政治哲学家，比如约翰·罗尔斯、托马斯·内格尔（Thomas Nagel）依然认为一个国家具有正当性就等于这个国家在道德上被证成。[1] 直到1999 年，当代的洛克主义者约翰·西蒙斯发表题为“证成性与正当性”的论文，正当性与证成性的概念区分问题才逐渐开始引起关注。

西蒙斯以斩钉截铁的口吻写道：“国家的一般特性或者美德是一回事，国家之于任何特定主体的权利的本性又是另一回事。”[2] 所谓“国家的一般特性或者美德”，西蒙斯指的是国家证成性；所谓“国家之于任何特定主体的权利的本性”，西蒙斯指的是国家正当性。

西蒙斯认为，当代政治哲学主流思想中对这两个概念的同义混用，“混淆了我们应该（而且的确就是如此）用来道德评价国家的两种核心方式”，并且直接导致了其他一些重要的实践议题的混乱，“比如，我们是否有道德义务遵守法律”。[3] 有趣的是，在西蒙斯的文章里只字未提阿伦特，而阿伦特的论著中也丝毫不见关于洛克主义的片言只语。一个是典型的洛克式自由主义者，

1 此外，美国政治学家西摩·马丁·李普塞特（Seymour Martin Lipset）在《政治人》（*Political Man*）一书中曾经专门区分过正当性与有效性（effectiveness），并指出“有效性主要是工具的，而正当性主要是评价的”。塞缪尔·亨廷顿（Samuel Huntington）也曾在《第三波：二十世纪后期的民主化浪潮》（*The Third Wave:Democratization in the Late Twentieth*）中简单区分过“政绩正当性”和“程序正当性”，尽管他们的观点或多或少都涉及本书所说的正当性与证成性之区分，但惜乎未能在概念上做出清楚明白的表述。

2 Simmons, “Justification and Legitimacy”, in *Ethics*, 1999, 109(4): 752.

3 同上，p. 739.

一个是亚里士多德式的共和主义者，尽管在政治哲学的问题取向和理据上大相径庭，但在区分正当性与证成性这一点上却是殊途同归。

按照西蒙斯的观点，证成一个对象就意味着表明它或者是审慎理性的（prudentially rational），或者在道德上可以接受（morally acceptable）。[1] 因此，证成一个国家就是要“表明一个或者某些现实的国家类型总体而言比任何可能的非国家在道德上可接受（或者理想）以及在理性上更可取……在这样的论证过程中，我们将要特别证明，国家可能拥有的美德，或者它们可能提供的善——例如正义或者法律规则——使得拥有这样的国家在世界不啻为一件好事”。[2] 由此可见，西蒙斯认为，国家的美德和一般特性（即国家的证成性）并不反映国家与具体个人之间的真实关系。[3]

国家正当性则不同。洛克在《政府论》中曾经指出：“唯当主体自由地认可政治权力的施行，唯当政治权力一直在认可所授权的范围内发挥作用，这些政治权力才是在道德上正当的，并且这些主体才有道德义务服从政治权力。特定国家的正当性因此就转换成认可，转换成国家与其成员之间的关系的真实历史。”[4] 西蒙斯认为，这里的关键在于，对洛克来说，只有实际的认可（actual

---

1　Simmons, “Justification and Legitimacy”, in *Ethics*, 1999, 109(4): 740.

2　同上，p.742。

3　威廉·埃德蒙森在一篇书评中也表达了同样的观点，参见：William A. Edmunson, “A Review of A. John Simmons, *Justification and Legitimacy: Essays on Rights and Obligations*”, *Law and Philosophy*, 2003, 22:197.

4　转引自：Simmons, “Justification and Legitimacy”, in *Ethics*, 1999, 109(4):745.

consent）才能正当化国家与公民之间的关系，而证成国家（或政府）则无须诉诸个体的实际认可，比如洛克在该书第 9 章中通过反驳无政府主义的观点来证成（有限）政府的时候就没有诉诸实际的认可，这表明“对洛克来说，有限的国家被证成……并不表明任何特定的有限国家就是正当的，也不表明任何国家（政府）有权利（也即拥有权威地位的权利）统治在它（宣称的）领地内的任何或所有人”。[1]

综上所述，西蒙斯这样定义国家正当性：一个国家（或政府）拥有正当性就等于它拥有复合的道德权利，并作为唯一的执行者把具有约束力的责任赋予它的公民，使他们遵守这些义务，并运用强制手段推行这些责任。因此，国家的正当性在逻辑上就与各种各样的义务相关联，包括主体的政治义务。[2]

显然，西蒙斯并没有从“发生的进路”/“目的的进路”或者“回溯性”/“前瞻性”的角度去区分正当性与证成性，相反，在文章的脚注中，他这样批评施密茨的区分方法：

> 我相信施密茨对两种类型的证成性的解释，至少就其表述而言，并未穷尽所有可能的区分。他的目的的证成的概念不够宽广……而发生的证成的概念在我看来又太过狭隘……我的替代建议是，在政治哲学中，我们可以根据是否诉诸国

1　转引自：Simmons, “Justification and Legitimacy”, in *Ethics*, 1999, 109(4):745.
2　同上，p.746。

> 家与作为整体理解的臣民的普遍关系，抑或诉诸国家与个体臣民的特殊关系来区分对制度的评价。[1]

面对西蒙斯和施密茨的差异，我的立场是，在概念术语的使用上借鉴西蒙斯的区分，主张“发生的进路”和“目的的进路”并不是两种类型的证成性，而是正当性与证成性的区分；但在概念内涵的具体分析上，我支持施密茨和阿伦特的理解，也即在对政治制度或政治权力的评价上的确存在“发生的进路”和“目的的进路”的区分。

现在的问题在于，西蒙斯与施密茨之间的分歧是否真的像西蒙斯想象的那么大。我认为不然。借用罗尔斯在《正义论》中对概念（concept）与观念（conceptions）所做的区分，西蒙斯和施密茨之所以存在分歧是因为二者在不同的层面工作：施密茨、阿伦特的工作论域是在概念分析的层面，而西蒙斯则是在规范性或者实质性的哲学理论——或者说是在观念批判的层面。

更进一步的，我认为西蒙斯的工作乃是正当性概念在个人主义、洛克主义背景下的特殊的观念表现形式。正如我们此前所指出的，当正当性进入到第三层次后，正当化的方式也从追溯“神话起源”“血脉、谱系”演变成寻找“产生的限制性条件”，它突出地表现为只要政治权力是通过“程序上”或“形式上”合理的

1　Simmons, “Justification and Legitimacy”, in *Ethics*, 1999, 109(4): 764. 着重号为本书作者所加。

途径获得的，它就被称作是具有正当性的。但这种“程序性”或者“形式化”并不如哈贝马斯认为的那么彻底和纯粹，而是保留了个人自主性作为道德的根据，由此出发，康德传统通过理性主体的假然认可（hypothetical consent）发展出偏向于“理性主义”的自愿主义传统，而洛克传统则从真实个体的实际认可出发发展出极端的自愿主义。西蒙斯是洛克主义的典型代表，他之所以强调正当性指称的是“国家与个体臣民的特殊关系”，证成性指称的是“国家与作为整体理解的臣民的普遍联系”，其原因正在于他坚持个人主义特别是洛克式的自由主义传统，认为只有来自现实的具体个人的真实认可才能构成国家或政府的政治正当性，由于这种关系只可能是特殊的和个别的，不是普遍或一般的，所以正当性也就是个体与国家之间的特殊关系，与此相对，证成性则是个体与国家之间的普遍关系。由此可见，西蒙斯与施密茨、阿伦特并无实质上的矛盾，西蒙斯的解释不过是施密茨、阿伦特理解的正当性概念的一个现代版本，它深深地烙有个人主义和洛克式自由主义的痕迹。

行文至此，我们可以这样总结正当性和证成性的区分：

首先，在概念层面上，正当性是一种“回溯性”的概念，它关注的是权力的来源和谱系，也就是从“发生的进路”去评价权力或者国家；而作为“前瞻性”概念的证成性，关注的是权力的效用和达成的目的，也即从“目的的进路”去评价权力或者国家。

其次，在观念层面上，特别是在洛克式的个人主义、自由主义传统下，正当性关注的是“国家与个体主体之间的特殊关系”，而证成性关注的是“国家与作为整体的主体的一般关系”。

补充说明：正当性与证成性的关系

尽管政治哲学史上少有人在概念上对正当性和证成性做出明确的区分，但类似的问题意识却早已潜藏在各种学者的各类著述之中。

约翰·麦克里兰（John McClelland）在《西方政治思想史》（*A History of Western Political Thought*）中曾经说过一句看似漫不经意的话：“詹姆斯二世是不好的国王，但统治资格名正言顺。”[1]这句无意中道出的话语，适足反映出人们在日常语言里是如何使用正当性这个概念的：从正当性的角度看，詹姆斯二世的统治资格或者说统治权利却是名正言顺的，因为他是查理一世之子、查理二世之弟，按照“仅嫡子有权继承王位”的政治传统和原则，其统治资格毫无疑义；但是从证成性的角度看，詹姆斯二世绝对不是一个好的国王，因为他既没有为臣民带来福祉也没有为臣民带来安全。由此看来，称一个统治者（国王、君主、皇帝或者总统）是正当的与称一个统治者是好的，这是两种不同的评价。同理，称一个统治秩序（国家或者政府）是正当的与称一个统治秩序是好的，也是两种不同的道德评价。

另一个有代表性的例子是乔纳森·沃尔夫（Jonathan Wolff），

---

1 约翰·麦克里兰，《西方政治思想史》，彭怀栋译，海南出版社，2003，第 454 页。

在《政治哲学绪论》(*An Introduction to Political Philosophy*) 中，他指出，“为国家辩护”(justify the state) 有两个主题，其一是“证明在国家统治下我们的生活比在自然状态下好得多”，其二是证明“每个人都已经自愿认可国家的权威”。[1] 显然，根据此前的分析，第一个问题关涉的是国家的必要性也即证成性，而第二个问题涉及的是观念层面的正当性问题。乔纳森·沃尔夫的问题意识已足够明晰，只是画龙未能点睛，没有在概念上把它们严格区别开来。

任何一个国家或者政府，只要不是无能透顶，或多或少都具有一定的证成性：要么能够维护一定的社会秩序，要么能够确保或促进基本的社会正义，要么能够提升人民福祉，不一而足。但问题的关键在于，所有这些证成国家的道德理据（证成性）都是从国家所具有的性质和功能出发，它既不能解释政治权力的来源是否正当，也无法解释为什么该政治权力会对具体的个人拥有如此这般的政治权威。一言以蔽之，它无法在概念层面上和观念层面上解释正当性问题。由此可见，作为道德评价政治权力的两条不同进路，正当性和证成性之间存在相当明显的区分：一个政府即使拥有很强的证成性，也不能推论得出这个政府具有正当性；反之，认为一个有正当性的政府必然具有证成性，这同样是在逃避问题。

1　乔纳森·沃尔夫，《政治哲学绪论》，龚人译，香港：牛津大学出版社，2002，第 47 页。

虽然我们可以在概念上区分正当性与证成性，但不可否认，二者依旧存在着紧密的联系。一个政治权力哪怕拥有再多的证成性，也无法推出它就拥有正当性，但是一个原本具备正当性的政治权力，如果它缺乏足够的证成性，例如缺乏基本正义、民不聊生、社会动荡不安，一定会削弱它的正当性。这其中的道理在于，国家和政府首先是一个目的性的存在，人们建立国家和政府的目的就是为了促进自由正义、保障社会稳定和提高人民福祉，非如此，我们无法解释人们建立国家和政府的动机，一旦一个民选政府或者民主国家无法实现这些基本目的，那么人们就会收回当初给出的认可，这个国家和政府也就因此失去了正当性。从这个意义上说，“目的的进路”甚至在逻辑上优先于“发生的进路”，也就是说，证成性在逻辑上优先于正当性。

综上所述，我的基本结论是：一方面，证成性的缺乏可以削弱正当性；另一方面，再高程度的证成性也都不能推论出或者促生正当性。这两个概念之间的关联是一种相互分离又相互影响的不对等关系。

此外，还需要进一步指出的是，国家的正当性与政府的正当性分属两个层面，不可混为一谈。简单地说，国家的正当性要在逻辑上优先于政府的正当性，一个国家不具有正当性则其政府一定不会具有正当性，反之则不一定，一个政府不具有正当性，其国家不一定就不具有正当性。这里当然涉及国家与政府的组成形式，在一个健康的民主政体中，国家正当性与政府正当性是可以分而论之的，而在党国一体或者极权主义的政治体中，政府的正当性则与国家的正当性合二为一。由于本书着重分析的是政治权力的正当性与证成性，国家和政府的区分不是本书的重点论题，我们在后文中将不再对此做出区分。

区分正当性与证成性的理论后果

现代之后，国家正当性与证成性的区分在洛克主义者这里得到了延续。但是，正像西蒙斯自己所承认的，人们仍然会追问：为什么说区分国家证成性与正当性是重要的？这样的区分究竟有什么理论意义与后果？这一质疑并非无足轻重，而是兹事体大，因为政治哲学作为一种实践哲学，必须要求理论的效果，如果一种概念区分并不构成实质性的理论后果，那么它就是没有意义的区分。

我认为，区分国家正当性与证成性的重要性至少体现在以下两个方面：

第一，有助于澄清民主制是否现代政治正当性的唯一源泉。对此，我的基本论点是，如果我们承认大前提——正当性主要是从“发生的进路”来评价国家，以及小前提——西方意义的现代性是我们无法逃脱（无论你喜欢与否）的脉络；则结论必定是，现代政治正当性的基础建立在“个人的自主性”之上，而不是“父权制、神权中心、神圣的权利、某些优异人群的自然优越性、政治生活的自然性、必然性、习惯……”[1]等任何其他基础之上。换言之，“个人的自主性”即使不是现代政治正当性的充分条件，也是必要条件。[2]据此我们可以断言，只有民主制（具体形式待定）才是现代政治正当性的根据。[3]正如哈贝马斯所言，这并不是说其他类型的正当性基础（比如韦伯所说的传统型和卡里斯玛型的正当性权威）已被证伪，而是说在现代化、全球化日益成为现实的今天，其他类型的正当性正在发生“贬值”，不再被人们普遍信奉。除非我们能够否定小前提，另行建构一种“非西方的现代性”乃至“非现代性”的脉络，否则在强势的西方文明冲击下，任何非民主制的政体与国家都难逃“缺乏正当性”的指责。[4]而那些试图通过国家的效益或功能（比如制度正义、经济成就、提供国家安全保障等）来证成国家的工作，其实都是在为国家的证成性

---

1 Riley, *Will and Political Legitimacy*, 1982, p.1.

2 个体的自愿行为之所以只是正当性的必要条件而非充分条件，乃是因为还存在正当性的客观性因素，例如，无论洛克还是罗尔斯，都强调只有在不违反公民基本权利或者正义原则的前提下，一个国家才可能是正当的。否则，契约论的认可理论就会蜕变成韦伯意义上的“态度解释”，而这将会给极权主义等邪恶政体的正当性打开方便之门。

3 也有学者［如英国的欧内斯特·盖尔纳（Ernest Gellner）］认为，民族主义是西方现代性脉络中与自由民主等量齐观的政治正当性原则。我个人认为，首先，在正当性问题上，民族主义只能作为民主制的补充而不是替代品；其次，把政治正当性建立在极端的民族主义上是一件非常危险的事情。民族主义是一个非常重要而复杂的问题，限于篇幅，本书无法对此进行深入讨论。

4 蒋庆在《王道政治是当今中国政治的发展方向》一文中提出，王道政治有三重合法性（蒋庆的合法性与本书的正当性同义）：超越神圣的合法性，历史文化的合法性，以及人心民意的合法性。这三重合法性要同时具有，否则统治权威将面临合法性危机。我承认这是一个引人入胜、近乎完美的思路，但关键的问题在于，今天的中国似乎已不存在实现三重合法性的脉络和背景。

做辩护，而不是在正当化国家——让我们再次回想福山与格雷之争！

第二，政治哲学之所以要在道德上证成国家，就是为了证明普遍政治义务的存在，但是由于长久以来主流哲学家混淆国家正当性和证成性，导致正当性、证成性、政治义务以及政治责任之间的概念逻辑关系一直处于混乱之中。区分正当性与证成性，将为理解政治义务提供一个新的解释框架和概念模式。

以西蒙斯为例，他为我们勾勒出一幅较为明晰的“逻辑地理格局”：西蒙斯把国家正当性与公民政治义务在逻辑上相等同，也即，一旦一个国家具备正当性，则公民必然普遍地负有政治义务，这是逻辑相关联的两个命题；而国家证成性则不确保公民政治义务，一个被证成的国家只会赋予“公民以道德上的理由去避免削弱它”，以及可能的道德理由“去积极地支持这个国家”。[1]

西蒙斯把国家比附商业机构：某些商业机构虽然富有效率并且慷慨大方，但这并不意味着它们就拥有为你提供服务的权利，更不意味着你有付款给它们的义务。同理，即使有一个国家完美地体现出了国家的所有美德，而且事实上也成功地为所有人提供了福利（并且善待每一个人），这也不能表明这种未经请求的利益提供就足以为领导和统治的权利奠定正当性根据。[2] 西蒙斯认

---

1 Simmons, “Justification and Legitimacy”, in *Ethics*, 1999, 109(4):752. 我将在后文对政治义务和政治责任做出区分，并指出基于证成性而负有的道德理由乃是政治责任而不是政治义务。

2 Simmons, “Justification and Legitimacy”, in *Ethics*, 1999, 109(4):752.

为，只有通过和具体个人的互动——这种互动只可能经由实际认可的方式才能实现——才能“正当化”国家加诸个体之上的义务或者责任，否认这一点就是否认人是生而自由的这一洛克主义者的基本前提。“因此，根据这一解释，一个国家的正当性就是通过建立合法的、有约束力的命令把新的责任加诸主体之上的排他性的专有权利，就是让这些命令得以服从的权利，以及压制违抗者的权利。这种权利以及与它相关的义务就在特定国家和每一特定（表达认可的）主体之间建立起一种特别的道德联系。”[1]

我们知道，哲学上证成政治义务的理论一般有认可理论、公平游戏理论、感恩理论以及自然责任理论等。从国家正当性与证成性的区分出发，我们就可以纲举目张地把握和理解政治义务的不同理论：比如，国家正当性和政治义务之所以逻辑对等，乃是基于认可理论；而国家证成性之所以和政治责任之间关系紧密，则是基于公平游戏原则以及感恩原则等理论。当然，这里又涉及对责任／义务的概念区分，以及对政治义务的具体理解，我们将在后文做详细阐述。

小结

马克斯·韦伯在讨论正当性的三种纯粹类型“理性-法制型”、“传统型”以及“卡里斯玛型”时，特别指出，这种理想型（ideal

---

1 Simmons, “Justification and Legitimacy”, in *Ethics*, 1999, 109(4):752.

types）的分类只是出于理论的需要，现实政治其实是各种不同支配类型的混合，并且任何的术语和分类都不是尽善尽美的，要想“把所有历史上的事实局限在一严密的架构中……是不可能的”。[1] 同样的，我们也不该对正当性／证成性的概念区分框架寄予过高的理论期望，它并不承诺解决道德评价国家的所有问题。

如前所述，正当性发展到第三层面后，正当化的方式集中在寻找产生政治权力的“限制性条件”上，这种限制性条件不是纯形式性的，而是有着实质上的道德基点，即个体自主性原则。从个体自主性出发，一种可能的进路是康德的理性主义，另一种进路是洛克的自愿主义。本书认为，正是这两条进路的不同发展导致在正当性／证成性之区分问题上截然不同的结果。比如，罗尔斯等人就因为秉承康德主义的传统而无视这一区分框架。对此，我们有必要深思：这究竟是罗尔斯他们的理论失误，还是存在更深层次的原因？我个人认为，对这一现象的解释将会导向两个有待检验的命题：第一，在现代性的脉络里，正当性／证成性的区分只在洛克式的自愿主义的框架里才有充分的理据，而在康德式的自愿主义理路中却逐渐混淆乃至丧失了这一区分；第二，罗尔斯等人之所以混用正当性与证成性，不从“发生的进路”入手而采取“目的的进路”评价国家，乃是西方政治哲学“范式转换”的结果。对于以上问题，我们将在第六章中做出回答，而在此之前，我们首先需要探讨政治正当性与政治义务的概念联系，以及认可理论对政治正当性问题的解答。

1　马克斯·韦伯，《支配的类型》，2004，第 398 页。

第三章

政治正当性／证成性：概念框架下的政治义务

公元前399年，雅典城邦监狱。黎明来临之前，克里托匆匆赶到一间牢房内。此时，苏格拉底尚在酣然大睡。克里托这位古道热肠的雅典人带来一个不幸的消息，德洛斯的雅典战船即将在当日抵达，根据雅典的法律，苏格拉底极有可能在次日被处死。克里托满怀哀伤，试图说服他的朋友逃离雅典。可是苏格拉底谢绝了克里托的好意，不仅如此，善辩的苏格拉底为了说服他的朋友，还列举出一大堆理由来证明他为什么要服从城邦的判决，即使这一判决是不正义的。

苏格拉底的论证可以细分为以下三点：

第一，城邦之于苏格拉底就好比养育他成长的父亲、母亲，是城邦以及法律的保护才使得苏格拉底“得以出生，受到抚养和教育”，比起父母和先祖来说，国家甚至要“更为尊贵、更为可敬、更为神圣，它受到众神和所有有理智的人的尊敬”。因此，“如果你不能说服你的母邦，你就应该按它的命令行事，忍耐地服从它加于你的任何惩罚”。

第二，即便城邦对苏格拉底所做的事情是不正义的，但是城邦让苏格拉底和他的同胞“分享了所有的好东西”。

第三，任何雅典人到了成年，认清了城邦的政治组织和法律之后，如果仍旧不满，都可以带着财产到他愿意去的任何地方，但是与此同时，如果任何人在这样的前提下，仍旧选择留下来，城邦就有理由认为他这样做是在事实上“允诺”按照城邦的旨意行事，这是一种自愿订立的契约。[1]

苏格拉底在《克里托篇》中为慷慨赴死所做的自我辩护被公认为政治义务理论的定调之作，从中不难看出此后两千年各种政治义务理论的基本雏形和论证思路：从角色义务、感恩原则、公平游戏原则一直到认可理论。维特根斯坦说：“哲学病的一个主要原因——偏食：只用一类例子来滋养思想。”[2] 发人深省的是，苏格拉底在《克里托篇》中提供的是一个复合论证，而后世的哲学家大多只是从其中的某一条原则出发，希望藉由单一原则或者模型一劳永逸地解决政治义务问题，这种思想偏食的取向其实有悖苏格拉底的初衷。

从苏格拉底拒绝克里托的出逃建议中不难看出，苏格拉底主要是从“服从”雅典法律的角度出发进行论证的，而甚少从服从的对立面——雅典城邦所具有的“支配权利”进行论证。这一追问的思路有其合理性。如前所述，如果我们同意韦伯的论断，承

1　Plato, *Crito*，中文翻译参考：柏拉图，《苏格拉底的最后日子——柏拉图对话集》，余灵灵、罗林平译，上海三联书店，1988，第 82—107 页。

2　维特根斯坦，《哲学研究》，2001，第 241 页。

认在政治社会中“人对于人的支配”不可避免，也就意味着承认“人对于人的服从”是不可避免的，随之而来的一个追问就是：这种支配或者服从的道德理据究竟何在？在公民与城邦（或者个人与国家）的关系框架内，上述追问其实就是在探究统治权利与政治义务的问题，而这又直接导向国家是否具有正当性的逻辑后果。倘如是从统治权利或者政治义务入手去探讨政治正当性就是一个顺理成章的思路，那么，优先从服从的角度（政治义务）而不是从支配的角度（统治权利）去考察政治正当性的合理性究竟何在呢？我认为，尽管在理论上正当性是一个“关系”概念——它描述的是统治者与被统治者之间的某种道德关系，但是政治正当性不是一个自我赋予的“道德勋章”，而是一个需要得到承认的概念，因为承认的给出者是被统治者，所以从被统治者所负有的政治义务出发考察正当性就在逻辑上具有优先性。雅典的民主制已经埋伏下这条思路的苗头。启蒙之后，下行的正当性理论逐渐被上行的正当性理论取代，被统治者的意志表达获得了根源性的位置，统治权利在某种意义上已经成为政治义务的衍生概念。由此，我们可以得出结论，从政治义务而不是从统治权利出发探讨政治正当性是一个相对比较牢靠的理论起点，这一点在现代性的背景下尤其如此。

沃尔夫指出：“为国家辩护常被认为就是要证明普遍政治义务（universal political obligation）的存在。”[1] 沃尔夫依然跟随流

1　乔纳森·沃尔夫，《政治哲学绪论》，2002，第 45 页。

俗观点，不加区分地把国家证成性等同于国家正当性，认为广义的国家证成性（或曰“为国家辩护”）和公民的普遍政治义务之间存在逻辑关联性。但正如本书第二章所指出的，如果我们在概念上严格区分国家正当性与国家证成性——前者是从政治权力“发生的进路”来论证国家的权威性，并且在现代性的背景下，“个体的自主性”或者“个体意志的表达”成为政治权力具有正当性的根据；后者是从“目的的进路”去论证国家，它强调的是国家、政府本身所具有的品质和美德，与个体的意志表达没有直接关联——那么我们就能够提纲挈领地理解传统的政治义务理论，并建立起一个较为清晰、有效和明确的理论模式：国家正当性与普遍的政治义务之间存在概念上的关联，这种关联是由包含自愿主义因素的政治义务理论（如认可理论和公平游戏原则）所保证的；国家证成性则与普遍的政治义务之间没有概念上的关联，而是和公民所负有的另外一些道德责任存在联系，这种联系是基于那些不包含自愿主义因素的政治责任理论，如感恩原则、身份认同原则、成员资格原则等；而政治义务的自然责任解释则与国家正当性和证成性均没有直接的联系。理解上述理论模式的关键在于：首先，在现代性的背景下，国家正当性之获得必然蕴含被统治者的自愿认可，而国家证成性缺乏这一因素；其次，由于国家正当性（或曰统治权利）与公民负有政治义务之间具有逻辑关联性，所以能够成功论证政治义务的理论也应该可以成功论证国家的正当性。

显然，上述概念框架并未正面回答是否存在普遍的政治义务这个问题，对此我们将在第四章探讨公平游戏理论、第五章探讨认可理论的得失问题时再予以正面回答。本章要解决的问题主要包括：第一，如何在概念上区分义务与责任？第二，如何定义政治义务？作为一种特殊的道德义务，政治义务的主要特点是什么？第三，一个成功的政治义务理论需要包含哪些特点？第四，为什么现代的政治义务理论必须包含自愿主义的因素？需要指出的是，我无意更无力全面地检讨政治义务理论，并且，本章的所有讨论都是建立在前文所获得的理论成果上的，即在国家正当性／证成性的区分框架下重新梳理各种政治义务理论。

义务与责任之辨

在探讨责任与义务的概念差异之前，我们先来考察以下两组命题：

1.“有义务去做某事”(have an obligation to do)与“被迫去做某事”(be obliged to do)；

2.“有义务（或责任）去做某事”与“应该去做某事”(ought to do)。

第一组命题的区分是 H. L. A. 哈特在《法律的概念》中做出的。[1] 很显然，当一个持枪劫匪命令你把钱交出来的时候，你只

1 H. L. A. Hart, *The Concept of Law*, Oxford: Oxford University Press, 1994, p. 80.

是被迫交出钱来，而不是有义务交出钱来；而当国家税务工作人员向你征税的时候，即使你可能百般不情愿，通常也被认为是有义务履行纳税活动的。这个区分有诸多哲学含义，但是与本书主题直接相关的有如下三点：第一，它告诉我们义务的产生不仅仅基于惩罚的威胁，而是有其道德根据，换言之，义务是一种特殊的道德要求；第二，义务虽然具有一定的强制性，是对义务人个体意志的一种压迫，但是如果这个义务是正当的，那么它必然至少在某个时候是符合义务人的意志的，在这个意义上，我们可以说义务是具有某种自愿主义的意涵的；第三，对于这个区分最具颠覆性的追问是：这个区分真的存在吗？换句话说，在持枪劫匪与征税人员之间真的存在差别吗？无政府主义者的回答是两者之间没有本质差别。如果我们认为无政府主义者的观点是错误的，那么我们就要追问征税人员的权利与权威从何而来，以及纳税人的纳税义务又是如何被证成的？这两个问题直接关涉本书的主旨，即政治正当性与政治义务是如何被证明的。

第二组区分是西蒙斯在《道德原则和政治义务》中做出的。西蒙斯指出，“X 有义务去做 A”并不总是蕴涵着“X 应该去做 A”，因为当我们告诉 X 他有义务（或者责任）去做 A 的时候，我们通常是在告知他，因为他正处在与别人的特定关系之中，这种特定关系使得他有很好的理由去做 A；但是当我们告诉 X 说他应该去做 A，我们更像是在给他提建议，并且告诉他有最强的理由支持他去做 A。西蒙斯认为，“应然判断”通常是审议（deliberation）的产物，在审议过程中考虑了诸多因素，责任和义务只是其中的一种可能因素。因此，说一个个体有义务或者责任，永远都不是在提供支持他这么做的最具决定性的理由。但是当我们说“X 应该去做 A”，“A 是 X 做得对的事情”，或者“X 不做 A 是错误的”时，通常都是在“考量所有事情”之后做出的判断，是说当所有关于行动（或不行动）的理由都被考量之后，有足够强的理由去支持做 A。[1]

西蒙斯的这个区分相当重要。它提示我们：一方面，我们不会轻易被纳粹的借口说服，因为尽管我们相信纳粹军官的确有（基于职位的）责任服从上司的命令去杀害无辜的犹太人，但是这类责任和义务并没有为屠杀犹太人提供决定性的理由；另一方面，我们也不会被无政府主义者轻易说服，尽管从逻辑和概念的关系考察公民与国家的关系有可能导致不存在政治义务的结论，但是不存在政治义务并不表明我们就应该反对国家（或政府），因为不存在政治义务并未为我们反对国家（或政府）提供最具决定性的理由——个体与国家的关系除了是逻辑的和概念的，还是有机的和情感的。最后这点提示尤其重要，它让我们时刻警醒政治义务理论的限度，用西蒙斯的话说就是“说一个个体有政治义务（或者政治责任）并不是说……他应该履行义务，或者这个义务为行动提供了决定性的理由。政治义务（或责任）仅仅是决定我们应该如何在一个政治共同体内行为的相关考虑因素之一种”。[2] 我们

1　A. John Simmons, *Moral Principles and Political Obligations*, Princeton, N.J.:Princeton University Press,1979, pp.7-10.

2　同上，p.11。

在后文将会看到，正是基于这个考虑，西蒙斯才会一方面坚持“哲学无政府主义”的立场，另一方面并不认为因此就应该反对或推翻一切政府形式。

下面我们来简单考察一下义务与责任的概念区分。在日常对话中，人们通常不做区分地随意混用这两个概念，这说明两个概念的确存在诸多重叠交汇之处。但是，也有一些道德哲学家和政治哲学家根据自己的理论立场严格区分这两个概念。比如，罗尔斯在早期就认为：“责任（duty）和职责（responsibility）被用于某种职位或职务，义务（obligation）通常是人自愿行为的结果。”[1]

从罗尔斯的这个理解出发，我们可以在两个层面理解责任概念。

首先，责任是与个体拥有的特定公职、岗位和角色直接相关的任务或者行为，西蒙斯把它称为“职位责任”（positional duties），它既可以是从属于某一制度性框架，也可以是从属于某一自然身份。比如，我们既可以说作为一个警察的责任是维护社会秩序，作为一个教师的责任是教书育人，也可以说作为一个父亲的责任是养家糊口。

其次，如果我们对身份、角色做广义的自然理解，责任这个概念也可以在独立于任何建制性的背景或者特定角色的情况下加以使用。比如，“救助落水者是我们的责任”，这里的“我们”并

1　John Raws, “Legal Obligation and the Duty of Fair Play”, in *Collected Papers*, edited by Samuel Freeman, Cambridge, MA: Harvard University Press, 1999, p.118.

不特指某一特定职位或角色的人群，而是作为“自然人”或者“道德人”的“我们”，这个意义下的“责任”无疑是一种普遍的道德要求。这也就是罗尔斯所说的“自然责任”（natural duties）或者“道德责任”。通常认为，这类责任包括帮助有需要的人的责任、匡扶正义的责任、不杀人、不欺骗、不做坏事的责任等。[1] 自然责任条款的确立是建立在特殊的哲学人类学的基础上的。

与“责任”相比，西蒙斯认为，“义务”具有如下几个特点[2]：

第一，“一个义务就是通过履行某些自愿的行动（或者不作为）创造出来的道德要求”。虽然绝大多数“职位责任”也是通过自愿的行动而创造出来的，比如，一个人是通过自愿成为警察从而负有了身为警察的责任，可是对于自然责任而言，就不存在自愿与否的问题——不管一个人是否愿意，在其他条件许可的情况下，当他看见落水者，都有自然责任或者道德责任去施以援手。

第二，“一个义务是某一特殊的人（the obligor，债务人或义务人）对另一个特殊的人（the obligee，债权人或权利人）的欠负”。在这个意义上，“义务更像是还债”，并且“作为已经被‘履行’的义务至少有时候是可以一劳永逸地被解除的，而道德责任则永远是我们的责任”。

第三，“每产生一个义务，相应地也同时产生一项权利”。在这个意义上，西蒙斯与 H.L.A. 哈特等人的观点一致，认为在权

1　Simmons, *Moral Principles and Political Obligations*,1979, pp.12-13.

2　同上，pp.14-15。

利和义务之间存在逻辑上的关联。

第四,一个行动之所以是一种义务，是因为债权人和债务人所参与的互动（transaction）或者关系（relationship）的本质所导致的，而不是因为被要求的行为的本性所导致的。理解这句话的关键在于，一个行为是道德上不被容许的这个事实，使该行为不可能具有道德义务的性质；同时，一个行为是道德上可接受的或者甚至是被赞许的，也不能使这个行动具有义务性质。关于前半句话，我们可以考察这个例子，一个黑手党的喽啰向老大许诺谋杀史密斯，尽管就许诺这个行为而言，这个杀手似乎负有某种许诺义务，但由于杀人这件事情本身是道德上不被允许的，所以这个所谓的许诺义务就被不许杀人的道德责任压过。关于后半句话，我们可以考察这个例子，张三与李四是亲密的朋友，并且张三曾经在李四困难的时候帮助过后者，基于友谊或者互惠原则，张三在身处困境的时候有正当的权利要求李四施加援手，李四也有义务尽其所能满足张三的要求，但这不意味着李四有义务为了帮助张三而倾家荡产甚至牺牲自己的生命，即使李四这么做了，我们一般也只会称颂这是一段伟大的友谊或者李四具有高尚的美德，但它已经不属于义务范畴而是“分外之事”。也正是在这个意义上，我们说“义务不是由具有义务的行动之本性而产生的”。

根据以上的简单区分，我们发现，责任尤其是“自然责任”与义务的主要区别在于：自然责任是普遍的而且是非自愿的，而义务则是自愿的并且是特殊的。这里存在两组共四个变量：普遍的／特殊的，以及自愿的／非自愿的。事实上，西蒙斯认为，所有的道德要求（moral requirements）要么是普遍的，要么是特殊的；要么是自愿的，要么是非自愿的。这两组彼此排斥（exclusive）又共同穷尽（exhaustive）的二分概念可以为我们提供四种可能的道德要求区分：普遍的而且自愿的道德要求，普遍的但非自愿的道德要求，特殊的而且自愿的道德要求，以及特殊的但非自愿的道德要求。其中，第一种类别即普遍的而且自愿的道德要求是不存在的，它是一个空集。因此，所有的道德要求其实都落在以下三种分类中：普遍的但非自愿的，特殊的而且自愿的，以及特殊的但非自愿的。[1]

如果这个分类成立，将导致一个极强的理论后果，即所有的义务都只可能是特殊的而且自愿的道德要求，而责任则或者是普遍的而且非自愿的道德要求，或者是特殊的而且非自愿的道德要

1　A. John Simmons, "Political Obligation and Authority", in *The Blackwell Guide to Social and Political Philosophy*, edited by Robert L.Simon, Malden, MA: Blackwell Publishers, 2002, pp.27-28. 在更早发表的《公民义务和征兵制的证成》一文中，西蒙斯认为只可能存在三种类型的道德要求：类型 1，由某些自愿的践行（performance）或者克制行为（forbearance）产生的道德要求，比如通过自愿地加入某些特定的互动或者关系之中，其效用就好像是做了一个承诺；类型 2，对所有人都构成约束的道德要求，它与人们的特定践行无关，比如说自然责任；类型 3，基于某些特定的但不必然是自愿的关系所产生的道德要求，比如父母与孩子，或者施惠者与受惠者之间的关系。（参见：A. John Simmons, *Justification and Legitimacy: Essays on Rights and Obligations*, Cambridge: Cambridge University Press, 2000, pp.44-45.）显然这个分类与《政治义务与权威》中的分类存在着对应关系：类型 1 的道德要求既是"特殊的而且自愿的"，所有互动式的（transactional）政治义务理论如认可理论、公平游戏解释归属此类；类型 2 的道德要求是"普遍的但非自愿的"，主要包括政治义务的自然责任解释；而类型 3 的道德要求则是"特殊的但非自愿的"，所有团体性的政治义务理论如成员资格解释、角色解释属于这一类。

求。这一分析框架对我们理解政治义务理论究竟有何助益，我们将在下一节做详细论述。

何谓政治义务？

正如政治正当性的问题虽然早在古希腊就已提出，可是基于整体主义和目的论哲学观等多种因素，政治正当性并未成为当时的哲学热点问题；同样的，政治义务的问题虽然早在《克里托篇》中就已提出，但是由于政治义务真正关注的是个体的权利与自由，所以在当时的时代背景和政治文化脉络中也没有成为核心问题。一般认为要迟至现代之后，特别是随着社会契约论的兴起，政治义务才成为政治哲学的中心问题。有学者甚至主张政治义务只有在自由主义、个人主义的脉络中才真正成为问题。[1] 应当说这个观点并非没有道理，事实上对多数社群主义者（以及多数保守主义者、社会主义者）来说，公民所负有的政治义务几乎是不言自明、“无须废话”的论题。这也可以解释为什么社群主义者很少论证政治义务。20 世纪上半叶，由于极权主义政权的普遍存在，政治义务问题更加少人问津，直至今天在许多非民主制国家中它依

1　Thomas McPherson, *Political Obligation*, London: Routledge & Kegan Paul,1967, p.63．麦克佛森认为，那些强调政治义务重要性的学者往往更倾向于是个体主义者而不是集体主义者，更倾向于把社会视为是人为的产物而不是自然的产物，更倾向于责任伦理而不是爱的伦理。在此书第 67 页，麦克佛森再次指出：“政治义务仅仅对于一些特定的理论家才是一个重要的概念——一般说来，如自由主义者、个人主义者，还有那些相信社会是人为产物的人。”

然是一个禁忌话题。与此相对，随着第二次世界大战的结束，尤其是 20 世纪六七十年代美国民权运动、反越战运动的兴起，西方政治学界关于政治义务以及相关的公民不服从的讨论却日益盛行，逐渐成为主流话语，极大地推动了政治义务理论的发展。

沃尔夫认为，说一个人有政治义务至少等于说，“他在正常情况下有遵守所在地法律的责任，包括缴纳该付的税款。其他义务也包括在内：应征保卫国家，做一个爱国者，甚至去寻找并揭露国家的敌人”。[1] 沃尔夫的这个回答基本符合现代政治哲学家对于政治义务的理解，尤其是服从所在地的法律、缴纳税款以及保卫国家这三点基本被公认为是政治义务的主要内容。

理解政治义务的要义在于，某些行动是被法律（或者政府和政治权威）所要求的这个纯粹事实是否能够赋予某人履行它的理由？换句话说，假定某些行动不是在道德上被要求的，而是被法律所要求的，那么这个被法律所要求的事实创造出了履行这个行动的道德义务吗？

关于这个问题，苏格拉底在《克里托篇》中有一个典范式的表述：即使城邦对你不公，你也“应该按它的命令行事，忍耐地服从它加于你的任何惩罚”。此后两千年，政治哲学家们的表述基本上大同小异。比如 T. H. 格林（T. H. Green）说：“我的目的是考察由法律所支持的道德功能或者对象……通过这么做去发现

1 乔纳森 · 沃尔夫，《政治哲学绪论》，2002，第 45 页。

服从法律的真实根据或者理据。”[1] 彼得·辛格（Peter Singer）认为，政治义务的核心问题是“为什么我应该服从法律”以及“什么时候我应该服从法律”。[2] 对大卫·拉菲尔(David Raphael)而言，“为什么公民有责任服从国家的法律？这是政治义务的根据的问题”。[3] 乔治·科洛斯克（George Klosko）同样有类似的表述：“一个政治义务总是为遵守现成法律提供好的理由，它不考虑法律的内容，而只因为它是法律。”[4] 甚至无政府主义者罗伯特·保罗·沃尔夫（Robert Paul Wolff）也有相似的观点：“政治义务就是因为它是法律所以有服从它的义务，而不必然是因为我们认为它有某些独立的道德理据。”[5]

西蒙斯的观点与上述学者没有太多分别，他认为政治义务就是“遵守法律以及支持居住国家的政治制度的道德义务或者责任”。[6] 这个表述有两个地方值得特别关注：其一，遵守或者服从

---

1 T.H.Green, *Lectures on the Principles of the Political Obligations*, Kitchener: Batoche Books,1999, p.1.

2 Peter Singer, *Democracy and Disobedience*, New York:Oxford University Press, 1973, p.6.

3 David Raphael, *Problems of Political Philosophy*, Atlantic Highlands, N.J. Humanities Press,1990, p.79.

4 George Klosko, *The Principle of Fairness and Political Obligation*, Lanham, MD:Rowman & Littlefield Publishers, 1992, p.3.

5 Robert Paul Wolff, *In Defense of Anarchism*, New York: Harper & Row Publishers,1970, p.41.

6 Simmons, *Justification and Legitimacy*, 2000, p.1. 另，在《政治义务与权威》一文中，西蒙斯这样定义政治义务：“政治义务……是遵守法律和支持我们自己的国家或政府的政治制度的一般道德要求。”参见：A. John Simmons, “Political Obligation and Authority”, in *The Blackwell Guide to Social and Poltical Philosophy*, 2002, p.17.

法律与支持或者促进所在国的政治制度相比，前者是消极性的道德要求，后者则是积极性的道德要求，罗尔斯在《正义论》中阐述的政治义务的自然责任理论希望证成的是后者，而西蒙斯更关注的是前者；其二，至少在这个定义中，西蒙斯没有明确规定政治义务到底是一种“责任”还是“义务”。但这并不表示西蒙斯没有一个明确的立场，而是因为西蒙斯认为在诸种政治义务理论得到通盘考察之前，不应该只考虑那些（与责任相对的）叫作义务才最恰当的道德要求，否则就是在回避某些问题的实质。正是出于这个考虑，西蒙斯把“政治义务”作为“政治义务和政治责任”的方便且简略的表达式。[1]

无论公民服从的最终对象是“法律”、“政府”还是“既定的权威”，绝大多数政治理论家都认为存在政治义务，或者即使最终的结论是不存在政治义务，但至少这个问题是值得我们深思的。

这个问题的确值得我们深思：为什么因为它是法律或者是国家（政府）的命令，我们就应该甚至不需要考虑其内容而服从它？有什么道德上的理由支持我们这么做？对每一个拥有反思能力和自主性的人来说，这些问题或多或少都构成了困惑。

政治义务理论的提出就是为了解答这些困惑，不过在此之前，有必要进一步澄清或者界定政治义务的特性。参照前述所列举的义务特点，我把政治义务的主要特点总结如下。

第一，作为一种特殊的道德义务，政治义务是通过履行某些

1　Simmons, *Moral Principles and Political Obligations*, 1979, p.12.

自愿的行动创造出来的道德要求。政治义务这一“自愿性”的特征标示出它与“政治责任”的差异。

第二，政治义务的承担者必然是某个特定政治共同体内部的公民（citizens）、成员（members）或者参与者（participants），它与自然的道德责任的主体不同，后者的主体是普遍意义的“自然人”或者“道德人”。所以，说一个人负有政治义务指的是他有义务支持特定的政治共同体，而不是所有（正义的）政治共同体。政治义务这一“地方性”的特征显示出与自然责任的差异。

第三，政治义务的形成乃是因为公民与国家（或政府）之间存在的互动或者关系的本质所导致的，而不是因为被要求的行为的本性所导致的。换言之，某一条法律的具体内容可能在道德上是错误的，但是基于公民与国家此前所形成的特殊关系，公民仍旧有义务去服从这条道德上错误的法律。这个问题立刻就关联到服从的限度问题，我们在此前曾经区分过“有义务去做某事”与“应该去做某事”。公民所负有的这种政治义务究竟是指绝对的、全面的、毫无例外的，还是指在一般原则之下仍然保留有不服从的空间，这个追问将把我们引向对公民不服从（civil disobedience）的思考。限于篇幅，本书不拟处理这个复杂的问题。

第四，公民负有政治义务必然与统治者拥有统治权利相对应，并因此也与国家（或政府）拥有正当性具有逻辑关联性。所以，对政治义务的论证也同样适用于对国家正当性的论证。

第五，政治义务属于代价很大、成本极高的义务，这是我们在论证政治义务时必须要考虑的成本问题。

毋庸讳言，以上五个特征的每一点都存在争议，尤其是第一点“政治义务是通过履行某些自愿的行动创造出来的道德要求”，从某种意义上说，不同政治义务理论的最大争论点就在于此。我们业已知道传统上大致存在以下几种政治义务的解释理论：身份认同原则、成员资格理论、感恩原则、认可理论、公平游戏原则以及自然责任解释等。其中，社群主义者、公民共和主义者以及保守主义者大都支持政治义务的成员资格理论、感恩原则和身份认同原则的解释，他们认为，不管自愿与否，特定政治共同体内的成员都负有政治义务，这类政治义务理论一般被统称为“联合体义务”（associative obligations）。与此相对，自由主义者大都接受政治义务的认可理论或者公平游戏原则的解释，认为政治义务一定要含有自愿主义的内容，因为这两种解释是基于公民与政治体之间的互动关系所产生的，因此也称之为政治义务的“互动解释”（transactional accounts）或者“互动义务”。除此之外，还有一些自由主义的学者如《正义论》时期的罗尔斯则支持政治义务的自然责任解释，这类解释也不主张政治义务的自愿主义性质。

我们在本章第一节“义务与责任之辨”中曾经介绍过，如果用普遍的／特殊的、自愿的／非自愿的这四个范畴作为判断标准，只可能存在三种类型的道德要求：普遍的但非自愿的，特殊的而且自愿的，以及特殊的但非自愿的。这个分析框架将导致一个极强的理论后果——所有的义务都只可能是特殊的而且自愿的道德要求，而责任或者是普遍的但非自愿的或者是特殊的但非自愿的道德要求。如果我们接受上述分类，并以此再来审视各种政治义务的理论，就会一目了然地发现，在各种传统的政治义务理论中只有互动解释（包括认可理论、公平游戏原则）是特殊的而且自愿的道德要求，因此也有可能证成普遍的政治义务，而政治义务的联合体解释和自然责任解释则必定不能证成普遍的政治义务：前者属于特殊的但非自愿的道德要求，它缺少自愿主义因素；而后者属于普遍的但非自愿的道德要求，除了缺少自愿主义因素外，还无法解释政治义务的特殊性。[1]

如果我们再结合国家正当性／证成性的分析框架，将会对上述结论理解得更加清楚：启蒙之后，随着正当性的客观面向日益丧失约束效力，主观面向也即被统治者的意志表达逐渐成为正当性的根据和基础。鉴于国家正当性与政治义务之间存在逻辑上的关联性，任何对政治义务做非自愿论证的理论都无法同时证明政治正当性，因此也就注定是一个失败的理论。由此可见，只要我们正确区分了正当性与证成性，并且深刻领会被统治者的意志表达在现代政治中所处的位置，就能够提纲挈领、纲举目张地认识到在现代民主国家的问题域内，政治义务的自然责任解释和联合

1　哈里·贝兰（Harry Beran）在讨论政治义务的真实认可理论时，认为共有三种版本：成员资格版本、民主版本和互惠义务版本。其中，所谓的互惠义务版本就是本书所说的公平游戏解释。我认为贝兰把公平游戏解释直接归入认可理论的做法是不妥的，我在后文将指出，公平游戏解释若想证成普遍的政治义务，就必须引入认可理论，但是作为论证义务的一种理论，公平游戏解释所依据的基本道德原则与认可理论是不同的，因此贝兰的分类有欠妥当。参见：Harry Beran, *The Consent Theory of Political Obligation*, London:Routledge & Kegan Paul,1987, pp.69-84. 我们将在第四、五章详细讨论公平游戏解释和认可理论。

体解释都存在重大的理论缺陷，只有政治义务的互动解释如认可理论、公平游戏原则才有可能在国家正当性与政治义务之间建立起逻辑关联性。

我们可以重新列明其中的论证步骤：

> 前提 1：政治正当性与政治义务之间存在逻辑上的关联性，所以能够证明政治正当性的理论同时也可以证明政治义务；
>
> 前提 2：现代政治的正当性基础是被统治者的意志表达；
>
> 前提 3：在诸种政治义务理论中，只有政治义务的互动解释才具有自愿主义的性质；
>
> 结论：只有政治义务的互动解释才可能在政治正当性与政治义务之间建立起逻辑关联性。

这显然是一个对确（valid）的论证，是否真确（sound）却必须检查其全部前提的真假值，特别是其中的一个隐含前提——“政治义务必须要有自愿的因素”——亟须得到检验。此外，这个论证还遗留两个最为核心的问题没有回答：(1) 政治义务的互动解释至少包括认可理论和公平游戏原则，究竟哪个理论才能真正可以证成普遍的政治义务和政治正当性？(2) 政治正当性与政治义务的确存在概念联系吗？我们将在第四章和第五章回答这两个问题，而下一节的主要任务是检查“政治义务必须要有自愿的因素”这个隐含前提的真假。

政治义务的自愿主义因素

为什么政治义务的获得必须要包含自愿主义的因素？我们可以从肯定的与否定的两个角度回答这个问题。否定的角度是论证那些非自愿的政治义务解释为什么是错误的，肯定的角度则是论证为什么政治义务必须要包含自愿主义的因素以及如何界定“自愿主义”或曰“自主性”。

在开始讨论这个问题之前，首先需要提请注意的是，我们追问的是政治义务与自愿行为之间的关系，而不是普泛的义务与自愿行为的关系。前面说到，日常语言一般不区分义务与责任，早期的罗尔斯以及西蒙斯之所以特别强调义务“是人自愿行为的结果”，更多是出于理论方便而做出的人为定义。事实上，当我们说每个人都对其家庭负有某种道义上的承担时，无论把这种承担命名为责任还是义务，都无法抹杀这一事实，即它更多的是出于自然而然的情感纽带而不是人为的自愿行为的结果。但是，就本书所关注的论题——“政治义务”而言，我认为它的确必须是自愿行为的结果，这里不只是有定义之分，更有语词所反映的现实之别。

因为政治义务所追问的是作为公民的个体与作为政治体的国家之间的道德关联，所以，政治社会的本性就成为了解政治义务的关键所在。我们认为，政治义务之所以必须是自愿行为的结果，是因为现代观点倾向于认为政治社会是人为的而非自然的产物。与此相对，那些主张政治义务不是自愿行动产物的人正是认为政治社会是自然的而非人为的产物。为了更好地理解上述观点，有必要引入德国社会理论家斐迪南 · 滕尼斯（Ferdinand Tönnies）做过的一个经典区分。

滕尼斯区分“Gemeinschaft”和“Gesellschaft”这对概念，英文通译为“community”和“society”，中文语境没有统一译名，迄今为止已有“自然社会”与“人为社会”（吴文藻），“礼俗社会”与“法理社会”（费孝通），“共同体”与“社会”（林荣远），以及“社区”与“社会”等不同译法。[1] 虽然最终的翻译仍有待斟酌，但是这两个概念之间的差异却是非常清楚的，它们分别意指两种不同的“人类共同生活”的基本形式：所谓共同体（community）指的是“一切亲密的、私人的和排他性的共同生活”[2]，这是一

1　这几种译法各有千秋，“共同体”与“社会”以及“社区”与“社会”的译法在形式上与英译更加对仗，表述上也更接近于专名而非描述语，同时也是目前国内社会学界更为普遍接受的译法，但是“自然社会”与“人为社会”特别是“礼俗社会”与“法理社会”的优点则在于，它们一语中的地点出了“Gemeinschaft”和“Gesellschaft”之间的主要差异，使读者仅从字面意思就能大致捕捉到这一区分的精髓所在，不像“共同体”与“社会”还需要做更进一步的定义和说明。不过综合考虑之下，本书决定还是采用“共同体”与“社会”这个译法，不仅是因为它们在行文上更为简洁，而且因为把“community”译为“共同体”更能与汉语政治哲学界的通译保持一致。另外一个极易与“community”和“society”混淆的概念是“association”，哲学家在使用这个概念时似乎更加随意，每个人都有自己的特殊用法。如前所述，根据西蒙斯的分类，基于感恩原则、成员身份去论证政治义务的方式被统称为“associative obligations”，而从认可理论和公平游戏原则出发论证政治义务的方式则被称为“transactional obligations”，由此看来，西蒙斯倾向于把“association”等同于滕尼斯的“Gemeinschaft”（共同体）而不是“Gesellschaft”（社会）。但是，在《政治自由主义》一书中，罗尔斯却明确指出，“association”是“自愿组成的”领域，他的用法更接近于“Gesellschaft”而不是“Gemeinschaft”。有鉴于此，我们把“association”统译为“联合体”，至于这个联合体到底是自愿形成的还是非自愿形成的，则视不同哲学家的论述而定。

2　Ferdinand Tönnies, *Gemeinschaft und Gesellschaft*, translated and edited by Charles P. Loomis, NewYork:Harper&Row Publishers, 1957, p.33.

种持久的和真正的共同生活，它是以血缘、感情和伦理团结为纽带自然生长起来的，其基本形式包括（1）亲属，（2）邻里，（3）友谊；而所谓社会（society）则是“公共的生活——它是世界本身”[1]，这是一种为了要完成一件任务而结合的社会，它是机械的和人为的聚合体。在共同体的生活形式里，不管人们在形式上怎样分隔也总是相互联系的，母与子的关系便是典型；相反，在社会形式里，不管人们在形式上怎样结合也总是分离的，最明显的例子就是现代社会无处不在的契约关系。

按照滕尼斯等人的观点，在人类发展史上，共同体要早于社会。从“共同体”到“社会”，从“礼俗社会”到“法理社会”，从“身份社会”到“契约社会”，从“自然社会”到“人为社会”，体现的正是现代社会所走过的历史轨迹。尽管在现代社会中仍旧存在“共同体”的生活经验，而且它对于个体生存仍旧有饱满而丰盈的意义，但是不可否认的是，“社会”生活扮演着更为重要的角色。

根据以上区分，如果我们仍旧认为现代社会主要还是停留在“身份社会”、“礼俗社会”、“自然社会”或者说“共同体”的阶段，那么其内部的社会分层、等级秩序乃至于统治与被统治、压迫与被压迫的关系就是有其“天然的”正当性与合法性，换言之，也就不需要任何特别的正当性论证。更进一步，臣民所负有的政治义务也就与其自愿行动没有关系，或者干脆就是不需要特别论证

1 Ferdinand Tönnies, *Gemeinschaft und Gesellschaft*, 1957, p.33.

的。联合体义务的主张者正是这样论证自己的观点的：

> 如果我们是一个群体的成员，那么在其他情况同等的时候，我们就有义务去服从统治这个群体的规范。这种义务并不源自我们认可成为成员，因为这种义务理论主张，在群体和联合体中，比如家庭和政治体的例子里，人们不是经过认可加入的。不论自愿与否，成员资格都蕴含了义务。任何人只要认识到他是特定政治体中的成员，必然也会认识到他负有服从该政治体的法律的普遍义务。[1]

罗纳德·德沃金把这种政治共同体称为"义务的母体"(pregnant of obligation)：

> 对政治正当性的最佳辩护——政治共同体根据集体的共同体决定认为其成员负有义务的权利——不是建立在陌生人之间的契约或正义的责任或者公平游戏（而这是哲学家希望去寻找的东西），而是建立在友爱、共同体的更为肥沃的基础上，以及它们伴随而来的义务。政治联合体，就像家庭、友情和其他更为局部和紧密的联合体形式，就其自身就是义务的母体。[2]

---

1 Richard Dagger, "Membership, Fair-Play, and Political Obligation", in *Political Studies*, 2000, 48(1):106.

2 同上。

根据上述观点，作为家庭和政治共同体的成员，我们就天然肩负有迈克尔·哈丁蒙（Michael Hardimon）所谓的“非契约式的义务”，也即义务仅仅只是源自“我们与生俱来的身份”。[1]在支持这个观点的学者看来，政治义务的成员资格解释或者说联合体义务的主要优点至少有以下三个：首先，它反对自愿／非自愿的简单二分；其次，它符合常识的直觉——大多数人都认为自己是政治共同体的成员并有义务服从其法律，而成员资格理论能够支持这种广泛的道德直觉；第三，这种直觉很显然产生自政治体成员所共享的身份认同感。[2]

反之，如果我们接受滕尼斯等人的观点，认为现代社会首先是一种机械的、人为的产物，或者如社会契约论者所论证的，政治社会是由处在“自然状态”中的自由平等的个体通过订立契约所建立的，那么任何源于自然的、受命于天的或者世袭的政治权威和统治秩序就都需要被重新正当化，而这种正当化的基础只可能源于被统治者的某种自愿行动，由此政治义务也就必然包含自愿主义的因素。

由此看来，问题的争论点仍旧落在“滕尼斯区分”上：现代政治社会的本性究竟是共同体还是社会？虽然联合体义务的主张

1　Richard Dagger, “Membership, Fair-Play, and Political Obligation”, in *Political Studies*, 2000, 48(1):106.

2　同上，pp.106-107。尽管政治义务的成员资格解释或曰联合体解释有如上三个表面上的优点，但反对者却认为这三点都是大可质疑的，比如理查德·戴格尔（Richard Dagger）就分别从家国比喻、身份认同与义务以及群体特性与义务等角度逐一反驳成员资格解释的论证。

者并非来自同一阵营，而是包括社群主义者、共和主义者以及保守主义者等，他们对政治社会的本性的具体理解也各有不同，但是大致说来，都逃不过滕尼斯对"共同体"所做的描述，即政治社会是以血缘、感情和伦理团结为纽带自然生长起来的共同体。限于篇幅，我们无法一一审查各种观点的具体得失，本书将把重点放在家国比喻上，其理由恰如托马斯·麦克佛森（Thomas McPherson）所说，"那些希望强调国家（或者社会、或者统治者和臣民之间的关系）的自然性的人，一般都转而讨论家庭模式。显然在人类关系的领域里没有比家庭关系中的基本联系要更少人为、更多自然的了"。[1]

所谓"家、国、天下"，对于多数的联合体义务主张者来说，从家庭结构出发分析政治共同体是理所当然的，尤其是像雅典城邦这类信奉自然主义和目的论的古代政治社会[2]：规模不大，价值观高度统一，公民之间对于何为美好生活有着几乎一致的认识，把家庭作为理论范式向外拓展至政治共同体的分析似乎是顺理成章的思路。[3]但是，这种思路却不适用于启蒙之后的政治社会，

1　Thomas McPherson, *Political Obligation*, 1967, p.45.

2　按照江宜桦在《政治社群与生命共同体》一文中的分析，亚里士多德之所以特别强调城邦的自然性，原因可能有两个：第一，他希望政治学的处理与其自然哲学之原则一致；第二，为了反驳希腊智者学派所倡导的城邦契约论。（参见：许纪霖主编，《共和、社群与公民》，江苏人民出版社，2004，第141—142页。）

3　传统中国政治也是从"家国同构"的前提出发去设计政治制度的，石元康先生在《家国同构与政教合一：论儒家政治传统与民主政治之异质性》一文中对此有精准的分析。他指出，在民主政治的体制下，国与家完全是两个结构不同的群体。家是基于亲情的血缘组织，而国则是根据个人的意志所建立起来的契约团体。在现代民主政治的思想体系中，家国同构是不可思议的事情。

尤其不适用于大规模的、多元主义的现代政治社会，这不仅因为自然主义、目的论的观点已经被打破，人们不再把国家视为永恒不变或者自然正确的存在而是人为的产物，而且因为国家更多的是作为手段工具而不是目的被理解——人们需要国家这个必要的工具和手段来确保生命权、财产权、自由权以及追求幸福的权利。虽然没有人可以自主选择出生在哪一个国家，就像他无法自主选择出生在哪一个家庭，但是现代意识倾向于认为政治体与个人的关系远不像亲情或家庭那样生死相依、血脉相连，它是我们可以重新评估并且进行再选择的对象，从家庭到政治社会之间存在一个逻辑推衍的断裂。尽管一个人在年幼的时候，是国家和法律的保护使得他受到抚养和教育，他因此（出于感恩原则）负有道德上的责任（这里的"责任"严格按照本书此前的定义，也即它是非自愿性的）服从国家的法律，但是这不意味着在他拥有成熟的理性和智性之后，不能对他和国家的关系重新评估和选择。换言之，一个"与生俱来的身份"只能证明公民对其国家负有一定程度上的道德"责任"（无论基于身份认同原则还是感恩原则），但不能证成这个人负有普遍的政治义务（这里的"义务"同样严格按照此前的定义，也即它是自愿行动的产物）。

然而，在麦克佛森这样的保守主义者看来，家国比喻不仅没有任何问题，而且社会究竟是人为的还是自然的这个问题根本就是一个伪问题。他认为，以洛克为代表的自由主义者之所以错误地提出了政治义务这个问题，症结就在于，他们错误地理解了个体和社会的本性及相互关系。麦克佛森这样论证自己的观点：

社会究竟是人为的或是自然的这个问题是一个伪问题。要点在于我们就生活在社会中，不管我们如何设想社会是从何而来的。隶属于社会就蕴含着对规则的接受，这些规则包括权利和义务。除非我们了解什么叫作拥有权利和义务，否则我们就不可能理解什么是社会——反之亦然。（一个主动接受高尔夫俱乐部会员资格的人不接受俱乐部的规则是不可能的。这种联合体的成员资格本质上就蕴含着规则和义务；一个没有认清成员资格蕴含着义务的人，就是根本不理解成员究竟是什么意思的人。）负有义务与作为一个社会存在者是不可分的。义务这个概念被任何对社会这个概念做适当解释的理论所要求。

社会的人负有义务因此就不是一个需要解释或者“证成”的经验事实（也许是其他类型的事实）。社会的人负有义务是一个分析命题而不是综合命题。因此，任何形式的“我们为什么应该接受义务”的一般性问题都是错误的。“为什么我（作为一个成员）要接受俱乐部的规则？”是一个荒谬的问题。主动接受规则是身为成员的意义组成部分。同样的，“为什么我应该服从政府”也是荒谬的问题。[1]

麦克佛森进一步总结说：

1　McPherson, *Political Obligation*, 1967, p.64.

> 寻找政治义务的普遍理据——一个我们在政治社会中是否负有义务的理据——乃是在追问一个无意义的问题。它误将一些与政治社会存在分析性关系的事物混同于政治社会的纯经验事实。契约、认可、神圣权利、传统等概念，被不同的理论家引进以期解释或者证成那些根本就无须证成的东西。……我们可以断言，洛克式的进路是错误的。它在强调个体和个体权利（在很多方面这是值得尊敬的）的时候把自己建基于对社会概念的错误理解上。个体、个体权利，以及个体的义务，只能在与社会的关系之中才被得到理解，而不是抽离于社会之外。[1]

麦克佛森对洛克式的政治义务理论的批驳看似层层推进、绵密无隙，实则在诸多关键的概念上混淆不清，比如责任／义务、社会／国家、社会义务／政治义务以及成员资格／公民资格等。

以麦克佛森所举的高尔夫俱乐部的成员资格为例，这个例子不仅没能支持麦克佛森的观点，反而恰恰反映出他的概念混乱。高尔夫俱乐部是一个典型的自愿组成的联合体，没有哪一家高尔夫俱乐部是自然产生的，它既不是封闭式的社会，也没有任何人天生就是其成员。一个人要成为高尔夫俱乐部成员，除了要满足一些基本的硬性指标外，还必须要经过一个认可的程序，也即个体主观意志的表达过程，非如此不能成为俱乐部成员。而只有在

1 McPherson, *Political Obligation*, 1967, p.65.

成为高尔夫俱乐部成员之后，这个人才会受到规则的约束并负有相应的义务。因此，当麦克佛森说“一个主动接受高尔夫俱乐部会员资格的人不接受俱乐部的规则是不可能的”，其原因不像他认为的那样是因为“接受俱乐部的规则”是“身为成员的意义组成部分”，而在于这一“会员资格”乃是他“主动接受”的，也即通过他自愿并审慎的考量之后做出的决定——根据认可理论，一旦一个人对俱乐部表示了认可、主动接受了成员资格，也就因此负有服从规则的相应义务。由此可见，当麦克佛森说一个高尔夫俱乐部的会员因为会员资格所以必须接受俱乐部的规则时，他只说出了事实的一半，另一半事实——同时也是最重要的事实在于，高尔夫俱乐部的会员资格并不是天生具有的，而是经过个体自愿且审慎的认可才拥有的。我认为，政治共同体的成员资格之获得过程同样可以用这个例子来加以比附。

由此看来，在探讨因成员资格而负有政治义务——这也正是政治义务的联合体解释要旨所在——的时候，除了要了解成员资格的具体含义，更为重要的是，要了解并确定成员资格是如何获得的，而这无疑要牵涉到政治社会究竟是自然的还是人为的这个问题。倘若政治社会是自然形成的，那么成员资格也就是自然获得的，如果政治社会是人为形成的，那么成员资格也就必定是自愿获得的。[1]

1　更为准确的说法应该是，公民资格的获得应该包含有自愿因素，据此本书认为，应该对成员资格（membership）与公民资格（citizenship）之间做出理论上的区分，因为即使在现代社会中，成员资格的获得也仍然是与自愿行动无关的，但是公民资格的获得却必然与自愿行动存在某种关联。我们将在第六章对此再做详细讨论。

不仅政治义务的联合体解释无法为现代国家的政治义务提供一个坚实的基础，政治义务的自然责任解释同样存在无法克服的问题。首先，自然责任解释不诉诸个体的主观意志，这会导致无视个体的自主性原则。其次，更大的问题在于，它无法解释政治义务的“特殊性”。通常认为政治义务指称的是特定公民与特定政治体之间的关系，可是根据自然责任解释，某一特定国家的公民不仅必须对该国负有政治义务，而且还应该对所有合理正义的国家都负有政治义务，这显然与我们的日常直觉相去太远。对此，德沃金的批评可谓一针见血，他指出，政治义务的自然责任解释“并不能对正当性做出合适的解释，因为它并没有把政治义务充分紧密地与具体的社会联系起来，可是具有这种义务的那些人却是从属于这个社会的，政治义务的自然责任解释没有表明为什么英国人有支持英国制度的特殊义务”。[1]

以上论证并不企图彻底否定自然责任解释和联合体解释，事实上，我坚持认为，在解释个体与国家之间错综复杂的道德关系时，这两种理论有其独特的功能和地位，它们虽然无法证明政治义务的存在，但却能够有效地证明个体相对于特定政治体的“政治责任”。

所谓政治责任，与政治义务相对应，指的是那些根据个体与

1　Ronald Dworkin, *Law's Empire*, Cambridge, MA: The Belknap Press of Harvard University Press, 1986, p.193．相关论证参见：Simmons, *Moral Principles and Political Obligations*,1979, Chapter 4，以及 George Klosko, “Political Obligations and the Natural Duties of Justice, *Philosophy and Public Affairs*, 1994, 23(3): 251-270。威尔·金里卡（Will Kymlicka）在《当代政治哲学》（刘莘译，上海三联书店，2004）一书中也对这个问题有很深入的分析。

生俱来的身份或者一些非自愿行动所负有的相对于特定政治体的道德要求。在我看来，政治责任／政治义务的区分源于责任／义务的区分，并与证成性／正当性之区分存在一一对应的关系。传统的政治义务理论之所以在身份认同原则、成员资格解释、感恩原则、认可理论以及公平游戏原则等理论之间纠缠不清，不是因为这些理论本身没有解释力，而是因为理论家们没有在基本概念上进行梳理和澄清。事实上，身份认同原则、成员资格解释和感恩原则并非没有解释效力，只是它们解释的对象并非政治义务而是政治责任。

通过区分政治义务和政治责任，可以看到，缺少自愿主义维度的自然责任解释和联合体解释只能证明政治责任而不是政治义务，所以，在余下的备选方案中就只剩下“互动解释”可能承担这个任务，当我们引进正当性／证成性这一分析框架后，这一点就越发明晰了。本书认为，在现代性的背景下，可以在政治正当性／证成性、政治义务／政治责任以及诸种“传统政治义务理论”间建立起如下的关联：

存在概念关联

公民的政治义务 ———————— 政治正当性

↑

政治义务的互动解释（认可理论或者公平游戏原则）

存在密切但非概念的联系

公民的政治责任 ———————— 政治证成性

↑

联合体解释（身份认同原则、感恩原则等）或者自然责任解释上图意在表明，政治义务与政治正当性之间存在的概念关联只可能是通过认可理论或者公平游戏原则建立起来的，而在政治责任和证成性之间则是通过联合体解释或者自然责任解释建立起联系的。

或许有人会质疑区分政治义务和政治责任不过是无聊的语词游戏，它有意义但并不重要（meaningful but not significant），因为二者所指称的对象似乎是重叠的，比如，都是服从国家的法律、服兵役、纳税等。对此我的回应是，我们是通过语言进入和理解世界的，因此，澄清一些重要的概念就不仅是无聊的语词之争，它将帮助我们把握和了解与语词相连的事实本身。虽然政治义务和政治责任所指称的对象似乎是重叠的，但二者之间的意义差别却不可以道里计。通过区分政治义务和政治责任，将帮助我们更为清晰明白地把握个体与国家之间错综复杂的道德关联，了解各种传统的政治义务理论其效力何在，特别是有助于个体了解自己所拥有的权利及所处的位置，从而彰显现代社会对个人自我决断的重视和强调。并且，由于现代社会首先是契约社会而非身份社会，所以基于个体自愿行动而产生的政治义务对于个体所具有的约束效力也比政治责任要更大。

个人自我决断的重要性

“礼俗”与“法理”、“有机”与“机械”、“契约”与“身份”、“自然”与“人为”，这些在语义上看似存在二元性的概念在实质上却并非二元对立、截然两分的，而是你中有我、我中有你、相互蕴含的。在借用这些二元概念进行政治哲学考察时，必须对此一直保持理论上的自觉。比方说，现代社会更多的是人为的、机械的社会，并不意味着现代社会就可以像乐高一样任意搭建、随时拆卸，任何政治社会都有其自然生长的一面，有它特殊的历史背景和传统。即便是自由主义者也不完全都是无父无母的反传统者，除了极少数的自由意志论者和无政府主义者，多数社会契约论者和自由主义者从未否定过共同体生活的重要性和必要性。斯蒂芬·霍尔姆斯（Stephen Holmes）说得好，洛克等人提出社会契约论并不需要预设非社会的原子式个人的存在，他们既不想把社会原子化，也并非不重视共同体、传统和历史在构建个体时所具有的重要意义。洛克提出社会契约论的目的只是要削弱自古以来的人身依附方式的基础，为了质疑传统家长制所规定的世代相传的统治权利和政治义务。他的最终目标是“拆散具有传统欧洲社会特色的一系列特别的并非自愿的等级关系”，最低目标则是“驳倒罗伯特·菲尔默（Robert Filmer）等断言自然本身是支持世袭君主制的人”[1]。因此，引入自然状态和社会契约理论，其用意旨在破除两个古老的观念：第一，当下所拥有的某一群体中的成员资格意味着今后仍然负有继续作为其成员的道德义务；第二，社会优越地位是天然的，因此也是不需要做进一步论证的。[2]

1 斯蒂芬·霍尔姆斯，《反自由主义剖析》，曦中等译，中国社会科学出版社，2002，第 271 页。

2 同上，第 272—273 页。

如此看来，自由主义者虽然强调个体自我决断的重要性，但这并不妨碍他们承认共同体价值和历史传统在塑造自我观念上所具有的功能以及人是生活在历史文化脉络之中的事实，大多数的自由主义者也不像社群主义者（如桑德尔）所批评的那样，主张“无拘束的自我”（unencumbered self）或者“不受羁绊的自我”（disengaged self）。

诚然，有一些自由意志论者和无政府主义者认为，由于个体自主性与任何压迫性的政治制度和权威都在逻辑上不兼容，因此，唯一的出路是无政府主义。这个判断显然过于极端，多数自由主义者和契约论者都不会接受这个结论。更为中正平和的说法或许是，只要我们生活在联合体中就必然地要服从这样那样的他人意志，可是服从并不一定意味着自主性的彻底丧失，恰如主张自主性不意味着要斩断与周遭的所有关联。我甚至愿意说，不存在不受制于任何他人意志的自主性，任何人在成长的过程中，都或多或少或明或暗地受到家长、朋友、他人、社会、国家的意志影响。如果我们承认从来就不存在赤裸裸、无拘无束的自主性，那么我们就要在另一个意义上考虑自主性，我称之为“可修正的自主性”。

可修正的自主性既不主张原子式的个人主义，也不试图破坏所有的社会纽带，它所强调的重点在于，尽管我们每个人从出生到死亡时时刻刻都处在与他人意志的复杂关系之中，但是作为个体，我有自由和权利对任何其他意志与权威进行评估和质疑，并且，当我做出某一个判断或者行动时，最终的认可来源于我的自我决定。这是一种弱意义的自主性，这种弱意义的自主性虽然仍旧以个体利益作为思考的原初起点——没有人能够比我更了解我自己的利益，因此也就没有人能够代替我判断哪一种利益更符合我，但是它不否定社会历史情境对于个体构成的影响，不拒绝共同利益的概念，也不排斥忠诚、团结、友爱这样的社群主义价值，更不抗拒“社群”或者“共同体”概念。弱意义的自主性不认为个体的自主性应当每时每刻、自始至终贯穿于个体的判断、行动与生活——这既不可能也不必要。它所主张的毋宁是，当个体最终做出判断和行动时，它是基于个体的认可。并且，个体有形成、修改和完善这种认可的能力和权力。一言以蔽之，这种自主性意味着“个人应该享有理性评估和修正自己现有目的的自由。”[1] 因为认为任何有价值的生活都必须是源于内心的生活，而强调个人的自我决断，不仅能更好地促进个体的自我利益，而且将带来任何强迫性生活所不具备的自尊感。

对这种弱意义的自主性的一种可能反驳是，许多貌似出自自主性的认同其实只是各种意识形态机器开动说服机制后的一个内在化结果，或者是现代大众媒体和文化霸权潜移默化、润物无声、反复灌输的后果。这一反驳并非无足轻重，而是所有主张自主性的人都必须面对的问题：如果我们的自主性不过是乔装打扮的他

1　转引自：金里卡，《当代政治哲学》，2004，第 424 页。限于篇幅和主题，我们无法详述自由主义和社群主义就自我问题所展开的讨论，英文参考文献可参阅：Michael Sandel, *Liberalism and the Limits of Justice*, Cambridge: Cambridge University Press, 1982, p.183; Michael Walzer, “The Communitarian Critique of Liberalism”, *Political Theory*,1990, 18(1): 9; Simon Caney, “Liberalism and Communitarianism: A Misconceived Debate”, *Political Studies*, 1992,40(2):275.

人意志，那我们在什么意义上还能称之为“自主性”？我们能够有效区分“真正的认可”[real consent，与实际的认可（actual consent）不同] 与“虚假的认可”（apparent consent）吗？这个问题直接关涉到政治义务的认可理论是否可能，我们将在第五章详细讨论之。

目前为止，我们已经达到的结论是，由于现代政治的正当性根据在于主体的意志表达，并且，由于政治正当性与政治义务存在逻辑上的关联，所以政治义务也必然包含有主体的意志表达或者说自愿主义的因素，由此，在现有的政治义务理论中，似乎只有互动解释——也即公平游戏理论或者认可理论才能承担起这个论证责任。

第四章

政治义务的公平游戏解释

上一章指出，在传统的政治义务理论中，除了互动解释以外，自然责任解释和联合体解释都由于缺少自愿主义的因素，从而无法承担起证成政治义务的任务。政治义务的互动解释主要包括公平游戏原则和认可理论，究竟哪个理论才能真正可以证成普遍的政治义务，这是本章以及下一章要解决的问题。我认为，这个问题必须要结合国家正当性与证成性的区分才能得到真正的解决，以往的政治理论家正是由于缺乏这一维度的考量，在评判各种政治义务理论的得失时或多或少都有失偏颇。

作为互动解释之一种的公平游戏原则，其要义在于，公民之所以有义务服从法律，乃是因为他们从政治社会中获得了重要好处的结果。本章的主要观点有三：第一，传统的公平游戏解释预先设置了两个必要前提：社会合作体系必须是互利以及正义的。可是，一个社会合作体系是互利与正义的并不必然推出它就一定具备正当性。我将证明，在国家正当性与证成性的概念框架下面，政治义务的公平游戏解释更多的是和国家证成性相关联，这也是当代多数非民主制国家在证成公民具有普遍的政治义务时经常采取的策略，但这个论证是无效的。第二，公平游戏解释若能证成政治义务就必须要有自愿主义的因素，但由于公共利益（public goods）既不能被自愿地接受也不能被自愿地拒绝，所以公平游戏解释并不适用于证成普遍的政治义务。第三，要想使传统的公平游戏解释能够证成普遍的政治义务，就必须补充一个新条件：受益人认可施惠人的身份。但这样一来，“修正后的公平游戏解释”就成为传统的公平游戏解释与认可理论相结合的产物。

相互性原则

正如认可理论建立在认可（或许诺）这个行为所具有的道德约束力之上，[1] 一般认为，公平游戏原则所依据的是另一个被普遍接受的道德原则，即相互性（reciprocity）原则。[2]

按《牛津高阶英汉双解词典》的定义，所谓相互性是指“相互交换（mutual exchange）的原则或实践，尤指互相让步或互惠”。

又按《牛津哲学词典》，相互性意指“对于从他人那里所接受到的利益或伤害做出适当响应的行为。互惠利他主义是这样一

1　关于许诺是否具有道德约束力，以及如何具有道德约束力的问题，我们将在下一章做详细分析。

2　“reciprocity”，中文一般翻译为“互惠”，我更倾向于译成“相互性”。这是因为“reciprocity”是一个核心的伦理学和政治学概念，一旦将之译为“互惠”，就会成为一个目标性的概念，比较而言，“相互性”这个概念更加形式化，也能更好地承担起理论“起点”的作用。

个系统：以利还利；在一个广泛的条件下，群体实践这个行为将导致比无节制的自利要好很多的后果”。[1]

从道德心理学的角度看，相互性是正义之所以可能的核心概念。正义的发生场域是人群之中（plurality of persons），而人与人之间最形式化的关系就是相互性。首先，相互性是一种关系性的概念，类似于现象学所说的交互主体性，但我们这里所说的相互性并不是意识哲学的范畴，而是社会哲学和政治哲学的概念；其次，相互性是一种规范性的概念，它的道德约束力来自所谓的生活世界（life-world）或生活形式（form of life），[2] 它是人类最基本的交往模式之一；第三，相互性是一种纯形式化的概念，我们可以根据主客观环境的不同理解给相互性填充进各种样态的实质内容，例如，在经验上，我们至少可以设想以下四种可能：相互仇视（mutual hate）、互不关心（mutual disinterest）、互惠（mutual advantage）以及相互善意（mutual good will）。很显然，以上四

1　Simon Blackburn, *The Oxford Dictionary of Philosophy*, Shanghai: Shanghai Foreign Language Education Press, 2000, p.321.

2　诉诸生活世界或者生活形式这样的类终极性概念只能算作权宜之计。拉姆塞（Ramsey）在批评维特根斯坦时有一个颇让人提神的说法，大意是所谓“与料”（the given）其实是一种搪塞之词（摘自：王浩，《哥德尔》，康宏逵译，上海译文出版社，1997，第 98 页）。而我认为，在当今哲学背景下，和“与料”处于同一逻辑地位的概念还有维特根斯坦的“生活形式”“语法”以及现象学传统中的“生活世界”。拉姆塞的批评颇值得玩味，它告诉我们，在哲学问题研究中，轻易不要引生活形式之类的终极性概念，因为一引生活形式这种“叫停模式”（stopping model），看似什么问题都解释了，但其实很可能什么都没解释。相反，如果我们转换思路，将生活形式或者生活世界作为哲学研究的独立课题，对之进行有效分析，也许会开创出别开生面的哲学视野。我相信这项工作是一个极其重要的哲学课题，但却非本书所能承担的任务。

种可能性在本质上都是一种相互限制，而且各方在相互性的关系中所付出的实物都是对等一致的，要么都是仇恨和冷漠，要么都是好处或者善意。俗白地说，无论是“以德报德”还是“以血还血”都被认为是符合相互性这一基本规范的，而无论是“以德报怨”还是“以怨报德”都是对相互性的一种逾越，虽然“以德报怨”是肯定性和建设性的，而“以怨报德”是否定性和破坏性的。

在上述四种相互性的可能模态中，相互仇视的状态最接近于霍布斯所描述的自然状态：一切人反对一切人。这种相互性没有构成人与人之间的积极关系。相互善意的社会最接近完美状态，它也是所有人憧憬的社会理想。互不关心或者互惠的状态则处于中间状态，我们可以很容易地想象出，即使是一个在道德心理上互不关心的群体，也可能出于理性利己主义的动机导致一个互惠的局面，这是人类社会所以可能的最低条件，也是自由主义者所设想的社会基本模型。按照罗尔斯对于政治哲学方法论的设想，互不关心是一个“广泛接受的但又相对薄弱的前提”，从这里出发也许可以到达一个更为具体的结论。

如果自然状态曾经存在，那么人类如何从相互仇视转换到互惠并最终建立政治社会就是一个需要解释的问题。从霍布斯开始，社会契约论的哲学家们就一直在尝试回答这个问题。不过，就道德心理学的角度而言，我认为，倒是休谟这个非契约论者的说法最令人信服。休谟在《人性论》中对“相互性”有相当精彩的论述：

> 人类因为天性是自私的，或者说只赋有一种有限的慷慨，

> 所以人们不容易被诱导了去为陌生人的利益做出任何行为，除非他们要想得到某种交互的利益，而且这种利益只有通过自己做出有利于别人的行为才有希望可以得到的。但是由于这些交互行为往往不能在同时完成，所以其中一方就只好处于一种不确定的状态，依靠对方的感恩来答报他的好意。但是……这种保障是很薄弱的。[1]

这种薄弱主要体现在，一旦另一方背信弃义不回馈利益，则最先给出利益的那一方获得感恩的希望就会落空。正是因为互惠的过程不是同时进行的，而是存在一个时间差，因此最先给出利益的一方就只能寄希望于另一方能够信守这个相互性原则。可是人们如何才能信守这个相互性原则呢？休谟认为，为了达到这个目的，人们就发明了某种语言形式，“借以束缚自己去实践任何某种行为。这种语言形式就构成了我们所谓的许诺，这就是对于人类计较利害的交往所加的一种认可”。[2]

如果这个分析是成立的，那么在逻辑上，相互性原则相对于许诺而言就是次生的。换言之，相互性原则是建立在许诺原则基础之上的。由此，我们就可以进一步推论出下述结论：究其根本，以相互性为根据的公平游戏理论是建立在认可理论之上的。这个结论与 H.L.A. 哈特的主张相冲突，在哈特看来，除了认可和许诺，

1　大卫 · 休谟，《人性论》，关文运译，商务印书馆，1980，第 559—560 页。
2　同上，第 562 页。

权利和义务的产生还有“第三个重要来源”，那就是“限制的相互性”。哈特认为，只有当我们认清“限制的相互性”究竟是什么，以及它究竟如何区别于认可和许诺的时候，政治义务才是可理解的。但是，根据以上分析，我们可以看出，“限制的相互性”和许诺其实是同生共源的，甚至在逻辑上是建立在许诺的基础之上的。当然，这并不排除公平游戏理论与认可理论在基本形态上有不同的特点，而这也是我们后几节需要探讨的问题。

“限制的相互性”作为公平游戏原则所以可能的基础，主要表现在：

> 公道的破坏在社会上必然会成为非常频繁的，而人类的交往也因此而成为很危险而不可靠的了。你和我一样都有舍远而图近的倾向。因此，你也和我一样自然地容易犯非义的行为。你的榜样一方面推动我照样行事，一方面又给了我一个破坏公道的新的理由，因为你的榜样向我表明，如果我独自一个人把严厉的约束加于自己，而其他人们却在那里纵所欲为，那么我就会由于正直而成为呆子了。[1]

慈继伟用更加学术化的规范语言对上述现象做了另一番陈述：“如果社会上一部分人的非正义行为没有受到有效的制止或制裁，其他本来具有正义愿望的人就会在不同程度上仿效这种行

1　休谟，《人性论》，1980，第 575—576 页。

为，乃至造成非正义行为的泛滥。”[1]他将之总结为“非正义局面的易循环性”或者“正义局面的脆弱性”。慈继伟认为，“非正义局面的易循环性”是我们认识正义的性质特别是其心理性质的一个突破口。在我看来，正是出于对这种“非正义局面的易循环性”的警惕，公平游戏原则才得以产生和发展。

按照慈继伟的观点，相互性不仅指涉参与者双方彼此之间的限制，更指向“人对规范的有条件性服从”，这里的规范不是泛指任何规范，而是合理规范，因此“更确切地说，相互性是合理规范下的相互性”。根据这一定义，作为形式的“相互性”是一个恒定因素，而作为具体内容的合理规范则是一个变动因素，后者在不同的正义观中有不同的定义。[2]

在政治义务的公平游戏解释的背景里，这种“合理规范”有其特定的含义，即“互利以及正义的社会合作体系”。罗尔斯说得尤为明确，他强调，只有在“立宪主义民主国家”里才可能运用公平游戏原则来解释政治义务。这个限制性条件对于西方的政治理论家来说几乎是不言而喻的，这是他们探讨政治义务的公平游戏解释的背景性知识。对于那些非立宪主义民主制的国家或者虽然满足互利条件但缺乏基本正义的国家，我认为，仅凭这个限制性条件就足以把公平游戏原则排除在论证政治义务的策略之外。

1　慈继伟，《正义的两面》，生活 · 读书 · 新知三联书店，2001，第 1 页。
2　同上，第 40 页。

公平游戏理论的主要特点

尽管早在柏拉图的《克里托篇》中就可以找到公平游戏理论的原始版本，并且休谟也曾对“限制的相互性”做过精彩的论述，但是它发展成为一个完整的理论却要迟至当代。一般认为，最早论述公平游戏理论的当代政治哲学家是H.L.A. 哈特。哈特这样表述他对公平游戏理论的理解：

> 当一些人根据规则从事任何共同事业，并由此限制他们的自由，那些在被要求（从事这共同事业时）服从这些限制的人，有权利要求那些从他们的服从而受益的人也给出类似的服从……在这种情况下，服从规则的道德义务是归属于这个社会的合作成员的，他们有相应得到的权利去要求服从。[1]

哈特对公平游戏理论的论述相当简略，在他之后，另一个经常被提及的名字是罗尔斯。在20世纪60年代所撰写的《法律义务与公平游戏义务》一文中，罗尔斯这样写道：

> 假定有一个互利的和正义的社会合作体系，只有每人或近于每人都合作时人们才能得到它产生的利益。进一步假定

1　H.L.A.Hart, “Are There Any Natural Rights?”, in *Philosophical Review*, 1955, 64(2):185.

> 合作要求每个人付出一定的牺牲，或者至少涉及对每个人的自由的一定限制。最后假定合作产生的好处在某个意义上是免费的，这就是，如果任何人知道所有（或近乎所有）其他人会继续尽他们的职责，那么，他仍将能够从这个体系中分享所得，哪怕他自己并不尽自己的职责；在这个意义上，这个合作体系是不稳定的。在这些条件下，一个人如果接受了这个体系的好处，那就有一个公平游戏的义务约束他去尽自己的职责，约束他如果不合作就不能趁机利用这些免费好处。[1]

言必称哈特与罗尔斯，这是所有讨论公平游戏理论的作者的必由之路。事实上，哈特与罗尔斯也的确勾勒出了这一理论的基本框架。借用程炼的总结，公平游戏理论的要点在于，在一个社会合作体系中，一个人有义务去尽自己的职责，如果：

1. 这个体系存在着，该体系的目的是为其成员创造利益；
2. 成员的合作通常意味着付出牺牲或限制自由；
3. 大部分成员已经给予合作，这使得1成为可能；
4. 即使他不参与合作，也能从该体系中获益；
5. 他已经从该体系中获益。

1　Rawls, "Legal Obligation and the Duty of Fair Play", in *Collected Papers*,1999, p.122.

如果把上述思想运用到政治社会就会得出如下结论：

1. 政治社会会被看作一个互利的合作体系；

2. 公民从政治社会的安排中获益（国家安全、法律保护、市场等）；

3. 他们有一个公平游戏义务去尽他们自己的职责，或者更确切地讲，去遵守政治社会的法律以支持他们的社会制度，只要这些制度的运作是正义的或近于正义的。[1]

在总结完公平游戏理论的主要特点后，程炼随即指出，这一理论有两个重要的优点。第一个优点是，"与自愿主义说明相比，它能够提供政治义务的一般辩护"。[2] 理由是自愿主义充其量只能说明极少数人的政治义务，而公平游戏却似乎能够解释政治义务的普遍性：既然我们中的绝大部分人都从社会安排中获益，那么公平游戏原则就能约束我们。第二个优点是，它把公民-国家的关系转换成了公民-公民同胞之间的关系，"一个人对政府的义务"其实是"附着在他对他的公民同胞的义务上的"。程炼认为，这种处理"要比传统的政治义务理论更能抓住要点"。[3]

程炼赋予公平游戏理论的这两个优点，本书在一定程度上都

1 程炼，《公平游戏与政治义务》，出自：《哲学门》，第 1 卷第 1 册，湖北教育出版社，2000，第 135 页。
2 同上。
3 同上，第 136 页。

持保留意见。我们先来讨论“第一个优点”。为佐证这个论点，程炼举西蒙斯为例：

> 在公平游戏原则之下，审慎的许诺对于获取义务是不必要的。一个人可以在无须尝试和无须知道他在履行一个产生义务的行为的情况下，受到这个义务的约束。既然只要在正确的环境下获利就可以产生义务，那么在正确环境下获利的一个人就可以不知情地受到约束。这是与认可理论说明的一个重大差别，后者强调了审慎许诺的必要性。[1]

程炼的上述立论与引文均值得商榷。

首先，程炼过于简单地把公平游戏原则与自愿主义相对立，似乎这是不言自明的区分，但事实上，公平游戏原则与自愿主义的关系一直是学术界聚讼纷纭的论题，例如，理查德·阿尼森（Richard Arneson）和乔治·科洛斯克主张公平游戏原则是非自愿主义的，而西蒙斯和罗尔斯却认为公平游戏原则若能证成政治义务就必须包含自愿主义因素。程炼把公平游戏原则与自愿主义简单对立的原因在于，他误将自愿主义和认可理论相等同，既然学术界一般公认公平游戏原则有别于认可理论，所以也就“顺理成章”地得出公平游戏说明不同于自愿主义的结论。

其次，当程炼援引西蒙斯的观点论证公平游戏理论比认可理

1 程炼，《公平游戏与政治义务》，《哲学门》，2000，第135页。

论优越时，会误导读者认为西蒙斯认同公平游戏原则的优点。可是细查西蒙斯的文本，就会发现，在程炼所引述的这段话中，掐头去尾遗漏了两句最为关键的话。在这段引文的开头，西蒙斯很明确地指出，这只是“在支持者看来，政治义务的公平游戏解释的主要优点在于它为我们的政治联系提供了一个普遍的解释”。[1]而在这段引文的末尾，西蒙斯指出，他的目的仅仅“只是指出可能被看成是公平游戏解释的几个优点；至于这些‘优点’是否为真则仍需再看”[2]。事实上，我们将会看到，正是西蒙斯本人尖锐地指出公平游戏必然要包含自愿主义的因素。具体地说，受益者必须要自觉并有意地“主动接受”(accept)好处而不是“纯粹接收”(receive)好处，如果获利者缺乏这种自觉性（willingness）和有意性（knowingness），公平游戏原则就会存在重大问题。[3]

程炼的这两个误读一个是概念性的，一个是资料性的，两者都关乎公平游戏原则与自愿主义之间的关系。某种意义上，对这一关系采取不同的立场会直接影响是否承认公平游戏原则能够解释政治义务。由于政治义务是一个特殊的问题域，政府提供的好处多为“公共利益”(public goods)，如国防安全、环境保护、法制和社会秩序等，基本上都是一些无法自愿接受或者主动拒绝的好处，因此科洛斯克和阿尼森等人倾向于认为，即使这里没有

1　Simmons, *Moral Principles and Political Obligations*, 1979, p.116.

2　同上，p.117。

3　“receive”和“accept”的最大分别在于是否含有自愿主义的成分，前者是无意或者被动地获益，而后者则是自觉、有意地获益。为突出起见，本书一律把“receive”翻译成“纯粹接收”，把“accept”翻译为“主动接受”。

自愿主义的成分，单凭受益就足以产生义务，因为“一个人不可能自愿地主动接受一个他不能自愿地拒绝的好处”。[1] 与此相反，《正义论》时期的罗尔斯以及西蒙斯等人则坚持认为，公平游戏原则在解释政治义务时必须要有自愿主义的因素。而正是由于公共利益不存在由受益者“主动接受”的问题，所以公平原则也就不能说明大多数公民的政治义务。显然，公平游戏原则与自愿主义之间的关系直接关系到公平游戏解释的效力。关于这个问题，我们将在下一节再做重点分析。

最后也是最重要的问题在于，虽然“我们中的绝大部分人都从社会安排中获益”[2] 乃是一个事实，但从这个事实判断到推论出“公平游戏原则就能约束我们”还有很长的一段路要走。因为至少存在两种可能性：要么公平游戏原则本身可能是无效的，要么在把公平游戏原则运用到政治领域时需要太多的条件限制以至它不能证成普遍的政治义务。因此，我们只有在对政治义务的特性做出深入分析之后，以及在彻底澄清运用公平游戏原则的条件限制之后，才可能从“我们中的绝大部分人都从社会安排中获益”这个事实的认定推论出公平游戏原则是有效的。

---

1 Richard J. Arneson, “The Principle of Fairness and Free-Rider Problems”, in *Ethics,* 1982, 92(4): 619.

2 这是一个公认的公平游戏理论的优越性。丹尼尔 · 麦克德莫特（Daniel McDermott）指出，公平游戏理论的最大效力在于，它是“建立在一个没有争议的经验宣称上的：多数现存国家的人们的确从他们的政治共同体所提供的好处中获益”。参见：Daniel McDermott, “Fair-Play Obligations”, in *Political Studies*, 2004, 52(6):217.

公平游戏理论的困难

主张公平游戏原则能够解释普遍政治义务的哲学家一般都被以下现象所深深吸引：一方面，多数国家的多数公民都感到自己对国家负有某种政治义务；另一方面，多数国家中的多数公民也的确从国家获益。从这两个现象出发，一个看似自然的结论是，要想证成大多数公民负有政治义务，公平游戏理论似乎就是最好的选择。但在我看来，这一思路隐含了两个错误的哲学观念：其一，认为心理上的政治义务感可以扩展成为实质的政治义务；其二，把政治义务理论看成是对现实政治现象的辩护。

关于第一个观念，就像西蒙斯所指出的，"即使多数人感觉有这样的义务，我们也不应该认为这种感觉是被证成的，或者认为这种感觉能够正确追踪到真实的义务，除非我们能够通过指涉一些道德推理的理路来支持它们"。[1] 因此探讨政治义务的正确态度应该是相当小心地去审查"仅仅从义务感出发来为道德义务做辩护的判断"，因为"感觉可能仅仅是'错误的意识'或者对某人唯一知道的权威错置的模糊情感。要想解决政治义务问题，就必须绕过义务感的可疑诉求，转而直接诉诸可能产生政治义务结论的公认的道德论证"。[2]

关于第二个观念，科洛斯克有一句话恰好可以作为注解。他

1 Simmons, "Political Obligation and Authority", in *The Blackwell Guide to Social and Political Philosophy*, 2002, p.23.

2 同上。

说，一个政治义务理论“应该至少表明为什么我们对某些现存政府是有义务的”，这句话的潜台词似乎在主张，我们应该先行承认我们对某些现存政府负有义务这个事实，然后再构思一个理论去论证它。对于科洛斯克的这种思路，程炼一针见血地指出这是循环论证：“他用政治社会中的政治义务的存在（例如参加国防的义务）来例证他的公平原则，又用他的公平原则来捍卫政治义务的观念。”[1] 这种循环论证的思路体现出科洛斯克思想的保守性。一般认为，公平游戏理论的最大优点在于有助于解决“免费搭便车者”（free-rider）的问题，但当它以“多数人都接受过国家的好处”为理由去论证政治义务时，却很有可能沦为压迫个体自主性以及为现实政治秩序做辩护的工具。政治理论的意义不在于为现存的社会政治秩序做辩护，而在于反思各种建制化的、习以为常的意识形态和观念，并在此基础上去追求一种现实主义的乌托邦。就此而言，我们或许可以这样改写苏格拉底的那句名言：一个未经反思的政治生活是一个不值得过的政治生活。

接下来我们讨论公平游戏解释的所谓“第二个优点”。

正如罗伯特·保罗·沃尔夫所说：“政治义务所带来的讯息是，那些纯粹接收国家好处的人——基于对他们公民同胞的公平——有义务去主动接受国家的权威。”[2] 沃尔夫的这段话除了提请我们注意“纯粹接收”与“主动接受”的概念差异外，另一个重要的

1　程炼，《公平游戏与政治义务》，《哲学门》，2000，第 142 页。
2　Robert Paul Wolff, *In Defense of Anarchism*, 1970, p.92.

提示是，政治义务的公平游戏理论是基于公民“对他们公民同胞的公平”，而不是基于公民与国家之间的关系，也就是说，在这个论证逻辑里面，权利／义务的主体双方从“公民-国家”转换成“公民-公民”。我们知道，此前的政治义务理论，无论认可理论、感恩原则还是身份认同原则，在证成政治义务时，都是基于公民-国家的关系。例如，认可理论强调公民对国家的认可和同意才导致了政治义务，感恩原则强调国家对公民从小到大的抚养、教导之恩产生了政治义务（或责任）。[1] 但公平游戏理论的着力点不在于公民相对政府的义务，而是公民相对公民同胞的义务。对此，哈特和罗尔斯都曾经清楚地表述过，例如，罗尔斯在《正义论》中曾经指出：“当一些人根据规则参加一种互利的合作冒险，由此以为所有人产生利益的必要方式限制他们的自由时，那些服从了这些限制的人，有权利要求那些从他对他们的服从中获益的人有类似的服从。”[2] 程炼敏锐地把捉到这一点并且指出：“一个人对政府的义务充其量是附着在他对他的公民同胞的义务上的，因为政府的功能完全依赖于那些限制自己自由的人们的服从。在此意义上，‘政府给予的利益’实际上指的是公民同胞通过他们的服从而创造出来的利益。”[3] 程炼颇为赞赏这一转化，他认为，这

1　政治义务的感恩原则解释与公平游戏解释的共同点在于，它们都基于相同的道德原则，即“相互性”原则。不同点在于，感恩原则处理的是公民与国家的关系，公平游戏解释处理的是公民与公民的关系。此外，感恩原则可以不需要自愿主义的因素在其中，而公平游戏解释需要有自愿主义的因素。

2　John Rawls, *A Theory of Justice*, 1971, p.112.

3　程炼，《公平游戏与政治义务》，《哲学门》，2000，第 136 页。

种把公民和政府的关系转化为公民与公民之间的关系的处理“要比传统的政治义务理论更能抓住要点”。[1]

程炼并没有为这个结论提供进一步的论证。我认为，这个“优点”是颇值得商榷的。理由有二：

第一，把政治义务从公民与国家的关系转化为公民与公民之间的关系，可能会导致一些非常恶劣的后果。比如，在一个互利但不正义的社会合作体系里，如果大多数人都参与了社会合作，基于公平游戏原则，他们就有权利要求其他受益人承担相应的约束和限制，这样一来，国家／政府就会推卸甚至逃脱应负的道德责任，将之转嫁给那些服从法律、参与合作的顺民身上，国家／政府反倒成为最大的受益人和“免费搭便车者”。为避免出现此类情况，几乎所有的公平游戏理论家都主张，社会合作体系的正义性与互利性乃是运用公平游戏原则的客观必要条件。之所以强调互利，是因为政治义务的基本发生场域乃是以个人主义为基本预设的社会环境，正如本书第三章所指出的，对于多数社群主义者或者共和主义者来说，政治义务是一个无须废话的论题，只有在个人主义的脉络里，它才成其为问题，而个人主义对于人性的基本预设就是自我关注（self-regarding）。之所以强调正义，是因为一个互利但却不正义的合作体系即使为多数公民提供了一些公共利益，但只要它缺乏基本正义性或者压抑、剥夺了大量的基本人权，如言论自由、迁徙自由、选举权，那么公民也不会基于

1　程炼，《公平游戏与政治义务》，《哲学门》，2000，第 136 页。

公平游戏原则而负有政治义务。很明显，一个互利并且正义的社会合作体系是公平游戏原则得以应用的必要条件和客观环境。换句话说，只有那些“理性的民主的政治共同体”才可能运用“公平游戏解释”。[1]罗尔斯明确指出，只有在“立宪主义民主制”的国家里才能采用公平游戏原则来解释政治义务。

第二，即使一个社会合作体系是互利且正义的，也不等于这个体系具有正当性。[2]我们在第三章曾经指出，由于公民所负有的政治义务与国家／政府所拥有的统治权利具有逻辑关联性，因此如果一个政治理论能够成功地论证政治义务，则它同时也应该能够成功地论证国家的统治权利。传统的公平游戏原则把公民–国家的关系转化为公民–公民同胞的关系后，国家／政府的角色从政治义务的考量中隐退，由此导致的直接后果是，用来证成政治义务的公平游戏原则并不能用来证成统治权利，更不能用来证成国家的正当性。这意味着公平游戏原则存在严重的理论不完备的问题。

事实上，我认为公平游戏原则更多的是与国家证成性而不是国家正当性存在关联，这或许是传统的公平游戏理论所面临的最大问题。

为避免出现以上问题，一个可能的修正方案是，在考察政治

1　Simmons, *Moral Principles and Political Obligations*,1979, p.137.

2　《正义论》时期的罗尔斯或许会认为，一个互利、正义的社会合作体系是具有正当性的，但是此时罗尔斯用来证成政治义务的工具是自然责任，而自然责任显然无法证成为什么这个社会合作体系具有正当性。就此而言，政治义务的自然责任解释也是存在重大问题的。

义务的公平游戏解释时，必须同时兼顾公民–国家以及公民–公民同胞这两重关系，与此同时，国家正当性与政治义务的公平游戏解释之间的逻辑关系也必须被考虑在内。这样一来，在考察政治义务的公平游戏解释时就必须要同时追问以下两个问题：

1. 作为受惠者，是否同意或认可了施惠者的身份？
2. 受惠者是主动接受还是纯粹接收这种好处？

第一个问题处理的是公民–国家关系，它实际上蕴含了认可理论在其中。[1] 第二个问题处理的是公民–公民同胞之间的关系，这是传统的公平游戏理论着重讨论的论域，其中牵涉到主动接受与纯粹接收的概念区分，以及公共利益究竟能否被主动接受的问题。我们先从后一个问题入手讨论。

公共利益能够被主动接受吗？

在批评公平游戏原则的诸种声音里，罗伯特·诺齐克（Robert Nozick）的观点最为鲜明，他不仅否定公平游戏原则可以运用于政治领域，甚至否定公平游戏原则作为一个基本的道德原则可以运用于其他领域。诺齐克的论证基于他给出的几个例子，其中最

1 在这一点上，我与西蒙斯的观点不同。他认为，作为道德义务的一种有效原则，公平游戏既不会还原或者坍塌成为某些更为基本的义务原则比如认可理论，也不源自某些更为根本的义务原则。

著名的是所谓的“公共广播系统”(Public Address System，以下简称 PA 系统)。诺齐克的论述如下：

> 现在假设你的邻居（共 364 个成年人）创建了一个公共广播系统，并决定创建一个公共娱乐系统。他们公布了一份名单，每人一天，你也包括在内。某人在值班的那天（人们可以轻易地改换时日）必须使公共广播系统得以运行，播放唱片，发布新闻，讲述他听说过的好玩的故事等。在 138 天后，每一天每个当班的人都履行了他的职责，轮到了分配给你的那一天。你有义务去值你的班吗？你已经从中获益了，你偶尔开窗聆听，享受其中的一些音乐或者因某人的滑稽故事而开心。其他人都已经尽过力了，而轮到你这样做的时候，你必须响应吗？照现状来看，肯定可以不响应，虽然你从这一安排中获益，你还是可能觉得别人提供的 364 天的娱乐还不值得你放弃自己的一天。你宁可没有这些娱乐也不愿意放弃自己的一天，不愿意拥有这些娱乐而因此花费你自己的一天时间。假定这就是你的想法，那么当预定给你的时刻来临，而别人要求你参加时，你怎么办呢？[1]

诺齐克对上述问题的回答显然是否定的。诺齐克认为，要使

1　罗伯特·诺齐克，《无政府、国家与乌托邦》，王建凯译，台北：时报文化出版公司，1996，第 102 页。部分译文参照原文有所修改。

公平游戏原则变得可行，至少要增加这个条件："一个人从他人行为中的获益要大于他履行他的职责时所付出的代价。"[1]但即使如此，诺齐克认为，公平游戏原则仍然是可以被质疑的，这是因为："你所得的利益可能只与你所付的代价相等，而其他人却可能从这一制度中获得比你多得多的利益。他们都很重视收听广播，而你作为这一活动得益最少的人，有义务做出同等的贡献吗？或许你更喜欢大家都在另一种活动中合作，限制自己的行为并为它做出牺牲。假使他们都不遵循你的计划（这样就限制了你可以选择的其他方案），那么他们的活动所产生的利益就确实值得你参加合作。"[2]

事实上，收益与成本的比较并不是诺齐克反对公平游戏原则的关键理由。在诺齐克看来，公平游戏原则的要害在于"强制推行"这四个字。诺齐克指出，就好像"你不可以决定给我一件东西（比方一本书），然后强夺我的钱来偿付书款——即使我没有更好的东西要买。……不管一个人的目的是什么，他不能如此行动：先给人们利益，然后要求（或强取）偿付。任何一个群体也不能这么做"。[3]

诺齐克的论证旨在保护个体权利不受任何外部强力的肆意侵扰，哪怕这种外部强力打着"送温暖"甚至"为人民服务"的旗号，同样不能强买强卖。这是一个浅显明了的道理，但问题在于，公

1　罗伯特·诺齐克，《无政府、国家与乌托邦》，1996，第 102 页。
2　同上，第 103 页。
3　同上。

平游戏原则有这么简单么？事实上，多数学者认为，诺齐克的例子并不能有效反驳公平游戏原则。以西蒙斯为例，他认为，PA系统中的个体（包括诺齐克的所有其他例子，如“打扫大街”“修建草坪”“扔书”等）并不是该系统的参与者，而只是“无辜的旁观者”，而在哈特-罗尔斯的理论中，受公平游戏原则约束的受益者却必须同时也是参与者。西蒙斯认为，要有效地运用公平游戏原则，当务之急就是区分局内人（或参与者）和局外人，只有合作体系中的局内人或参与者才是公平游戏原则所能证成的义务人。而区分局内人（参与者）和局外人（旁观者）的关键，按照西蒙斯的观点，就在于区分受益人究竟是主动接受好处还是纯粹接收好处。西蒙斯指出，对哈特-罗尔斯来说，只有那些主动接受了合作体系的好处的人才有义务参与合作，而诺齐克的问题就在于忽略了主动接受好处与纯粹接收好处之间的差别。[1]

要成为一个合作体系的参与者，最直接有效的方式就是对这个体系表示认可或者同意，这是认可理论的典型范例。与此相对，关于参与者身份的获得，公平游戏原则另有一套鲜明的主张：“一个人能够在没有认可这个体系的前提下，通过从该体系主动接受好处，从而成为参与者。并且进一步的，这种对好处的主动接受的确似乎可以使他有义务去做他分内的事。”[2]

为证明上述观点，西蒙斯设想了另外一个例子：

1　Simmons, *Moral Principles and Political Obligations*, 1979, pp.124-125.

2　同上，p.125。

> 假设一个社区的供水系统出现了污染现象，情况糟糕到几乎所有人都希望对这个供水系统进行维修。但是，政府却不负责任地通知社区，要他们自己解决这个问题。于是社区召开会议，大多数人投票赞成在社区中心位置挖掘一个公共的水井，由社区中的成员承担经费和劳动。多数成员明白表示了对这个计划的赞成，另一些人反对这个计划，尤其是琼斯，他激烈地宣布要和这一计划划清界限，并声称绝不会付出丝毫的努力。尽管琼斯抵制这个计划，水井还是在其他社区成员的努力下竣工了，并且得到了很好的维持。不出所料，在这一过程中，琼斯没有任何贡献。但是，当他看见邻居可以享用干净清澈的水时，琼斯嫉妒了，他开始每晚偷水，当然他知道自己这么做并不会使水井里的水有任何损失。[1]

西蒙斯对这个例子分析得相当简单，或许他认为描述本身就足以得出他想要的结论：首先，琼斯是一个典型的“免费搭便车者”；其次，很显然在这个例子中，(1) 琼斯没有认可这个合作体系，(2) 由于琼斯主动接受来自体系的好处，所以就有义务去贡献自己的一份力量——这是公平游戏原则证成义务的最典型思路。可是在我看来，这个例子充其量只是证明了公平游戏原则能够解释“社会义务”的产生，却不足以证明它能解释“政治义务”的产生，因为社会义务的主体是公民-公民，而政治义务的主体

1　Simmons, *Moral Principles and Political Obligations*, 1979, pp.126-127.

则是公民-国家。尤其需要指出的是，在陈述这个例子的时候，有意无意之间，西蒙斯提到了这么一句："政府却不负责任地通知社区，要他们自己解决这个问题"，而这正是我在此前提到过的，一旦将义务主体转变为公民-公民同胞的关系，国家/政府的角色就会隐退，将原本该由它们承担的责任转移到公民共同体之上，国家/政府从而成为最大的"免费搭便车者"。

西蒙斯认为，要主动接受好处，个体就必须：(1) 试图获得（以及成功地获得）这个好处；或者（2）自觉地和有意地获得这个好处。与此相对应，有三种情况不属于主动获得好处：(1) 主动地拒绝获得好处；(2) 在无意识状态下获得好处；(3) 在无法控制的情形下获得好处。显然，有些好处是可以主动接受或者主动拒绝的，比如，在十字路口的小孩为我们提供的擦车服务；有些好处是在无意识状态下获得的，比如，假定琼斯的社区建造的不是水井而是空气净化装置，则琼斯就可能在无意识状态下（如清晨打开窗户的时候）获得清新空气的好处；还有一些好处是获益者在自身无法控制的情况下获得的，比如，与政治义务直接关联的公共利益或者开放的好处（open benefits）——国防安全、警察的保卫、法制和秩序等。

公共利益的特殊性在于：(1) 它是无法选择的，因此也就是不可避免的；(2) 它是非排他性的，也就是说，如果它们对任何人如 B（所有人）是可利用的，则必然对 A 也是可利用的；(3) 它是非竞争性的消费——由 A 来消费并不会减少提供给任何其他人的数量。[1] 在科洛斯克以及阿尼森看来，一旦一种公共利益被提供给一群人，事实上就不可能有任何个体能够自愿地主动接受或者享受这个好处，因为“一个人不可能自愿地主动接受一个他不能自愿地拒绝的好处”。[2]

如果公共利益是无法主动接受也无法主动拒绝的，那么就存在两个可能的结论：(1) 鉴于公共利益的这种特殊性质，如果要继续坚持用公平游戏原则证成普遍的政治义务，那么就只能修改原则本身，即公平游戏原则可以是非自愿性的；(2) 鉴于公共利益的这种特殊性质，并且由于公平游戏原则必须要有自愿性，所以公平游戏原则不能证成普遍的政治义务。科洛斯克和阿尼森主张第一个结论，而《正义论》时期的罗尔斯和西蒙斯选择第二个结论。

我倾向于接受第二个结论。我认为，公平游戏原则能够解释大多数的社会义务的产生，也能在一定程度上避免出现“免费搭便车者”现象，但是它在解释政治义务时却出现了难以解决的问题，而焦点正集中于公平游戏原则必须具备的自愿主义因素与公共利益的特殊性质之间存在的矛盾和龃龉。我认为，那种以牺牲公平游戏原则的自愿主义性质为代价，换取论证普遍的政治义务的做法是无效的，这是因为：

第一，科洛斯克-阿尼森版本的公平游戏解释其实已经背离

1　Richard J. Arneson, “The Principle of Fairness and Free-Rider Problems”, in *Ethics*, 1982, 92(4):618.

2　同上。

了公平游戏原则的基本精神，他们将不得不重新面对诺齐克的质疑："不管一个人的目的是什么，他不能如此行动：先给人们利益，然后要求（或强取）偿付。任何一个群体也不能这么做。"我不认为科洛斯克和阿尼森能够很好地正面回答这个问题。

第二，科洛斯克-阿尼森版本的公平游戏解释其实已经蜕变成为某种形式的"感恩原则"或者"自然责任解释"，而不再是公平游戏理论。此外，更为重要的是，公平游戏理论由此将与国家的证成性发生关联，而不是和正当性发生关联。如前所述，国家证成性是从"目的的进路"去评价国家，它强调的是国家作为一个工具或者手段能为公民提供什么样的好处和效用，而这正是公平游戏解释在论证政治义务时所给出的理据——公民由于接受了国家的好处，所以负有相应的政治义务。由于国家正当性与政治义务存在概念上的关联性，一个能够证成普遍政治义务的理论也必然能够证成国家正当性，科洛斯克-阿尼森版本的公平游戏解释因为只与国家证成性有关，无法证成国家正当性，因此也不能证成普遍的政治义务。

第三，虽然公共利益是不能被"自愿地主动接受也不能自愿地主动拒绝"的，但这并不意味着提供公共利益的主体不能被自愿地主动接受或者拒绝，事实上，对政治义务的承担者来说，除了关心获得公共利益，还关心对提供公共利益的主体进行自由选择的可能性。

我们可以设想以下两个场景：

场景 1：张三经商失败，面临破产的境地。此时，李四和王五均有意借钱给他，由于李四与张三素来有隙，而王五则是张三的好友，所以张三选择王五作为他的债主。

场景 2：张三行走河边时不慎落水，不巧他是一个旱鸭子，危急关头，李四偶然路过并施以援手，张三幸免于难。可问题在于，李四与张三向来不和，若是平时张三一定不愿意受惠于他，但是在这个极端例子中，即使张三千百个不乐意，他也接受了李四的帮助并因此负有回报李四的责任。

在场景 2 中，张三之所以接收（接受）来自李四的恩惠，是因为他处于极端弱势和无助的境地，根本无从选择。我们可以想象，但凡张三拥有一定的选择能力和空间就一定会舍李四而取王五，即使两者所给予的好处是一模一样的。在公共利益的问题上同样如此，如果公民在接受公共利益的时候就像落水的张三那般弱势与无助，则公民就不得不对任何“救其于水火之中”的国家或政府感恩戴德，如此科洛斯克和阿尼森的论证就是成立的。如果公民在面对公共利益的时候，并不像落水时的张三那般无从选择，对“施惠人”身份的辨别和认同就会成为一个重要的议题。毋庸置疑，几乎所有的公共利益都是个体所欲的对象，但是并非所有所欲的东西都是个体可以不加选择地接受的。或许我们可以这样说，恰恰因为公共利益是无法自觉地主动接受或拒绝的，所以提供公共利益的主体的正当性才应该成为重点考虑的对象。不过这样一来，政治义务的公平游戏解释就转变成为认可理论了。

第五章

政治义务的认可理论

政治义务的互动解释包括公平游戏解释和认可理论，我们已经在上一章证明了传统的公平游戏解释无法证成普遍的政治义务，除非对它进行修正，增加一个限制性的条件——“受惠人认可施惠人的身份”，可是这样一来，公平游戏解释其实就已经蜕变成为认可理论。

政治权威的正当性必须要建立在被统治者自愿和审慎的认可的基础上，这是启蒙之后在西方世界占据宰制地位的意识形态，它不仅是一个理论立场，而且被广泛落实到具体的政治实践之中。美国《独立宣言》就直言不讳地指出：“我们认为下面这些真理是不言而喻的：人人生而平等，造物者赋予他们若干不可剥夺的权利，其中包括生命权、自由权和追求幸福的权利。为了保障这些权利，人类才在他们之间建立政府，而政府之正当权力，是经被治理者的认可而产生的。”一些实行自由民主制的国家如1949年的联邦德国更是在宪法中白纸黑字地表达了这一观点。虽然认可理论和社会契约论是现代西方政治思想的主流理论，但细察认可理论所赖以成立的哲学基础，就会发现它并不如想象中的那么坚固。本章要探讨的主题是，认可理论能够证成国家正当性以及普遍的政治义务吗？

本章的主要论点有以下四个：第一，认可理论所具有的道德约束力虽然毋庸置疑，但是通过对实际认可（明示认可和默示认可）的考察，我们将发现，即使在自由民主国家中，通过认可理论仍然无法证成国家具有百分百的正当性，以及所有公民都负有政治义务；第二，没有一个现存的国家具有百分百的正当性，并不表明必须接受“哲学上的无政府主义”这个结论；第三，假然认可理论不仅割裂了正当性与政治义务的关联，无法推论出政治义务，而且是从国家证成性而不是正当性的角度出发对政治权力做道德上的评价；第四，虽然认可理论依旧无法证成完全意义的国家正当性以及普遍的政治义务，但国家与社会的稳定性并不因此就必然面临极大的威胁，因为除却政治义务，特定国家中的臣民还负有其他道德责任或曰政治责任去维护国家和社会的稳定。

在进入以上四个议题之前，我们将先行探讨认可理论所赖以成立的道德原则，并在概念上区分“真正的认可”与“虚假的认可”之间的差异。

恪守许诺的道德义务从何而来？

政治义务的认可理论所赖以成立的哲学基础概念是许诺，或者与之相近的认可、同意（agreement）等概念。[1]根据主流的社会契约论，正是被统治者的自愿和审慎的认可使国家具有正当性以及公民负有普遍的政治义务。虽然各种社会契约论者对于认可的具体形式存在不少争议，但对认可本身所具有的道德约束力却甚少提出异议。

约翰·塞尔（John Searle）曾经举例批驳休谟法则，认为只要补充一些必要的条件，就可以通过以下五句话的逻辑蕴涵关系从“实然”推出“应然”：

1. 琼斯说："我许诺付你史密斯五美元。"
2. 琼斯许诺要偿还史密斯五美元。
3. 琼斯把自己置于偿还史密斯五美元的义务之下。
4. 琼斯有义务偿还史密斯五美元。
5. 琼斯应该偿还史密斯五美元。[2]

1　西蒙斯曾经对认可和许诺做过概念上的区分。他认为，首先，严格地说，认可的对象总是他人的行为，比如说“我认可你欠债还钱的行为”。而除了在极特殊的情况下，许诺针对的不是他人的行为而是自我的行为，我们一般不说“我许诺你会欠债还钱”，而是说“我许诺将还你钱”。其次，尽管许诺和认可都产生了特殊的权利和义务，但是两者所强调的重点有所不同：许诺的首要目的是为了承担义务，承诺人所因此享有的权利在某种意义上是次级的；通过认可其他人的行为，我们的首要目的是为了授权那些行为，并且由此赋予他人某种行动的特殊权利，而认可者所负有的义务就是不去干扰这个权利的实施，在这个意义上义务是次级的（参见：Simmons, *Moral Principles and Political Obligations*,1979, p.76.）。西蒙斯所做的概念细分自有其价值和意义，不过就本书的主旨言，这个区分并不特别重要，因此，本书将在相同的意义上互相混用认可、许诺和同意这三个概念。

2　John R.Searle, “How to Derive ‘Ought’ from ‘is’”, in *Theories of Ethics*, edited by Philippa Foot, Oxford:Oxford University Press, 1967, p.102.

此文一经发表，黑尔（Richard Hare）、普特南（Hilary Putnam）等哲学家纷纷撰文响应。多数学者认为塞尔的论证并不令人信服。本书不准备纠缠于这场论争，只想借用塞尔的这个例子展示一个许诺是如何将许诺者置于义务之下的过程。

塞尔认为，从例句 2 到例句 3 的推论需要补充一个子命题：

> 2a. 所有的许诺行为都是把许诺者自身置于实现诺言的义务之下的行为。

而从例句 3 到例句 4 则需要补充两个子命题：

> 3a. 其他情况同等；
>
> 3b. 在其他情况同等的时候，所有把自己置于义务之下的许诺者都负有义务。[1]

塞尔认为，以上三个子命题都是同语反复，言下之意，从例句 2 到例句 4 的推论是不言自明的：一个人做出了许诺，自然就负有兑现它的义务。这个观点可谓卑之无甚高论，日常表述里类似的想法俯拾皆是，比如"一诺千金""君子一言，驷马难追""言而无信，不知其可也"，等等。常人很少对此提出质疑，因为恪守诺言乃是被普遍接受的道德规范，是社会生活得以正常运转的

1　John R.Searle,"How to Derive 'Ought' from 'is'," in *Theories of Ethics*, 1967, p.104.

基本道德原则。这就好像我们在参加篮球比赛的时候不会总是纠缠于篮球规则本身的合理性一样，因为这种怀疑是游戏之外的怀疑，“不是我们游戏中的怀疑”。[1] 换言之，在游戏中，我们不会轻易怀疑那些使得这个游戏成其为游戏的规则，我们“盲目”地遵守规则。如果我们在游戏的过程中一再地质疑、反复地阐释规则，那么游戏就始终处在没有开始的状态。篮球游戏如此，语言游戏如此，日常行动和生活亦如此。

我们虽然无法对所有的游戏做整体性的怀疑，但并非所有游戏外的怀疑都是无意义的，我们在同时玩大大小小不同的游戏，对其中的某些特定游戏进行怀疑是有意义的。“许诺为什么具有道德约束力”或者“恪守许诺的道德义务从何而来”正是这样的问题。H.A. 普里查德（H.A.Prichard）指出，要回答这个问题，一个可能的思路是：要保证一个契约的有效性就只有诉诸一个更高层次的契约，但这会使我们陷入到无限后退的困境中。[2] 为了避免无限倒退，就必须将这种倒退适时停止在契约之外的某个点上。从历史上看，社会契约论者把这个叫停点放在自然的道德法则上，也就是说，“契约论假定自然道德法则的理论，根据这种理论，个人的道德义务是由自然道德法则所规定的”。[3] 休谟与社会契约论者不同，他把社会习俗作为许诺的最后根据，就此而言，

1 Ludwig Wittgenstein, *On Certainty*, edited by G.E.M.Anscombe and G.H.von Wright, translated by Denis Paul and G.E.M.Anscombe, Oxford: Basil Blackwell, 1969, p.41e.

2 转引自：石元康，《罗尔斯》，广西师范大学出版社，2004，第 28 页。

3 同上，第 29 页。

他和塞尔观点一致。塞尔和休谟的差别在于，塞尔认为许诺导致义务是一种“建制化的事实”（institutional facts），它是如此的不言自明以至只需描述而不用解释，而休谟却认为这个事实是需要并且也可以做进一步分析和解释的。

“在人类约定确立许诺之前，许诺是不可理解的；即使可以理解，它也不伴有任何道德的约束力”，这是休谟在《人性论》中专论“许诺的约束力”时提出的两个命题。要理解休谟的上述观点，首先要澄清“许诺”与“约定俗成”（convention）之间的概念差异；其次要了解休谟关于德性、义务等概念的基本主张及其人性理论。

如果约定俗成是另一种许诺，那么“人们约定确立许诺”这个判断就仍在“无限后退”中打转。所以，休谟特别指出，约定俗成并非一种许诺，约定俗成只是一般的“共同利益感觉”，这种感觉是社会全体成员互相表示出来的，并且诱导他们以某种规则来调整他们的行为：

> 我观察到，让别人占有他的财物，对我是有利的，假如他也同样地对待我。他感觉到，调整他的行为对他也同样有利。当这种共同的利益感觉互相表示出来并为双方所了解时，它就产生了一种适当的决心和行为。这可以恰当地称为我们之间的协议或合同，虽然中间并没有插入一个许诺：因为我们双方各自的行为都参照对方的行为，而且在做那些行为时，

也假定对方要做那种行为。[1]

休谟认为，道德上善恶的源泉是情绪而不是理性。“当任何行为或心灵的性质在某种方式下使我们高兴时，我们就说它是善良的；当忽略或未做那种行为在同样方式下使我们不高兴时，我们就说我们有完成那个行为的义务。”[2]所以，“义务的改变以情绪的改变为其前提；新的义务的发生以某种新的情绪的发生为其前提”[3]。休谟区分两种类型的德性和义务：自然的与人为的。自然的义务以人类心灵活动中的自然倾向或者自然情感为基础，它可以在自然状态中产生，比如，看见虐待儿童的行为，我们天然就有不忍之心，这会导致“不准虐待无辜者”的自然义务。而人为的义务则不然，它与人类心灵活动中的自然倾向或者自然情感是没有直接关系的。与许诺相联系的道德义务正是这种人为的义务，因此，“许诺在自然状态中是不可理解的，也不是在人类成立协议之前就存在的；一个不知道有社会的人永远不会与他人订约，纵然他们凭着直觉能够觉察到对方的意图”[4]。

因为许诺在自然状态中是不可理解的，所以休谟认为许诺只可能“是以社会的需要和利益为基础的人类的发明”。这其中的理路是这样的：由于人性天生就是自私的，或者说只有有限的慷

1　休谟，《人性论》，1980，第530页。
2　同上，第557页。
3　同上。
4　同上，第556页。

慨，“所以人们不容易被诱导了去为陌生人的利益做出任何行为，除非他们要想得到某种交互的利益，而且这种利益只有通过自己做出有利于别人的行为才有希望可以得到的。但是由于这些交互行为往往不能在同时完成，所以其中一方就只好处于一种不确定的状态，依靠对方的感恩来报答他的好意”。但问题在于，这种不确定的状态完全没有保障，一旦对方背信弃义不准备报答前者的利益，那么这种交互行为就被中断，如果这种交互行为总是出现中断，那么对于整体社会的利益都是不利的。所以，休谟认为，自利的个体通过合理的慎思，会发明某种语言形式，“借以束缚自己去实践任何某种行为。这种语言形式就构成了我们所谓的许诺，这就是对于人类计较利害的交往所加的一种认可”。所以说，“利益是履行许诺的最初的约束力”。而在这之后，“一种道德感又和利益结合了起来，成为人类的一种新的约束力量”。[1]

如前所述，休谟的这段论述并非无的放矢，如果他的论证成立，许诺在自然状态中是完全不可理解的，那么社会契约论的根基就被抽空了，原初契约就是不可能的，这对社会契约论来说无疑是一个根本性的打击。更进一步的，休谟的这段论述如果成立，则社会契约论就将被效益主义理论所取代，因为，契约的效力最终是要诉诸利益的考量。

如果说休谟的上述论点更多的是从哲学和道德心理学的角度去探讨许诺的道德约束力，那么另一种质疑则完全立足于现实历

1　休谟，《人性论》，1980，第 558—562 页。

史的文本脉络。例如，爱德华·鲁宾（Edward Rubin）就认为，从历史的角度看，现代社会契约论是宗教改革的产物，它直接源于中世纪思想的两个主要面向：其一是契约协议的封建概念，其二是《圣经》中关于前社会的人类起源概念，所以究其根本，社会契约论无法抹去中世纪的烙印。鲁宾进一步认为，社会契约论所赖以成立的对信守诺言的狂热承担产生自中世纪的骑士精神或者荣誉精神，而在现代社会中，信守诺言既非保证荣誉的绝对义务和核心义务，也不足以构成个体和国家之间的稳固关系，所以，社会契约论对国家正当性的解释并不适用于现代的行政国家，因为它与我们当今的社会关系过于薄弱，和之前的社会关系过于深厚。[1]

鲁宾对社会契约论的指责也许过激，但的确从另一个角度揭示出社会契约论的历史局限性。如果恪守许诺只是奠基在具体社会习俗之上的道德法则，那么它的神圣性和普遍必然性就要大打折扣。人们不禁会问，一旦一个社会不再把恪守许诺视为根本的道德原则，那么以认可或许诺为基础的政治正当性也就面临地基坍塌的危险。当然，我们和鲁宾的争论焦点恰恰也是集中在这一点：当代社会真的就不以恪守诺言为荣了吗？认可、许诺真的不能为个体与国家之间的道德关系奠定基础了吗？

虽然休谟的论证对于原始契约构成了极大威胁，但他同时也

1　Edward L.Rubin, *Beyond Camelot: Rethinking Politics and Law for the Modern State*, 2005, p.153.

承认许诺在社会协议建立之后具有道德约束力。而种种事实也表明，鲁宾的立论有失公允，比如，资本主义社会市场经济的核心价值恰恰被公认为是信用经济；再比如，时至今日，面对国旗宣誓效忠仍旧被视为是神圣之事；等等。由此可见，尽管休谟和鲁宾对社会契约论的哲学基础各自提出了富有洞见的批评，但是并不能从根本上动摇社会契约论，因此，我们可以暂时将休谟和鲁宾的攻击悬隔，开始讨论认可理论是否能够证成普遍的政治义务以及国家的正当性这个问题。

虚假的认可和真正的认可

显然，并非任何一句“我许诺……”都具有道德约束力。当一个劫匪持枪逼迫我许诺把所有的财产都给他，这个“许诺”就不构成任何义务，因为它违反了最基本的自愿原则。除了威逼，还有很多方式让一个表面上的许诺行为不具备道德上的约束力。H.L.A. 哈特曾经开列过一张清单，指出只要满足清单上的任何一个条件，那么这个潜在的许诺行为就不具有道德约束力。哈里·贝兰在哈特的基础上做了进一步的扩充和补足，他把这些条件称为“挫败条件”（defeating conditions），比如说，即便张三非常严肃地（他既不是在开玩笑也不是在上语言课程）说“我许诺要做 X”，但如果李四可以证明张三的表述满足一个或者几个挫败条件，他就可以宣称张三的许诺并不成立。这些“挫败条件”包括：

1．自由缺失：

a. 被威逼胁迫；

b. 不适当的影响；

c. 被催眠后的建议；

d. 利用了囚徒困境。

2．信息不充分：

a. 被欺骗；

b. 立约人对诺言的某一重要内容处于无知的状态；

c. 立约人和承诺人对于诺言的内容有极大的误解。

3．能力缺失：

a. 立约人精神错乱（或者承诺人精神错乱）；

b. 立约人的智力暂时地或者持续地处于低下状态（例如酩酊大醉或者老年痴呆）；

c. 立约人不够成熟。[1]

这些“挫败条件”从否定的角度规定了哪些许诺不具有道德约束力，我们可以把那些符合“挫败条件”的认可称为“虚假的认可”，把那些避免了“挫败条件”的认可称为“真正的认可”。只有真正的认可才体现出个体的自主性并因此具有道德约束力，而虚假的认可则因为不同程度地扭曲或者遮蔽了个体自主性，所以也就不具有道德约束力。

1 Harry Beran, *The Consent Theory of Political Obligations*, 1987, pp.6-7.

需要特别指出的是，贝兰并没有将“许诺去做一件道德上错的事情”列为“挫败条件”。虽然有很多学者认为许诺做道德上错的事情并不会对许诺者构成义务，但是哈里·贝兰却持相反的观点，他认为，不把“所许诺的行为是不道德的”归为“挫败条件”并不会造成灾难性的后果。我认同贝兰的观点，假设约翰是黑手党的喽啰，他向帮派头目许诺要去刺杀史密斯，尽管约翰因此负有兑现诺言的义务，但这种许诺的义务并不必然推论出他应该去刺杀史密斯。这是因为：第一，许诺的义务是一种（按休谟的观点）人为的义务，它是通过“自我承诺”而加诸行动者自身的新义务，只要它不违背行动者的自主性原则，就应该认为是具有道德约束力的。但是，当许诺的义务与其他责任（或义务）发生冲突时，就需要考量两种义务的道德优先性。在这个例子里，不滥杀无辜的自然义务显然要优先于许诺这个人为义务。[1]第二，“有义务去做某事”不能直接推论出“应该去做某事”，后者才是综合考虑诸种因素之后的“决定性判断”。所以，即使约翰有基于许诺的义务去刺杀史密斯，但综合考量不滥杀无辜等自然责任之后，并不能得出他“应该”刺杀史密斯的结论。第三，就一个行为、原则或者制度的正当性而言，主观的认可只是一个必要条

1　西蒙斯有类似的观点，他说：“一个被强迫答应的诺言不具有约束力是因为，它不是在恰当的意义上自愿地给出的；但是，一个制度的非正义并不影响我在认可它的时候的自愿性。只要假定那个非正义的制度恰好没有侵犯我的自主性，我是可以自由地认可它的权威的。”“我主张以下情况是可能的，一个人通过慎思的认可行为使自己受约束于一个非正义的制度。注意，这个立场并不表明，所有认可的行动都足以产生义务。”（参见：Simmons, *Moral Principles and Political Obligations*,1979, p.78.）

件而不是充分条件，所以，即使约翰在许诺刺杀史密斯时没有违背他的个体自主性，也不能因此证成刺杀这个行为是正当的以及这个喽啰负有道德义务（尽管他负有许诺义务）去完成刺杀行为。

正如我们在第一章就已指出的那样，除了认可和许诺这一主观条件外，政治正当性还有其客观性的一面。社会契约论的传统并不完全等同于自由主义传统的道理也正在于此。尽管霍布斯和卢梭都采用社会契约论来建构理论，也都把被统治者的认可视为政治正当性的根据，但是前者认可绝对主权者和专制主义，而后者诉诸公意和全体一致意见，都与自由主义传统有所不同，其原因正在于他们对正当性的客观面向理解有所不同。

洛克认可理论的问题

政治义务的认可理论主张，只有个体的自主行为才能为政治义务的产生奠定基础，这种个体的自主行为具体说就是某种形式的认可、同意或者契约。虽然我们在《克里托篇》就可以找到认可理论的雏形，其后在中世纪神学理论中又有进一步的发展，但是，认可理论的成熟形态却要到自由、平等、互爱等启蒙精神深植人心之后才真正完成。

具体说来，政治义务的认可理论预设了几个最为基本的哲学前提。[1]

1　Simmons, *Moral Principles and Political Obligations*, 1979, pp.62-69.

第一，人是生而自由的。这是启蒙思想家为后世赢得的最重要的精神成果。说人是生而自由的，也就是说，人们拥有所谓的“自然权利”，而说一种权利是“自然”的，首先意味着它是被所有人所拥有的，其次是说它的根据在于人们生而有之的人性。我认为，人是生而自由的，这个判断与其说是一个客观事实，不如说是一个理论假设，当然，这个假设在今天已经逐渐成为占统治地位的意识形态，并成为我们思考个体与政治社会关系的理论基点。熊彼特（Joseph Schumpeter）说：“文明人与野蛮人的差异，在于前者了解到个人信念只具有相对的有效性，但却能够坚定不移地捍卫这些信念。”[1] 这个说法提醒我们，即便像人民主权、个人自由、权利等全都是虚构的，相信这些东西的存在，并且坚定不移地捍卫它们也不等于“相信独角兽和巫婆的存在”（麦金太尔语）。

从人是生而自由的这个前提可以带出认可理论的第二个预设前提：在什么条件下，自由的权利可以被正当地转让或者超越？卢梭有句脍炙人口的名言：“人生而自由，却无往不在枷锁之中。”这里的枷锁指的正是政治社会，不过卢梭的本意并非控诉这无处不在的枷锁，而是要论证人从自由到枷锁这一转变的正当性，卢梭的回答是，只有当自由的权利是通过认可政府的控制而自愿放弃时，政府的统治才具有正当性。所以，卢梭的社会契约论重在

1　参见：理查德·罗蒂，《偶然、反讽与团结》，徐文瑞译，商务印书馆，2003，第 69 页。

解释为什么人在套上枷锁之后与套上之前“同样自由”。

第三，认可能够保证公民不受国家的伤害，这是认可理论的主要功用之一，也是自由主义最为关注的一个课题。约翰·麦克里兰称，“17世纪科学的方法论个人主义，19世纪上半叶的自由主义，以及启蒙运动对上帝所赋权利的强调——天赋人权有几个天敌，其中之一就是国家”。[1]因此，确保国家这个“利维坦”不危及个体权利就成为自由主义的主要关怀。当然，正如我们此前所指出的，认可理论或者社会契约论并不能与自由主义直接画上等号。

第四，国家只是为公民的利益服务的工具。也就是说，国家自身不是目的，这个观点当然与黑格尔式的国家理论背道而驰。

尽管霍布斯曾经明确指出，任何人的义务都来源于他自身的某种行为，但政治义务之认可理论的最经典版本出自洛克的《政府论》。在这部著作里，有两句被广为引用的名言：

> 人们天生都是自由、平等和独立的，未经本人认可，不得把任何人置于这种状态之外，使他受制于另一个人的政治权力。[2]

> 任何政府都无权要求那些未曾自由地对它表示认可的人

1　约翰·麦克里兰，《西方政治思想史》，2003，第559页。

2　洛克，《政府论（下篇）》，叶启芳、瞿菊农译，商务印书馆，1982，第95页。

民服从。[1]

这两句话分别从肯定性和否定性两个角度表明了洛克的基本立场：只有建立在被统治者的认可基础上的国家和政府才具有政治正当性；同时，基于权利与义务的概念相关性，也只有被统治者所给出的自愿和审慎的认可才能够证成普遍的政治义务。政治义务的认可理论可以说是近现代政治哲学史的主流政治义务理论，尽管各自的表述不尽相同，对于认可的具体形式也颇多争议，但是几乎所有的契约论者都认为，只有通过被统治者的自愿的和审慎的认可才能证成普遍的政治义务和政治正当性。

一般认为，在形式上，认可可以被分为"实际的认可"和"假然的认可"——我们将在下一节再讨论假然的认可。其中，实际的认可又可再细分为"明示认可"(express consent) 与"默示认可"(tacit consent)。所谓明示认可，根据洛克的观点，指的是以口头或者书面形式对国家／政府表示认可的方式。明示认可所具有的效力毋庸置疑："任何人只有明确同意加入任何社会，才能使自己成为那个社会的正式成员和那个政府的臣民，这一点是谁也不会怀疑的。"[2] 可是，明示认可的困难也相当清楚：在现实政治中，几乎很少有公民对他的国家和政府做出过明示认可，移民以及那些"被归化了的公民"(naturalized citizens) 只是少数，

1 洛克，《政府论（下篇）》，1982，第 192 页。
2 同上。

这些人在加入新国度时必须要明确表示效忠，但除此之外，我们似乎很难找到其他明示认可的例子。

为了应对明示认可所面临的困难，洛克引入默示认可作为补充。正如西蒙斯所指出的，尽管“绝大多数人都同意明示认可是政治义务的一个基础，但是普遍认为认可理论真正的战场是默示认可这个观念。如果认可理论要想成功，就必须证成这一点”。[1]可是，默示认可引起的麻烦一点都不比明示认可少，对此，洛克本人也并不讳言："困难在于应该把什么行为看作默认，以及默认有多大的约束力——也就是说，当一个人根本没有做出任何表示时，到底怎样才可以认为他已经同意，从而受制于任何政府。"[2]

按照洛克的观点：

> 只要一个人占有或享用任何政府的任何一部分领地，他就因此而表示了他的默认，在他享用土地期间就和属于那个政府的任何人一样，必须服从那个政府的法律，不管他所占有的是属于他和他的子孙的土地，还是仅住一星期的居所，或者只是在公路上自由地旅行。事实上，只要一个人身在那个政府的领土范围内，就构成了默认。[3]

如果我们严格遵循洛克对“默示认可”的定义，那么只要“占

1　Simmons, *Moral Principles and Political Obligations*, 1979, p.79.

2　洛克，《政府论（下篇）》，1982，第 119 页。

3　同上。

有或享用任何政府的任何一部分领地”就都构成了默示认可，如此一来，任何一个政府领地内的任何人都将无一例外地负有政治义务。这实在是一种糟糕的答案，它不仅颠覆了洛克理论最为核心的自愿主义维度，而且从认可理论蜕变为某种形式的公平游戏解释乃至感恩理论。因为按照洛克对默示认可的表述，只要任何人接收了所在国给予的好处，无论这种接收究竟出自有意识还是无意识，都对国家权威表示了默示许可。

正如乔纳森·沃尔夫所指出的，洛克这一论证的潜台词是，谁如果不喜欢国家提供的这一揽子好处和负担，就可以离开这个国家。[1]但是，休谟早就有力地批驳过这个观点：

> 我们能够认真地相信，一个贫穷的农民或工匠在不懂外语或外国习俗，靠微薄的工资度日的情况下，可以有选择离开自己国家的自由吗？那么我们同样也能相信，一个人留在一艘船里就是在自由地表达他对船主的权威的认可，尽管这个人是在睡着的时候被弄上船，如果离开这条船就意味着跳进海里淹死。[2]

因此，即使是在一个允许人们自由移民的民主国家，也不能

1　乔纳森·沃尔夫，《政治哲学绪论》，2002，第51页。
2　休谟，《休谟政治论文选》，张若衡译，商务印书馆，1993，第126—127页。

根据人们自愿居留在国境内就证成他们对政府表示了认可。[1] 一个不认可现有政治制度和政府的人，可能会出于各种原因放弃移民而选择留在国境内，比如，对亲人的眷恋，对故土的不舍，对文化的依归，或者因为贫穷、移民代价过高、语言不通等原因。但是，即便他满足了以下两个条件：(1) 选择留在国境内；(2) 因为政府所提供的公共善是既不能主动拒绝也不能主动接受的，所以任何滞留在国境内的公民实际上也享受了政府所提供的这些好处。[2] 可是，根据我们此前的分析，也仍旧无法证明这个人在事实上对现存的政治制度和政府已经表达了默示认可，洛克把定居者和享用政府好处的人等同于默示认可的例子的做法值得怀疑。

把旅行者作为默示认可的例子就更成问题。举例来说，一个古巴人到英国旅行，他当然要遵守英国现行的诸项法规，比如，驾车时要遵守英国左行的交通规则，不得违反偷盗或者杀人等刑律，如果从事经济活动也要依法缴纳税款，但是这并不意味着他对英国的政治制度表达了默示认可，更不意味着他因此负有相关的政治义务，比如为英国服兵役或者效忠英女王等。如果英国法律不幸居然要求所有的国外旅行者都负有政治义务，那么唯一的结果就是没有任何外国人会去英国旅行。

洛克版本的默示认可理论在某种意义上已经背离了认可理论

1　有学者认为，一个允许公民自由移民的国家就是一个具有正当性的国家，这个观点显然过于简单化了。

2　关于公共善之不能主动拒绝也不能主动接受的相关讨论请参见第四章。

的基本精神，蜕变成公平游戏理论甚至感恩理论，后世哲学家对此多有批评，其中尤以汉娜 · 皮特金（Hanna Pitkin）的指控最为激烈，她说："我们感到被洛克的论证给骗了……如果最后的结论是所有人都自动地负有义务，那为什么还要多此一举讨论整个社会契约理论呢？"[1]

投票行为与默示认可

洛克版本的默示认可尽管不尽如人意，但我们不应该这么快就抛弃默示认可这个概念，毕竟它是认可理论成功的希望所在。而要拯救默示认可理论，就必须修正洛克的版本。目前为止有两条基本思路，一是重新定义默示认可的形式化条件以及默示认可所拥有的理论效力，二是在洛克之外重新寻找默示认可的现实例子。

我们先来讨论默示认可的形式化定义及其理论效力。按照洛克的观点，默示认可不仅在形式上有别于明示认可——它不是以口头或者书面的方式对政府表示认可，而且在约束效力上也不如明示认可。西蒙斯对此表示不同意，他指出，认可之被称为默示，不是因为它在重要性上有别于明示认可，也不是因为它的约束力要小于明示认可，而是因为"它在给出的时候是沉默的和不积极

---

1 Hanna Pitkin, "Obligation and Consent", in *Philosophy, Politics and Society*, Fourth Series, edited by Peter Laslett, Oxford: Basil Blackwell, 1972, p.995.

主动的；它不是通过行动明示、明确、直接或者鲜明地表达出来，而是通过不作为特定的事情表达出来的。但是，默示认可（作为一种认可）仍然是给出的或者表达出来的。在征询反对意见之后的沉默就可以当成是一种认可的表达，其效用恰如在征询是或者否之后回答'是'一样"。[1]因此，西蒙斯的结论是，之所以称一种认可为"默示"，仅仅指它的表达模式是特殊的。

显然，并不是所有的沉默都具有认可的效力。生活中有很多沉默或者是因为无知，或者是出于恐惧，或者是在表示无声的抗拒，所以，关键在于，首先要找到一些形式上的限制条件来规定哪些"沉默"在表达认可——也即它不仅具有自觉、自愿的性质，并且能够由此产生义务。

西蒙斯认为，默示行为要被视为认可，至少要满足以下五个形式上的条件：[2]

1. 认可在这种场合中是合适的，而且个体对于所表达的认可有充分意识，这一情形必须是非常清晰的。换言之，那些潜在的认可者必须是清醒的，并且意识到正在发生的一切，他没有误解整个情境的本质。

2. 当征询反对意见或者异议时，必须要确保有一段确定的合理时间让反对意见得到充分的表达，并且潜在的认可

1 Simmons, *Moral Principles and Political Obligations*, 1979, p.80.
2 同上，pp.80-81。

者必须要了解或知晓表达异议的方式。

3．异议的表达如果不被接受必须要以某种方式让潜在的认可者知道。

4．表达异议的方式必须是合理的以及理性上易为的，比如说，不能强行规定只有倒立10分钟才表示你持反对意见。

5．表达异议的结果对潜在的认可者不是绝对有害的，比如说，异议者不会因此冒被监禁的危险等。

在一般情况下，必须要全部满足这5个条件，沉默才可能被视为是认可的表达。西蒙斯提出这5个条件的目的只有一个，就是为了避免洛克版本的“非意向性”，确保默示认可的自觉性和自愿性，他明确地指出：

> 只有在默示认可被处理成审慎的承诺的时候，认可理论的真实效力才能被保留。因为只有在认可能够作为义务的清晰根据时，只有在认可的方法能够保护个体不在无知或者违背其意志的情况下成为政治上有束缚力的时候，政治义务的认可理论解释才是有吸引力的。很显然，如果我们允许默示认可能够在无意识的情况下给出，那么认可理论所拥有的这些本质特征就会丧失。[1]

1　Simmons, *Moral Principles and Political Obligations*, 1979, p.83.

西蒙斯对默示认可的形式化定义非常清楚准确，它也的确在理论上有效地避免了将一些并非表达认可的“默示”错误地等同于认可。可问题在于，在现实的政治社会中，哪怕是在所谓的自由民主社会里，真的存在这种作为“审慎的承诺”的默示认可吗？如果存在，我们可以找到多少这样的默示认可的例子，它们的数量足以多到为大多数公民的政治义务和政府的统治权利奠定基础吗？在明示认可只能确保极少数人对国家负有政治义务的情况下，一旦默示认可也不能证明绝大多数人负有政治义务，西蒙斯担心我们将被迫二中择一：或者放弃“人是生而自由的”这一洛克政治哲学中的核心主张，它也是认可理论得以成立的主要前提；或者接受“哲学上的无政府主义”这个结论，也即没有一个现实中的社会或政府是道德上正当的，没有一个现实中的政府有权利发布命令并要求服从。[1]

因此，探讨默示认可的现实案例成为当务之急。如前所述，洛克为默示认可所提供的现实例子——如定居者、旅行者、享用土地和政府的好处等——均已一一遭到否定，现在的争论焦点集中在民主社会的投票行为是否构成了认可。需要特别指出的是，虽然不同的民主制度对于投票行为的前提预设和理解都不尽相同，但是以下讨论将不特别关注民主制度的不同类型，而是谈论在一般意义的民主制度中的投票行为。

---

1 A.John Simmons, *On the Edge of Anarchy*, Princeton, N.J.:Princeton University Press, 1993, p.218.

民主，按照卡尔·科恩（Carl Cohen）的定义，是“一种社会管理体系，在该体系中，社会成员大体上能直接或间接地参与或可以参与影响全体成员的决策”。[1]显然，在这个定义中，占据关键地位的概念是“参与”。如科恩所指出的，“对参与的分析可以进一步阐明民主”。[2]

在民主社会中，政治参与的形式很多，投票只是其中一种但也是最重要的一种参与形式。就投票制度与本书主题的关联性来说，其意义在于：

第一，只有通过投票产生出来的政府才能真正以人民的名义行事。“以……名义”这个表述关注的是权力的来源问题，无论最终诉诸的是上帝的旨意还是人民的名义，它都将赋予政治权力以正当性。而在现代社会，民主制度中的政治参与机制也即投票机制被普遍认为要比其他的政治制度更能体现出人民在政府行为和政策制定中的参与程度，也正是因为如此，民主制度被普遍认为要比其他政治制度更好地体现出民意，因此也就更具有正当性。

第二，进一步的，公民通过投票这个行为不仅对某个具体政府表达了认可，而且也对组织政府的抽象制度及其政治过程表达了认可或赞同，由此公民也就负有服从法律和政府的政治义务。

如果以上两个观点均成立，那么民主制度中的投票制度就足以为国家和政府所具有的正当性以及公民所负有的普遍政治义务

1 卡尔·科恩，《论民主》，聂崇信、朱秀贤译，商务印书馆，2004，第10页。
2 同上，第11页。

提供理据。对此，许多学者都深信不疑，比如约翰 · 普拉曼尼兹（John P. Plamenatz）指出："如果史密斯事实上当选了，那么说那些投票选择他的人没有认可他所主持的政府就是奇谈怪论……而在那些拥有一套现成的通过选举产生政府的程序的地方，假定选举是自由的，则无论谁最后当选，任何参与这一选举过程的人也都认可了政府的权威。"[1] 阿兰·格沃斯（Alan Gewirth）也主张，在代议民主制里，无论人们投票与否，单单存在（合法地向所有人开放的）参与制度这个事实就足以建构起共同体成员的认可。[2] 彼得 · 辛格认为，将投票等同于认可一定是有道理的，"（这）不是因为那些投票的人在事实上通常也都认可了，而是因为投票和认可之间存在概念上的联系。如果没有人接受投票的结果，那投票还有什么意义呢？"[3] 这些政治理论家认为，投票行为不仅构成了对现存政府的认可，更是对普泛的民主政治制度表达了认可，即使是那些不参与投票的人，也因为他们事实上拥有投票权而对政治制度构成了认可，格沃斯甚至断言，"政治认可"的意思是"只要一个人选择参与他就能够参与"，这就好比每个公民都有义务服从法律，而"不管他个人是否利用他的这个机会"。[4]

1　John P. Plamenatz, *Consent, Freedom and Political Obligation*, Oxford:Oxford University Press, 1968, p.170.

2　Alan Gewirth, "Political Justice", in *Social Justice*, edited by Richard B. Brandt, Englewood Cliffs, N.J.:Prentice Hall, 1972, p.138.

3　Peter Singer, *Democracy and Disobedience*, 1973, p.50.

4　转引自：David T. Risser, "The Moral Problem of Nonvoting", in *Journal of Social Philosophy*, 2003, 34(3):350.

晚近以来，普拉曼尼兹等人的观点受到越来越多的挑战，争论的焦点集中在以下几个问题上：第一，民主制度中的投票行为等同于认可行为吗，这种投票行为——特别是反对票——足以产生政治义务吗？第二，对于那些极少参与投票或者从来不投票的人来说，他们对政府表达了认可吗？第三，对那些规定投票是公民的责任而非权利的民主国家（如澳大利亚）来说，投票行为还能构成认可吗？

我们先来探讨第一个问题。如前所述，彼得·辛格明确宣称，投票与认可之间存在着概念联系，但是，约翰·西蒙斯、莱斯利·格林（Leslie Green）等人对此表示反对。西蒙斯指出，在自由选举中的投票行为，与参与政府部门管理、申请护照等行为一样，只是"隐含认可"（implying consent）的行为，而不是作为"认可的标志"（sign of consent）的行为，这些"隐含认可"的行为只是在态度上表示了赞成，却不能因此对公民构成权利和义务。西蒙斯认为，自洛克以降，三百余年来，多数认可理论家都混淆了作为"认可的标志"的行为与"隐含认可"的行为之间的区别，正是这种混淆导致他们主张认可能够产生普遍的政治义务，而最大的认识错误就是把投票视为认可的标志。[1]

西蒙斯的理由是，一个人投票通常只是表明他"附和"或者"默许"某事，表达的只是一种倾向和态度，而不是"认可"某事。西蒙斯举例论证，如果国家让一群十恶不赦的罪犯选择是被

1　Simmons, *Moral Principles and Political Obligations*, 1979, p.88.

执行枪决还是静脉注射处死，结果罪犯们都选择执行枪决，我们不能因此得出结论说所有的罪犯都认可被执行枪决。在这个例子里，罪犯们的确做出了选择，也赞同枪决这种形式，但这只在和另一选项相比较的意义上赞成枪决这种形式——所谓两害相权取其轻。这并不意味着罪犯们认可其中的任何一个选择，如果可能，他们会同时拒绝这两者。西蒙斯认为，在民主选择中，投票选举候选人在某些时候就有着“类似的让人沮丧的结构”。[1]西蒙斯的论证的确指出了民主选举中存在一些弊端，以2004年的美国大选为例，在一些选民眼里，也许克里与布什都非最佳人选，但是为了不获致更坏结果而被迫两害相权取其轻，最终这些选民还是参与了投票。西蒙斯认为，此类投票行为只是表达了投票人对于某个候选人的倾向或偏好，并且也只在相对于另一个候选人而言，却并不等于他真的认可了其中任何一个候选人的权威。

我认为，西蒙斯的上述论证值得商榷。

第一，死刑犯的例子并不特别妥帖。对死刑犯来说，无论选择哪一种死刑方式最终都难逃一死。但是，对于选民来说却并非如此。选民如果对所有的候选人都不满意，除了投票之外还有其他选择，比如，可以选择移民或者脱离社会（据称2004年美国大选揭晓当日，加拿大移民局的网站点击率比平日翻一番，权威人士称这是对大选结果不满的美国公民所为）。此外，民主社会的政府定期换届选举，那些对政府不满意的选民即使这次投票失

1　Simmons, *On the Edge of Anarchy*, 1993, p.223.

败，也不像死刑犯那样处在一锤定音的绝望境地，因为日后他们仍有翻盘的机会。因此，民主制度的一大优点在于，它永远给选民以希望。

第二，对死刑犯来说，无论他选择哪一种死刑方式，可以肯定的是，如果可能，他们都不会认可死刑这个抽象制度，而对于选民来说，即使他们不认可任何一个特定候选人，也不能得出他们不认可抽象意义的投票制度乃至民主制度这个结论。正如科恩所指出的，对于那些参与民主选举的人，他们可能憎恨这一结果，却不能（或者可能不）憎恨这一程序。[1]

第三，西蒙斯似乎认为，只要目前可供选择的对象都不令人绝对满意，则投票行为就不能被认作认可，这一标准无疑要求过高，也有悖我们的常识和直觉。没有人否认认可对象的性质对于认可行为的发生有着极为关键的意义，但一个人认可某一特定对象可能基于多种原因，我们并不总是对最理想的对象才表达认可，在特定的具体环境中，我们可能会选择认可一些退而求其次的目标和对象，只要这种认可是一种真正的认可而非虚假的认可，则它一样对认可者具有道德约束力。

在我看来，民主选举的最大问题恰恰不在于人们只能两害相权取其轻，而在于各种权力角逐所导致的“虚假的认可”之难以避免，我们在本章第二节“虚假的认可和真正的认可”中曾经列举各种形式的“虚假的认可”，比如基于自由缺失（如被威逼胁迫、

1　科恩，《论民主》，2004，第 228 页。

不适当的影响、被催眠后的建议、利用了囚徒困境等），以及信息不充分（如被欺骗、立约人对诺言的某一重要内容处于无知的状态、立约人和承诺人对于诺言的内容有极大的误解）等。毋庸讳言，即便是在一个自由、正义的民主社会里，民主选举的投票过程中依然混杂有大量只能算作“虚假的认可”的投票。[1] 正是这些“虚假的认可”的投票导致通过投票所体现的所谓民意被扭曲和恶意利用。在今天，无论专制政府还是民主政府，“挟民意以令天下”都是获得政治正当性的最快捷有效的方式，奈何最困难和最微妙的恰恰是真实民意的完全伸张。

虚假的认可的问题首先是一个经验问题，但是，这个经验问题同时会刺激我们反身思考规范问题，例如，以投票为中心的民主理念是否有失偏颇？究竟什么样的理念才是民主的精髓所在？这一类的追问将引领我们走向审议民主理论，不过，对于这个问题，我们将留待第七章再做讨论。

我们现在讨论第二个问题，对于那些很少参与或者不参与投票的公民来说，他们是否负有政治义务？公民不参与投票或者很

1　在威权社会中所组织的投票更是无一例外只能是“虚假的认可”。梅加·塞塔拉（Maija Setala）在《公民投票与民主政府》（廖揆祥等译，台北：韦伯文化国际出版有限公司，2003）中指出：“对欲增加其正当性的独裁者而言，公民投票是‘方便的工具’，格列尔和乌乐立称此类形态为非竞争性的公民投票。”希特勒当年就是靠此类公民投票建立纳粹政权，尽管纳粹政府当年获得了百分之九十八点一的德国公民支持，我们依然不能称纳粹政府得到了公民的认可，因此是正当的，这是因为：第一，纳粹政府主张清洗犹太人，违背了正当性的客观标准；第二，纳粹政府所赢得的选票大多是“虚假的认可”。塞塔拉认为，威权政府所主导的公民投票结果肯定都是支持政府政策的，而造成这一结果的方法包括：(1) 只给一个选项，(2) 不进行秘密投票，(3) 迫害异议分子，(4) 直接作票。

少参与投票可能有很多原因。普拉曼尼兹和格沃斯处理得比较简单，他们认为，对那些在自由民主制度下的非投票者来说，虽然没有参与投票，但由于他们具有投票权，这种权利本身就表明他们因此也对普泛的民主制度表示了认可。这个回答当然不能令人满意。公民不参与投票的原因很多，按照科恩的分析，至少存在以下四种情况：

1．因官方某些规定如社会的某种条例与法令禁止参加的；

2．虽有权参与，但不胜其烦，不愿参与的；

3．官方虽无明令禁止，但为社会中某些情况所阻，不能参与的；

4．蓄意不参与的。[1]

科恩把第一种情况称为“民主广度结构上的限制”。[2]他认为，在妇女获得选举权以前的英国和美国，以及某些以财产作为参政

1　科恩，《论民主》，2004，第13—14页。

2　科恩区分民主的广度与民主的深度，前者“是由社会成员是否普遍参与来决定的”，后者“是由参与者参与时是否充分，是由参与的性质来确定的”。民主的广度体现在社会成员参与决策的比例上，在民主选举这个事例中，就是参与投票的人员比例。关于民主的广度与深度的概念区分，我们将在后文继续讨论。科恩认为，从某种意义上说，深度的衡量居于次要的地位，因为一种民主必须先要有一定广度，才能评价其深度。但从另一个角度来说，民主社会中起作用的成员会积极参与社会的思考，投票只不过是思考的最后一步。因此，以对话为中心的民主并不是对以投票为中心的民主的完全否定，而是建立在以投票为中心的民主的基础上，对其做补足和深化的工作。

条件的社会都属于此类“结构上不完善的社会”。[1]本书认为，这些被某些条例和法令禁止参加投票的人群，因为没有通过投票这个行为对现存的政治制度和政府表示（默示）认可，所以就不能从认可理论这条思路去论证他们负有政治义务。

第二种情况较好处理。如果一些选民获准参与决策，却因为嫌麻烦（或者因为生病、行动不便等其他一些原因）而不愿参与，则我们通常认为这些选民是出于外在因素自动放弃参与选举，他们并未对民主制度和选举本身提出异议，所以依然默示地认可并接受了选举的结果，也因此负有相应的政治义务。

第三种情况比较特殊。在 20 世纪 60 年代前后，尽管美国宪法规定黑人拥有选举权，但来自白人群体的强大压力仍旧制止黑人参与政治。科恩认为，这种由于“既非政府认可，又非立法规定的社会压力所造成的未参与现象，是民主最重要的缺陷”。[2]对于这些因为社会压力所导致的非投票者来说，他们并不是自愿放弃投票权，因此也不能被认为默示认可了被选举出来的政府，如果他们负有政治义务也不能通过认可理论这条思路加以论证。

第四种情况最为复杂，也是聚讼最多之处。在那些自愿并故意放弃投票权的人里存在以下几种可能性 ：(1) 缺乏政治参与热情 ；(2) 不了解政治议题，无法做出决断 ；(3) 对候选人普遍失望，或者通过弃权、投无效票等行为以示对现政府、选举制度乃

1　科恩，《论民主》，2004，第 14 页。
2　同上，第 16 页。

至民主制度的抗议和不满。

近几十年来，西方民主社会一直面临投票率持续下降的尴尬，多数学者认为，主要原因在于上述第一种可能，即公民的政治参与热情普遍下降。由于个体在面对庞大而异己的政治现状时常产生无力感，认为自己这一票无足轻重，所以一些公民自愿并故意地放弃这项权利。此外，随着私人生活的日益丰富多彩，现代公民也日益陶醉在私人生活之中，不再把参与政治生活或者公共生活视为实现自我内在价值的途径。对于这类情况，一些学者认为他们虽然弃权，但并非没有参与，因为他们只是“让其他的参与者作为自己的代理人，由他们分享他的代表权”，所以他们在“事实上已经参与，虽然是间接的”。[1] 在投票过程中弃权的个体虽然未对候选人发表任何倾向性的观点，但是弃权行为暗示出他将接受并认可通过自由正义的选举程序所产生的结果。因此，他不仅认可这个结果，而且也负有服从选举结果的义务，并因此负有政治义务。因为不了解议题而自动放弃投票权的情况与第一种情况比较类似，这些人同样不是因为对投票制度或民主制度的不满，所以也应当负有政治义务。这类行为虽然会导致政治参与广度的下降，但对于提高民主决策的成果却并非一定就是坏事，它反而可能会促进科恩所说的“民主的深度”。第三种可能性比较麻烦一些，如果一个人放弃投票或者投无效票的目的在于抗议现政府、抗议选举制度或者抗议民主制度，那么我们就不能将这种弃权视

1　科恩，《论民主》，2004，第 17 页。

为“指派代理人”，更不能将他们视为参与了政治决策，因此也就不能说他们默示认可了在选举中获胜的政府。

第三个问题，对那些通过立法规定投票是公民的责任而非权利的民主国家来说，投票行为还能构成认可吗？目前在宪法上明文要求或者强制公民必须参与投票的国家有澳大利亚、丹麦、爱尔兰以及瑞士等国。隐藏在这一规定背后的理论基础有两点：第一，它暗示民主国家在原则上可以不顾其公民是否喜欢，有权强迫他们接受民主。换言之，它强制要求民主国家的所有公民都认可抽象的民主制度，这样的法律在科恩看来，乃是“毫无依据地对公民的个人生活进行干涉”。强制性的参与不仅不会真正强化民主社会，反而可能会增加敌意和分歧，从而降低民主的深度，使那些出于个人私利而操纵公众参与的人有机可乘。[1]第二，由于投票成为一种责任而非权利，从而降低了投票行为的自觉自愿性，进一步也降低了投票行为作为认可的标志的可能性，我们很难称那些被迫参与投票的人是出于自愿和审慎的考虑才对政治制度表示认可，由此，也很难推论出这些人负有相应的政治义务。

综上所述，尽管彼得·辛格等人将投票与认可直接等同的做法值得商榷，但约翰·西蒙斯认为民主社会中的投票行为不能作为默示认可的主张同样过于极端。如果我们一方面坚持洛克的立场——认为只有实际的认可（无论明示或者默示）才能赋予国家正当性，另一方面又接受西蒙斯的观点——即投票行为不是默示

1　科恩，《论民主》，2004，第 18—19 页。

认可的行为，那么就必然会得出没有任何一个现存国家拥有政治正当性的结论——西蒙斯称之为“哲学无政府主义”。[1]

作为一种无政府主义，哲学无政府主义承认所有的现存国家都不正当这一无政府主义的核心论题；作为一种特殊类型的无政府主义，哲学无政府主义的要义在于它对国家不正当这一判断的道德内容（或实践效力）的特殊看法。与政治无政府主义不同，哲学无政府主义者“并不认为国家的不正当性蕴含着这样一种强硬的道德命令：反对或取缔国家；毋宁说，他们通常只不过是用国家的不正当性来反对任何一种赞同服从、遵守或者支持我们自己的国家或者其他现存国家的强硬的道德假设”。[2]

初看上去，哲学无政府主义是一个很难让人接受的结论，它不仅有违“正当性”的日常语法——“具备正当性的国家”从此成为一个与“金山”“飞马”一样的术语，有意义却没现实的指称，更为重要的是，它似乎还会导致一个看似违背日常直觉的、极为恶劣的理论后果：绝大多数公民将不再负有政治义务。

对此，西蒙斯的补救办法是，一方面坚持哲学无政府主义这个论断，也即现存国家中没有一个具备正当性，另一方面强调哲学无政府主义并不构成反对或者破坏国家的最终理据：

哲学无政府主义的独特之处在于，他们的国家不正当（甚

1 西蒙斯有同名论文专门论述“Philosophical Anarchism”，参见：Simmons, *Justification and Legitimacy*, 2000。

2 Simmons, *Justification and Legitimacy*, 2000, p.104.

> 至必然不正当）这个判断并不能被理解为反抗不正当的国家这种直接的要求。……
>
> 哲学无政府主义者认为，至少对于某些不正当的国家来说，我们或许有充分的道德理由不去反抗或破坏它们。这些理由压倒了一切反抗的权利或义务。哲学无政府主义者主张，对国家的实际态度应该基于仔细的考虑，并慎重地权衡与特定政治环境中的行为相关的所有理由。人们在国家中应该(或可以）如何行动？在与这一问题相关的众多道德因素中，国家的不正当性（以及这种不正当性所蕴含的约束性政治义务之不存在）仅仅是其中之一罢了。[1]

我们在第三章曾经介绍过西蒙斯对“有义务（或责任）去做某事”和“应该去做某事”的区分。这个区分的意义在这里彰显出来：说一个个体有政治义务（或政治责任）并不是说他应该履行义务，或者这个义务为行动提供了决定性的理由；[2] 同理，说一个个体没有政治义务并不是说他就不应该去服从、遵守或者支持国家，因为政治义务（或政治责任）仅仅是决定我们应该如何在一个政治共同体内行动的相关考虑因素之一种。哲学无政府主义“拒绝把义务和权利视为最终的道德理由，而接受某种形式的理由权衡观”。[3] 比方说，在面对一个仁慈专制的国家时，我们不可

---

1 Simmons, *Justification and Legitimacy*, 2000, p.109.
2 Simmons, *Moral Principles and Political Obligations*, 1979, p.11.
3 Simmons, *Justification and Legitimacy*, 2000, p.109.

能采取非此即彼的简单立场：要么反对它，要么支持它，而必须以一种更为复杂幽微的方式去评价它。

借用正当性／证成性的概念框架，如果我们坚持哲学无政府主义这个论断，就会认为现存国家中没有一个具备正当性，与此同时，可以借助证成性来补救可能导致的理论恶果：一个国家或许没有获得被统治者的认可，但是由于它很好地履行了国家的职能，比如为被统治者提供了稳定的社会秩序、大量的社会福利以及基本的社会正义，因此也就拥有国家证成性，它将赋予公民以道德上的理由去避免削弱国家，甚至可能使公民有道德理由去积极地支持这个国家。[1] 经由证成性所赋予的这种道德理由，其根据当然不是认可理论，而是与个体自主性无关的感恩原则或者公平游戏原则。西蒙斯提出的是一个折中的方案，也是一个复合的方案。它提示我们了解正当性与证成性之间既有差异，也互相补足，正像政治义务无法完全解释服从国家的每一个可能理由，它必须要辅以政治责任才能全面地解释个体与国家之间的道德关系。

西蒙斯虽然通过证成性这个概念做了补救工作，避免了由于没有政治义务所导致的可能恶果，但他对默示认可的分析以及随

1　在1979年出版的《道德原则和政治义务》(*Moral Principles and Political Obligation*)中，西蒙斯同样认为，绝大多数公民不负有政治义务不会导致严重的政治后果，因为“仍有很强的理由去支持至少某些特殊类型的政府以及服从其法律”。西蒙斯当时给出的理由是：第一，支持理性上正义的“正义的自然责任”；第二，我们对于社会中的其他公民的道德责任。不过和20年后相比，此时的西蒙斯并没有从“国家证成性”的角度去探讨“政治责任”的问题。

后得出的哲学无政府主义结论仍旧是无法让人接受的。哲学工作对纯粹性、完备性和一致性的执着要求，常以丧失对复杂多变的现实世界的切实理解乃至健全的常识感为代价，这一点在政治哲学中尤其需要警惕。罗素在探讨专名问题时认为，真正的逻辑专名只有“这”或者“那”，并且对这个“这”也要做出种种限制，斯特劳森（Peter Strawson）因此将罗素的名称理论称作“逻辑上的一场灾难”，维特根斯坦则认为是逻辑逼得罗素不得不走到了这看似荒谬的一步。[1]类似的批评同样适用于西蒙斯的哲学无政府主义。正是出于对概念和逻辑的绝对严格性的要求，西蒙斯苛求“默示认可”的现实案例，从而得出哲学无政府主义这一结论。

我认为，民主社会中的投票行为尽管存在这样那样的问题，但仍有相当多的投票行为可以作为默示认可的例子，比如，那些不违反“挫败条件”的投票行为，以及某些虽然没有参与投票但在事实上承认普泛的民主制度或者参与了政治决策的人，他们都表示了默示认可并负有相应的政治义务。当然，无论哪一种政治社会，即使是最正义、最高效的民主社会，都或多或少存在一些不认可国家和政府因此也不负有政治义务的人群，所以我们接受“不存在拥有百分百正当性的国家和政府”这个结论，但反对西蒙斯的哲学无政府主义立场，因为没有一个现存国家和政府拥有百分百的正当性，并不能推出所有现存的国家都不具有正当性，这就好像没有一个现实中的三角形是完美的，并不能推出所有现

1　陈嘉映，《语言哲学》，北京大学出版社，2003，第 328—329 页。

实中的三角形都不是三角形。

没有一个现存的政治制度和政府具有百分百的政治正当性，这是一个可以接受的结论，它既不意味着所有的政治制度在政治正当性上都处于同样的水平线上，更不意味着我们必须接受哲学无政府主义。在现代性的背景下，由于自由民主制度要比其他形式的政治制度更能体现民意，公民的政治参与意识和程度也较为深入和自觉，所以普遍公认自由民主制度更能体现出主权在民的理念，因此也就更加具有政治正当性——尽管不是在百分百的意义上。同样基于真实认可原则，自由民主制国家中的公民也有更多的公民（对比其他类型的政治制度）负有政治义务——尽管依然不是在百分百的意义上。

有学者认为，但凡坚持认为政治义务必须出自自愿，就会碰到这样一个难题："只要出现一个反对国家的人，全盘的论证就会坍塌。契约论是典型的自愿论，所以普遍主义——认为每个人都有政治义务——完全无法通过这里谈及的任何形式的契约论或认可论来证明。"[1] 在我看来，这个指责实在有些虚张声势。的确，根据认可理论无法证成百分百普遍的政治义务，但正像没有一个现存的政治制度和政府具有百分百的政治正当性一样，也没有一个现存国家的公民百分百普遍地负有政治义务，要求政治义务理论最终能够证明每一个公民都负有政治义务，这个标准不但过高，而且有"倒果为因"之嫌：我们论证政治义务，不是事先设定了

1　乔纳森·沃尔夫，《政治哲学绪论》，2002，第 55 页。

政治义务是普遍的这个目标，然后再削足适履寻找合适的理论来加以佐证，恰恰相反，我们一开始就是以寻找合情合理的政治义务理论为旨归，至于这个政治义务理论最终能够证成普遍到何种程度的政治义务，则非我们所能预期和控制的。因此，从自愿原则特别是认可理论出发去论证政治义务必然不会推论得出每一个公民都负有政治义务，但也不会因为个别例外的发生而导致整个理论全盘崩溃。

政治正当性与政治义务存在逻辑关联吗？

以上所有讨论都建立在一个假定前提上，即国家正当性与政治义务之间存在概念上的关联性。这个论点在政治哲学史上拥有为数众多的支持者[1]，从洛克、卢梭一直到当代的伊丽莎白·安斯康姆（Gertrude Elizabeth Margaret Anscombe）、罗纳德·德沃金等不一而足。其中，表述最为清晰的还是约翰·西蒙斯，他说："一个拥有正当性的国家不仅有履行立法和行政的政治功能的权利，而且有要求其臣民服从和支持的权利。"[2]根据这一理解，政治权

1　多数学者都没有严格区分正当性和证成性，比如乔纳森·沃尔夫说："为国家辩护（justifying the state）常被认为就是要证明普遍政治义务的存在。"（参见：乔纳森·沃尔夫，《政治哲学绪论》，2002，第 45 页。）显然，他认为，在广义的国家证成性（即包括正当性与证成性）和普遍的政治义务之间存在着概念上的关联性。这种概念上的混乱在政治哲学史上可谓比比皆是。而这一混乱在洛克传统中却得到了很好的解决。

2　Simmons, "Political Obligation and Authority", in *The Blackwell Guide to Social and Political Philosophy*, 2002, p.19.

威所拥有的权利与臣民所负有的政治义务之间就存在“逻辑关联性”（logical correlation），进一步的，“支持政治权威的理据和政治义务的理据就至少是部分同一的”。[1]

政治正当性（或者政治权威）与政治义务之间存在逻辑（或概念）关联性，这个命题并非不言自明，一些政治哲学家如拉德森（Robert Ladenson）、萨特里厄斯（Rolf Sartorius）、格林沃尔特（Kent Greenwalt）等人对此就持反对意见。质言之，他们或者认为权威所拥有的权利是与任何义务无关的道德特权（liberties 或 privileges），或者认为权威所拥有的权利与那些不是政治义务的义务相关联。西蒙斯认为，这些观点都不构成特别有力的反驳。[2]

比较而言，在对西蒙斯的诸多批评中，托马斯·雅诺斯基（Thomas Janoski）的观点值得一提。雅诺斯基一方面承认权利与义务是紧密相连的，“权利的存在以义务的同时存在为前提。社会若忽视义务，许多权利就绝不会实现”。[3] 另一方面，他也指出，权利与义务的关系可能又是松散的，它们之间的关系“并不是全都一对一做有限交换。它们往往是在一个更大的权利与义务体系中相联系，其中有若干有限交换，但也有大量的松散相连的

1　Simmons, “Political Obligation and Authority”, in *The Blackwell Guide to Social and Political Philosophy*, 2002, p.19. 西蒙斯在这里把政治权威与政治正当性作为同义词互换使用，在其他论及正当性与政治义务的各种文本中（如此前提及的《证成性与正当性》）也一再重申了政治权威（政治正当性）与政治义务之间存在逻辑关联性这一观点。

2　Simmons, “Political Obligation and Authority”, in *The Blackwell Guide to Social and Political Philosophy*, 2002, p.19.

3　托马斯·雅诺斯基，《公民与文明社会》，柯雄译，辽宁教育出版社，2002，第 93 页。

总体交换”。[1] 雅诺斯基区分了“有限交换”和“总体交换”这两个概念。所谓有限交换就是短时间发生在两个对象之间的交换，其基本形式是“你帮我，我帮你”，这种交换形式本质上是契约论和工具主义的。雅诺斯基认为，西蒙斯所主张的权利义务关系就是基于这一模式。而总体交换则是长远的循环交换，其基本形式是“我帮你，你帮他”的关系，沃尔泽和埃齐奥尼（Amitai Etzioni）采取的就是这一类倾向于社群主义的总体交换观点。按照雅诺斯基的观点，二者的主要区别在于：根据总体交换的观点，权利和义务并非直接联系在一起，而是间接地联系在一起。雅诺斯基说，大多数公民并不是每天盘算权利与义务的平衡账，不会像核对支票簿那样算计。公民避免这种天天算小账，是有道理的。而认为权利与义务会有一个总体的平衡（或正当性），这就构成总体交换。[2]

雅诺斯基的分析固然有理，但问题在于，西蒙斯讨论的重点不是一般意义上的权利／义务关系[3]，而是统治权利与政治义务之间的关系，也即政治的正当性问题。这种关系的特殊之处在于，其载体分别是国家与作为个体存在的公民，它被严格地限制在“国家 vs 公民”的双向关系，而不是“我、你、他”的多向关系中。

1　托马斯·雅诺斯基，《公民与文明社会》，2002，第 93 页。

2　同上，第 77—78 页。

3　根据雅诺斯基的研究，当代哲学家和法学家在探讨权利和义务关系时，一般有以下三类观点：(1) 奥斯丁的观点，即权利基于义务，反之亦然；(2) 边沁的观点，即权利界定于义务，反之亦然；(3) 权利与义务是同一事物的正反两面。参见：雅诺斯基，《公民与文明社会》，2002，第 314—315 页。

也正是基于这个原因，我认为，总体交换虽然在解释社会义务时有诸多优点，但却不适用于政治义务。此外，以总体交换为基本特征的义务类型更接近于“联合体义务”或者公平游戏解释，但正如我们在此前反复强调的，一旦将本该由国家和政府承担的责任转嫁给社会和奉公守法的民众，国家就有可能成为最大的“免费搭便车者”。因此，雅诺斯基虽然一针见血地指出了西蒙斯在论述（统治）权利和（政治）义务时所采用的基本理论框架类型，换言之，雅诺斯基的事实描述是成立的，但他对西蒙斯的批评却是不成立的，因为在探讨政治义务问题时，本就应当从有限交换的角度而不是总体交换的角度入手。

根据有限交换的观点，也即契约论的观点，统治权利（或者说政治权威的正当性）和政治义务之间存在紧密的概念关联性，这种概念关联性在现代社会中具体表现为：一个国家或政府是正当的，当且仅当它的绝大多数公民在道德上被要求去服从它的法律和命令。这种从政治义务出发去理解正当性的观点被称为“义务论者的观点”（obligationist view）[1]。从公民所负有的政治义务去理解政治正当性乃是现代政治社会所独有的特征，这是因为，首先，正当性是一个“关系”概念——它描述的是统治者与被统治者之间的某种道德关系；其次，现代政治的正当性已不再是一

1　雷克斯 · 马丁（Rex Martin）最早提出这个术语，根据他的观点，霍布斯和洛克都属于义务论者。而大卫 · 科普（David Copp）则称这种义务论者的观点为“传统的”观点。参见：Rex Martin, “Two Models for Justifying Political Authority”, in *Ethics*, 1975, 86(1).

个自我赋予的概念，而是一个需要得到承认的概念，承认的主体是被统治者，因此从被统治者的政治义务出发考察正当性就在逻辑上具有优先性。[1]现代之后，随着被统治者的意志表达获得根源性的位置，统治权利在某种意义上已经成为政治义务的衍生概念，我们很难想象一个缺少政治义务的统治权利是如何可能的。

话虽如此，仍然有人试图割裂正当性与政治义务的概念联系，并在此基础上分别重述正当性理论和政治义务理论：第一条思路是，承认存在“没有政治义务的正当权威”（legitimacy authority without political obligation），威廉·埃德蒙森是主要代表人物，他自认能够提供充足的理由证明这个论点；第二条思路是，坚持认为政治义务理论与国家正当性的理论无涉，支持“假然认可”的学者们大多持这个论点，例如罗尔斯就把这两个问题割裂开来讨论，一方面采取假然认可的社会契约模式来证明正当性（以及证成性），另一方面用自然责任来解释政治义务，仿佛这是两个

1　辛西娅·斯塔克认为，一个正当性理论就是为政治原则和制度提供理据的理论，而一个有正当性的原则或制度就是那种被证成的原则或制度。与此相对，一个义务理论就是为公民为什么要以及在什么情况下被要求去服从有理据的原则或制度提供解释。据此，斯塔克认为，（1）正当性是义务的必要条件但不是充分条件；（2）由此得出，在对政治权威做证成的时候，正当性在逻辑上先于义务；（3）由此可以进一步推出，政治原则或制度的理据并不能为国家的统治建立起压迫的权利，公民也只有在他们有义务去服从这些（被证成的）规则时，其被迫去服从国家的规则才是有理据的。斯塔克的上述观点是错误的，其主要原因仍在于没有正确区分正当性与证成性，如我们在第二章所指出的，正当性的确是对国家或政府所做的道德证成，但它是一种极为特殊的道德证成，这种特殊性足以使得它与证成性并列成为道德评价政治权力的两条进路。参见：Cynthia A. Stark, “Hypothetical Consent and Justification”, in *The Journal of Philosophy*, 2000,97(6).

没有关系的主题。以上两条思路无论哪一条最终获得确证，都将对本书的论点造成根本性的打击，因此当务之急是要审查这两条思路的真确性。

我们先来讨论埃德蒙森的观点。关于政治正当性与政治义务错综复杂的关系，埃德蒙森有一个相当明晰的观察，他认为存在如下一组共三个命题：

1. 一个国家是正当的，唯当它宣称以及事实上也的确强加给其臣民以普遍的至少是表面的责任去服从法律。

2. 不存在普遍的甚至是表面上的服从国家（即使是那些正义的国家的）法律的责任。

3. 正当的国家不仅可能而且现实存在。[1]

埃德蒙森认为，这组命题之间的逻辑张力显而易见：三个命题不仅不能同时为真，而且其中的任何两个命题如果为真则第三个必然为假。比如说，如果命题 2 “不存在服从法律的普遍责任”为真，换言之没有普遍的政治义务，并且命题 1 也为真，那么我们就在逻辑上要否定第三个命题，从而得出正当的国家不仅不可能而且在现实中也不存在。埃德蒙森不愿接受这个结论，他认为，即使我们拒绝承认存在普遍的政治义务，也不会迫使我们接受“哲

1　William A.Edmundson, “Legitimate Authority Without Political Obligation”, in *Law and Philosophy*, 1998, 17(1): 43.

学无政府主义”的结论——不存在拥有正当性的国家。埃德蒙森的解决方法是，通过修正以上三组命题，特别是通过引进“存在不干涉法律执行的责任”这个观念，从而得出“存在没有政治义务的正当权威”的结论。

经埃德蒙森修正后的三个命题如下：

> 1．一个国家拥有正当的权威，唯当它宣称强加给它的臣民以服从其法律的普遍至少是表面上的责任，并且其臣民负有不干扰其强制推行的普遍的表面责任。
>
> 2．也许不存在服从一个国家（即使是那些正义的国家）的普遍的甚至是表面的责任，但是存在不干扰一个正义国家法律的现实执行的普遍的表面责任。
>
> 3．正当的国家不仅可能而且真实存在。[1]

从以上引文可以看出，埃德蒙森主要区分了“服从法律的责任”和“不干扰法律执行的责任”，他认为，这两者都与政治正当性或正当的政治权威相关联，这样一来，即便臣民不负有积极的“服从法律的责任”（也即他所谓的政治义务），也并不必然推论出不存在正当的政治权威，因为臣民还有可能负有消极的“不干扰法律执行的责任”。

---

1 William A.Edmundson, “Legitimate Authority Without Political Obligation”, in *Law and Philosophy*, 1998, 17(1):44.

埃德蒙森认为自己的这个修正不仅能够有效地避免哲学无政府主义，而且对澄清概念分歧也是“贡献甚多”。不过在我看来，埃德蒙森的这条思路不仅不够新鲜，而且在概念梳理上也是混乱多多。首先，正如我们在上一节所指出的，尽管主张不存在普遍的政治义务，但是西蒙斯本人并不因此认为公民就要起来反对国家和政府，国家和政府也不会就此陷入瘫痪和无序状态，这是因为在西蒙斯和本书的概念框架里，即使没有政治正当性和政治义务，国家证成性也能够在相当程度上起到补救作用：它将赋予公民以道德上的理由去避免削弱国家，甚至可能使公民有道德理由去积极地支持这个国家——我要再次强调指出的是，这种道德理由与认可无关，而是与感恩或者公平游戏原则乃至成员身份相关。所以，埃德蒙森的解决方法仅仅是换了一套表述方式，并未跳出西蒙斯的框架。其次，埃德蒙森由于没有在概念上对“义务／责任”以及“政治正当性／证成性”做出区分，导致其未能正确理解“政治义务／政治正当性”以及“政治责任／政治证成性”的概念对应关系，因此也就不能正确地解释“不干扰法律执行的责任”究竟从何而来这个问题，而他所谓的“没有政治义务的正当权威”根本就是一个自相矛盾的表达。

我们接着讨论假然认可的问题。按照辛西娅·斯塔克的说法，假然认可理论的基本工作原理是，“通过设置一个理想化的选择情境，身处其中的理想化的行动者必然会决定（或者认可）某些规则，而当这些行动者身处真实的、非理想化的社会时，这些规则将支配他们彼此之间的关系”。[1] 对假然认可的一个最基本批评是，即便假然认可能够推论出政治原则或者制度的正当性，但由于它对于现实中的真实个体不具有约束力，所以假然认可不能推论得出政治义务，而必须通过其他方法——如《正义论》时期的罗尔斯就诉诸“正义的自然责任”——来论证政治义务。斯塔克称这种批评为对假然认可的“标准指控”(standard indictment)，她的回应是，假然认可本来就不是设计用来推论政治义务的，因此假然认可对于现实的个体没有约束力也就不是一个缺点[2]——这个辩护在我看来只是在逃避问题而不是解决问题。

对假然认可的另一个批评是，假然认可只是一种“隐喻的”或“启发的”工具，它徒有“认可”之名，其实质却是如德沃金所说,“确立一个也许不需要(认可)这个工具就能得出的观点”。[3] 因为在假然认可理论中,一个政治制度或者原则之所以是正当的，不是因为它获得了认可所以是合理的，恰恰相反，是因为它是合理的所以才获得了（假然的）认可。由此可见，假然认可理论与实际认可理论的差异在于，正当性的根据归根结底是理性还是认可，是具有合理的可接受性（reasonable acceptability）还是实际的被接受（actual acceptance)。在假然认可的论证逻辑里，正当性的根据在于政治制度和原则本身所具有的特性，它是从目的的

---

1 Cynthia A. Stark, “Hypothetical Consent and Justification”, in *The Journal of Philosophy*, 2000, 97(6):314.

2 同上。

3 转引自：Cynthia A. Stark, “Hypothetical Consent and Political Legitimacy”, in *The Paideia Archive: Twentieth World Congress of Philosophy*, 1998, 41:232-238.

进路出发去证成政治权力的，发生的进路特别是实际认可所具有的功能已经从论证中隐退。正如乔纳森·沃尔夫所指出的："'假然契约'论最终并不是一种从自愿论的角度为国家辩护的理论。假然契约论更接近于我们不久将论及的效益主义理论。国家的正当性在于它对人类的幸福做出的贡献。"[1] 按照本书的概念框架，假然认可就不是在国家正当性的层面上，而是在国家证成性的层面上谈论问题。

综上所述，我认为，假然认可是在目的的进路证成政治权力，在本书的概念架构中，假然认可是在证成性的层面上发挥功用，在这个意义上，假然认可根本就不可能在政治正当性与政治义务之间建立起联系，因此也无从谈起割裂二者的关系，斯塔克称假然认可的设计不是用来建立政治义务倒也并非全然都是虚言。

政治义务理论的限度

在德洛斯战船即将抵达雅典港口的那个凌晨，苏格拉底拒绝了克里托的出逃建议，并向后者解释为什么要服从雅典法庭的审判。苏格拉底提出的是一个复合论证，其中既涉及非自愿主义的

1　乔纳森·沃尔夫，《政治哲学绪论》，2002，第 54 页。虽然一般认为假然契约不存在自愿的成分，但是石元康教授认为，如果在"自然状态"中或者"原初状态"中的假然立约者仍旧有选择的空间，而不是被那些环境条件逼迫得毫无选择的余地的话，则假然认可仍在某种意义上包含自愿的成分因而也仍是契约论。否则，假然认可或者假然契约就是更接近于效益主义的论证，因而也就是从证成性而非正当性的角度入手探讨政治制度或原则。我感谢石元康教授的这个建议。

感恩原则和身份认同原则，也涉及隐含自愿主义因素的公平游戏原则和认可原则。我相信个体与国家——无论它是雅典式的城邦共和国、詹姆斯二世时期的大不列颠君主专制国家、希特勒时期的法西斯德国还是自由民主国家——之间的道德联系的确存在如此众多的复杂层面。后世的政治理论家往往假定政治义务来源于单一的源泉或者原则，而不是一组互相重叠的根据，他们担心政治义务理论一旦诉诸一个以上的源泉或者基础，就会有折中或者不融贯的危险，使得政治义务由于建立在公民不可预见的计算之上而变得偶然。这种试图从单一原则出发一劳永逸地论证政治义务（责任）的哲学野心，不仅扭曲了个体与国家的真实关系，也是必须被抛弃的旧形而上学思想遗产。

不仅单一原则会面临解释的限度问题，就连政治义务本身同样也有解释的限度问题。我们在第三章曾经区分了义务与责任以及“有义务去做某事”与“应该去做某事”之间的差别，指出义务是基于人的自愿行动所创造出来的道德要求而责任则不然，“有义务去做某事”并不等于“应该去做某事”，而“没有义务去做某事”也不等于“不应该去做某事”。政治义务只是个体与国家纷繁芜杂的诸种道德关系之一种，并且这个议题主要植根于个人主义、自由主义的民主政治传统之中，即使最终证明不存在普遍的政治义务(如西蒙斯等人的结论)，也不一定造成灾难性的后果，因为公民仍可能与国家处于其他的道德联系中，仍旧可能基于其他道德理由（如感恩原则、公平游戏原则、身份认同原则等）继续支持国家或至少不会颠覆国家。

区分政治义务和其他一些支持国家的道德理由——我们姑且称之为“政治责任”，看似在用不同的描述语指涉同一指称（都是服从国家的法律、服兵役、纳税等），但二者之间的意义差异不可谓不大，因为政治义务和政治责任分别表征的是不同的理据与动机。更进一步的，政治义务理论的提出并不只是为了简单质疑国家的正当性，毋宁说，它是为了充分保护个体脆弱而易受攻击的权利。

个体可以拥有许多张“面孔”，正如国家也有许多张“面孔”。卢梭在《社会契约论》中正确地指出，“作为主权权威的参与者”，个体是公民，“作为国家法律的服从者”，个体是臣民，作为结合者，个体的集合就是人民。[1] 除此之外，个体还可能是某一民族的成员、某种文化的继承人、某片土地上的定居者。同样的，一个国家可以是政治制度意义上的存在，比如君主立宪制、自由民主制或者极权制；可以是自然地理意义上的存在，所谓山川壮美、地广物博；也可以是文化历史和情感意义上的存在，比如秦皇汉武、唐诗宋词这些特殊的文化符号和象征。作为一个生于斯长于斯的个体，对于自然地理和历史文化层面上的国家（也许这时候用“家国比喻”会比较合适）要怀有远比政治制度意义上的国家远为丰富和深厚的情感。虽然一个政治运作成功的国家可以不露痕迹地将这三层意义的国家概念融合为一，但是从哲学角度，我们的确能够而且应该将这三种意义的国家区分开来，尤其在分析

1　卢梭，《社会契约论》，2001，第 25—26 页。

公民所负有的政治义务时，我们考察的是公民与政治体之间的逻辑或者概念联系，而不是个体与作为自然地理意义或者历史文化共同体的家国的情感联系，在现代性的背景下，前一种关系必定是人为的产物，后一种关系在某种意义上却仍可能是自然的。[1]

值得一提的是，尽管政治义务理论在20世纪后半叶逐渐成为欧美政治哲学界的主流话题，但是相对而言，欧洲学者的兴趣远不如美国学者来得浓厚，直到欧盟统一方案进入议程，关于欧盟的正当性问题以及成员的政治义务讨论才逐渐成为欧洲学者讨论的焦点。这一现象充分体现出欧美在政治文化和民族历史上的差异性，从历史上看，美国的创建是基于一个特定的政治理念，其民族认同的基础是公民而不是宗教、文化和种族，可以说，美国是现代国家中以契约论立国的典范，对美国人来说，国家／政府就是人为的产物。而欧洲人不然，在进入民主制之前，他们已经共享了很久的历史，身份认同的来源要复杂许多。著名的保守主义者罗杰·斯克拉顿（Roger Scruton）曾经这样说道：

> 英国人尊重的自由，不是也不可能是美国共和党鼓吹的那种特殊的自由，后者是开疆拓土的持不同政见者在一方没有历史的土地上为共同体的利益而奋斗的自由，是以某种不可思议的方式与自由企业和市场经济联系在一起的自由。英国人尊重的个人自由是一种特殊的个人自由，是漫长社会进化过程的

---

1 关于公民身份的获得及其本性，我们将在第六章做更进一步的辨析。

> 产物，是各种制度的遗产，一旦失去这些制度的保护，这种自由不可能持久。这种意义（也是唯一要紧的意义）上的自由，是公认的社会安排的结果，而不是社会安排的先决条件。[1]

无独有偶，自由主义者弗朗西斯·福山也有类似的观点。他指出，历史上的欧洲出现过大大小小、形形色色各种政体，欧洲人看惯了它们的兴衰存亡，而历史上的美国却只存在过一种政体，它并不是稍纵即逝的政治妥协，而是世界上最为古老、至今仍旧生机盎然的民主制，这意味着对美国人来说，他们的政治制度总是浸透着近似于宗教式的尊严。[2]也正因为此，美国人在探讨个体与国家的政治关系时，才会更加偏重于从个人主义和契约论的角度出发。欧盟的形成在某种意义上类似于美国立国之初，所以政治义务和正当性议题开始进入视野也就在情理之中。

作为政治体的国家必须要和作为文化共同体、民族共同体的国家形成某种重叠乃至同一，唯其如此，才可能把概念化的政治义务转化成情感上对国家的忠诚，唯其如此，以个人主义和社会契约为基础的人为政治体才可能嫁接成为"自然生长"的政治传统。这是属于国家的理由（reasons of the state）。但是作为个体，我们在情感上忠于自己的祖国的同时，却要尽力在理智上厘清甚至剥离忠诚、责任、义务之间的关系，唯其如此，我们才能维护

1　罗杰·斯克拉顿，《保守主义的含义》，王皖强译，中央编译出版社，2005，第 5 页。

2　Francis Fukuyama, *State-Building: Governance and World Order in the 21st Century*, 2004, p.113.

属于自己的天赋权利，才能不被国家的意识形态轻易蒙蔽，这是属于个体的理由（reasons of individual）。这两种理由之间既存在张力，又缺一不可，只有在两者都充分表达自我意见并形成良性互动时，个体与国家的关系才会是健康和理性的。

小结

通过上述分析，我们有充分的理由相信，一旦我们成功地区分正当性与证成性这两个概念，就能建立起一套全新的理解个体与国家，特别是公民与作为政治体的国家的道德关系的概念框架：国家的正当性与公民的政治义务具有概念上的关联性，这是基于认可理论或者修正后的公平游戏解释，而国家证成性则与公民的政治责任相关联，这是基于身份认同原则、感恩原则等。这样一来，我们就可以在正当性、证成性、政治义务、政治责任以及诸种政治义务（责任）理论之间梳理、勾勒出一张比较清晰的概念地图。

此外，通过以上分析，我们可以得出这样一个结论：虽然没有哪一个现存的国家具有百分百的政治正当性，但是在现代性的背景下，由于个人自主性获得了根源性的道德地位，自由民主制度仍然被认为是比其他政治制度更具有正当性的政体，同时有鉴于以投票为中心的民主制度在理论和实践上均存在不同程度的难题，另一种以对话为中心的民主理论正在悄然兴起，这种理论又被称为“审议民主”，它被认为要比此前的所有民主形式都更具有政治正当性。

第六章

再论正当性与证成性：洛克主义与康德主义之别

通过前面三章对政治义务理论的仔细审查，我们已经在政治正当性、政治证成性和各种政治义务理论之间建立起一个比较完整的解释框架，并且充分展示了这一解释框架可能带来的理论效果。本章将回到在第二章末尾所遗留的那个问题：为什么当代的政治哲学主流如约翰·罗尔斯、托马斯·内格尔等人没有在概念上明确地区分正当性与证成性，这究竟是罗尔斯等人的理论失误还是另有其他原因？

在第二章中，我们指出，按照哈贝马斯的分期，当正当性发展到第三层面后，正当化的方式集中在寻找产生政治权力的“限制性条件”上，这种限制性条件并不像哈贝马斯所认为的那样是纯程序性的，而是有着实质的道德基点也即个体自主性原则。从个体自主性出发，一种可能的进路是康德式的自愿主义，另一种进路是洛克式的自愿主义。本书认为，在正当性／证成性的区分问题上，上述两条进路导致了截然不同的结果，当然，罗尔斯之所以忽视正当性和证成性的区分，除了康德主义的影响外，还有另外一个重要原因，那就是他所处理的问题域和洛克主义者有着根本性的差别。

本章的基本结构如下：首先，我会对正当性、证成性与正义这三个概念做一个简单的分析。其次，我将介绍罗尔斯对正当性问题的阐述。第三，我会介绍西蒙斯对罗尔斯的批评，指出由于西蒙斯没能充分意识到罗尔斯观点的微妙复杂，所以他对罗尔斯的指责虽然部分正确但也不乏偏颇之处。第四，我将说明，罗尔斯之所以会混淆正当性与证成性，究其根本，在于他没能正确区分成员资格和公民资格，以及他对政治社会本性和政治哲学功能所做的独特理解。第五，我将指出，尽管罗尔斯混淆了正当性与证成性，但是他依然有相当强的理由来为这个“疏忽”做自我辩护。最后，我会阐述，政治哲学的核心问题之所以会从正当性转变成为证成性，是因为洛克主义的问题感和方法论被康德主义所取代的缘故，从正当性到证成性，体现的正是政治哲学从洛克主义到康德主义的范式转换，但这一范式转换尚未完成。

正义、正当性与证成性

乔纳森·沃尔夫在《政治哲学绪论》中开篇即说，政治哲学只需回答两个问题：“谁得到了什么？”以及“谁说了算？”[1]这个说法深得日常语言学派的精髓，可谓浅显易懂、一目了然。如

1　乔纳森·沃尔夫，《政治哲学绪论》，2002，第1页。

果我们把这两个日常表述改写成政治哲学的专业术语，则前者涉及的是“正义”问题，后者涉及的是“正当性”问题。

正义与正当性是政治哲学的基础概念，二者虽然在概念上有一定关联但也存在明显的差异。一般认为，正当性理论追问的是政治权力的道德基础，也即在什么条件下人们在道德上可以接受别人对他们使用权力，与此相关的是政治义务理论，即在什么条件下一个人有义务去服从那些拥有统治权力的人。本书认为，在追问政治权力的道德基础时，存在两种不同的追问方式，一种是从发生的进路出发追问政治权力的来源，这种来源可以是历史性的、经验性的，比如统治者本人的血缘谱系，也可以是规范性的，比如政治权力所由以产生的“限制性条件”，像法律明文规定的选举程序或者规则等，此为政治正当性问题。另一种则是从目的的进路去论证政治权力的存在合理性，比如它自身所拥有的某些素质和特性，包括制度上的正义、经济建设上的成就、能够给被统治者提供什么样的利益与好处等，此为政治证成性问题。这一区分在洛克式的自愿主义模式中得到了充分的体现，当代洛克主义者西蒙斯认为，政治正当性关注的是“国家与个体主体之间的特殊关系”，而证成性关注的是“国家与作为整体的主体的一般关系”，前者只能通过个体的实际认可才可能获得，而后者则不然。[1]

正义追问的是在一个政治社会（国内或国际）中的道德实体

1　详细讨论请参阅本书第二章。

（如个体、团体和普泛的人民）的利益和负担是否得到了恰当分配，按照罗尔斯的观点，正义的功能是用来“指定基本的权利和责任，决定恰当的分配份额”。[1]本书认为，由于正义指称的是政治社会具体制度的特性，关注的是国家与作为整体的主体的一般关系而非特殊关系，所以在概念上，正义属于证成性的范畴而不是正当性。正如弗兰克·洛维特（Frank Lovett）所指出的，只有在一种情况下，正当性理论与正义理论之间的区分不那么重要，即认为当统治权力被那些代表了正义的法律和政策的人所把握时它就是正当的。但是，通常而言，正当性理论与正义理论是分离的，比如说，就一个特定的法律或者政策乃是根据恰当的程序产生并应用的，则用统治权力推行它就是正当的，而不管这个法律或者政策本身有可能是不正义的。[2]

罗尔斯论政治正当性

在政治哲学史上的不同时期，正当性与正义问题受关注的程度有所不同，现代政治哲学家如霍布斯、洛克和卢梭等人更加重视的是政治正当性和政治义务而不是正义问题，而在过去的几十年里，当代主流政治哲学家则把焦点放在正义问题而不是正当性

1　John Rawls, *A Theory of Justice*, 1971, p.6.

2　Frank Lovett, “Can Justice Be Based on Consent?”, in *The Journal of Political Philosophy*, 2004,12(1): 80. 我们将在后文看到，罗尔斯正是在这个意义上探讨正当性问题和正义问题的分离的。

问题上，其中尤以罗尔斯在1971年发表的《正义论》为典型代表。不过有趣的是，罗尔斯另一本重要著作、发表于1993年的《政治自由主义》却被一些学者如伯顿·德雷本（Burton Dreben）认为是在处理当代政治哲学家甚少触及的“正当性”问题。[1]并且，按照德雷本的观点，正当性问题之所以成为《政治自由主义》的主题，乃是源于罗尔斯本人认识到《正义论》存在的一个根本性失误：

> 当你谈论正义的本性时，至少根据罗尔斯的观点，你不是仅仅提出正义论就足够了；你还需要指出为什么你所建立的这套理论是稳定的，为什么建立在这套理论基础之上的社会将会永远地存在下去。[2]

德雷本的观点可以在罗尔斯本人的论述中找到依据。在《政治自由主义》1996年平装本导论中，罗尔斯这样表述自己的论题：“当一个社会中的自由而平等的公民因其诸种合理的宗教学说、哲学学说和道德学说而形成深刻的分化时”，就将面临“一个正义而稳定的社会何以可能保持其长治久安”的问题——这也

1　Burton Dreben, “On Rawls and Political Liberalism”, in *The Cambridge Companion to Rawls*, edited by Samuel Freeman, Cambridge:Cambridge University Press, 2003, p.317. 德雷本认为，正当性问题是当代（美国）社会的根本问题，它的主旨是“在什么条件下人们可以恰当地接受一条法律为正当的，即使他不认同这条法律，即使他认为它是不正义的”。

2　Burton Dreben, “On Rawls and Political Liberalism”, in *The Cambridge Companion to Rawls*, 2003, p.317.

就是所谓的“稳定性”的问题。[1]

“稳定性”的问题之所以突显，乃是因为罗尔斯意识到，“如果我们把政治社会看作以认肯同一个全能教义（comprehensive doctrine）而统一起来的社群的话，那么对一个政治共同体来说，压制性地使用国家权力就是必需的”。[2]哪怕这个政治社会是统一在康德、密尔甚至罗尔斯本人的理性自由主义基础之上，只要人们试图将政治社会统一在一个全能教义的基础之上——不管它是宗教性的还是非宗教性的，“压制的事实”就必然存在。对此，德雷本评论说，即使某人读了《正义论》并被罗尔斯说服了，但是随着时间的推移，此人的学生还是会不接受这个理解，所以为了保持一个教义的权威，就必须要诉诸政府权力或压制性的权力[3]，或者是柏拉图的“高贵的谎言”[4]。而如果我们既不愿动用政府的压制性权力，又不愿宣传高贵的谎言，则政治社会的稳定性基础就必须另求他途。

---

1 John Rawls, *Political Liberalism*, New York:Columbia University Press, 1996, xxxix. 中译文参考万俊人译本。罗尔斯在《正义论》的第三部分曾经处理过稳定性问题，但显然他对此并不满意。

2 Rawls, *Political Liberalism*, 1996, p.37. “comprehensive doctrine”通常被译为“全能教义”“完备性学说”，本书从商戈令先生的译法，将其译为“全能教义”，因其更加传神与到位。

3 Burton Dreben, “On Rawls and Political Liberalism”, in *The Cambridge Companion to Rawls*, 2003, p.319.

4 在《理想国》中，柏拉图笔下的苏格拉底声称，为了维护城邦的正义与稳定，让护卫者、辅助者和农民工匠们安守本分、各归其位，就必须重述腓尼基人有关金银铜铁的那个“荒诞传说”。格劳孔听完苏格拉底的陈述后，说了一句意味深长的话：“不，这些人是永远不会相信这个故事的。不过我看他们的下一代会相信的，后代的后代子子孙孙迟早总会相信的。”参见：柏拉图，《理想国》，1995，第129页。

“稳定性”问题的出现还反映出“假然认可”的重大缺陷。所谓假然认可，按照辛西娅·斯塔克的观点，其基本工作原理是“通过设置一个理想化的选择情境，身处其中的理想化的行动者必然会决定（或者认可）某些规则，而当这些行动者身处真实的、非理想化的社会时，这些规则将支配他们彼此之间的关系”。[1]我们知道，在无知之幕背后，处于原初状态（original position）的各方正是因为信息受限才得以安然接受“对”（the right）优先于“善”（the good）的结论。而在无知之幕揭开之后，原本处在原初状态中的各方发现自己各自拥有关于好生活的不同计划，此时“对”和“善”之间就需要达成某种重合。用哈贝马斯的话说：

> 那些在原初状态中对诸理性原则达成一致的各方，乃是一些人为的实体，也即人为的构造物。他们不应该等同于那些生活在一个根据正义原则建立起来的社会的真实条件下的活生生的公民；他们也不应该等同于那些在理论上预设的理性公民，这些公民会被期待去道德地行动，并因而把个人的利益从属于忠诚的公民义务。正义感可以为正义地行动的愿望提供理由，但这种愿望并不像躲避痛苦那样是一种自动起作用的动机。[2]

1　Cynthia A. Stark, “Hypothetical Consent and Justification”, in *The Journal of Philosophy*, 2000, 97(6):314.

2　Jürgen Habermas, *Between Facts and Norms*, translated by William Rehg, Cambridge, MA:The MIT Press, 1996, p.58．哈贝马斯同样强调“被证成的可接受性”，不过他认为，这必须是由现实中的平等公民经过自由、理性的公共商谈才能达成的“被证成的可接受性”。

在《正义论》的原初状态中，受到信息限制的“虚构的人民代表”通过假然认可推论出“正义二原则”。对假然认可的另一个主要批评是，假然认可只是一种“隐喻的”或“启发的”工具，它徒有“认可”之名，其实质却是去确立一个也许不需要（认可）这个工具就能得出的观点。

罗尔斯在《正义论》中所使用的道德方法论究竟是什么，是一个非常复杂的问题，我个人倾向于认同金里卡在《当代政治哲学》中的观点，即契约论的策略（原初状态和无知之幕）在《正义论》中的地位不是独立的方法，而是作为“反思的均衡”中的一个维度与诉求直觉的论证共同构成一个完整的论证。在这个意义上，金里卡的下述结论是公允的：“罗尔斯的论证并不是从一种假想的契约中推出某种确定的平等观。如果那样，就会容易受到德沃金所提到的那些批判的攻击。”[1] 不过，就本书的目的而言，我想指出的是，即使契约论策略不构成《正义论》的完整论证，罗尔斯的假然认可策略依然蕴含着这样一个结果，即一个政治制度或者正义原则之所以是正当的，不是因为它获得了认可所以是合理的，恰恰相反，是因为它是合理的所以才获得了（假然的）认可。由此可见，假然认可理论与实际认可理论的差异在于，正当性的根据归根结底是理性还是认可，是具有“合理的可接受

1　参见：金里卡，《当代政治哲学》，2004，第121页。事实上，罗尔斯在不同文本中曾经用“代表的设置”（device of representation）、“思想实验”（thought experiments）、“显示的工具”（expository device）、“选择的设置”（selection device）以及“启发式的设置”（heuristic device）等说法去描述原初状态和无知之幕的功能，由此可见，他早就意识到了德沃金等人的批评意见。

性”还是“实际的被接受”。

在假然认可的论证逻辑里，政治制度和原则之所以具有正当性乃是因为其本身所具有的特性。在这个意义上，假然认可是从目的的进路出发去证成政治权力，发生的进路特别是实际认可所具有的功能已经从论证中隐退。说得更具体一些，虽然任何假然认可的推论模式都要设计一组限制性条件，但如果这些条件过于严苛，以至置身其中的选择者只能选择唯一的答案，那么此时选择者的自主意志其实已无足轻重，而由此推论出来的政治制度和原则的正当性根据也不再是认可，而是制度与原则本身所具有的特性，正如乔纳森·沃尔夫所指出的：“‘假然契约’论最终并不是一种从自愿论的角度为国家辩护的理论。假然契约论更接近于……效益主义理论。国家的正当性在于它对人类的幸福做出的贡献。”[1]

如果上述分析成立，那么在正当性／证成性的概念框架里面，假然认可其实就已经不是在国家正当性的层面上工作，而是悄然转换到国家证成性的层面上谈论问题。《正义论》中的原初状态设计就具有上述特征，也正是在这个意义上，我们甚至可以说，罗尔斯实际上用“证成性”替换了“正当性”，或者说正当性被

1　乔纳森·沃尔夫，《政治哲学绪论》，2002，第 54 页。

吸收、融入证成性之中。[1]

假然认可导致的一个更为严重的后果是，它无法回答这样一个问题：为什么现实中的自主个体有义务服从那些由“虚构的人民代表”在原初状态中假然认可的正义原则？一个假想的、不存在的人所订立的契约凭什么会对现实中的人具有约束力？与此相对，《政治自由主义》要解决的问题恰恰是当无知之幕被揭开之后，在合理的多元主义（reasonable pluralism）的背景下，“当宪法根本和基本正义问题处于得失攸关时”，民主社会的公民应该诉诸什么样的理想和原则来合理地相互证明彼此之间的政治决定是正当合理的？[2] 也就是说，在假然认可模式里得到证明的“合理的可接受性”将不得不面对“实际的接受”的质疑——假然认可既不能取代实际认可，证成性也无法解答正当性问题。

由于罗尔斯没有对正当性和证成性做出清晰区分，所以他不仅未能把捉到道德评价国家的两个不同面向，还进一步割裂了正当性和政治义务之间的概念关联，导致在《正义论》中采取两套

1　哈贝马斯曾经明确指出，罗尔斯必须要更严格地区分证成问题（questions of justification）与接受问题（questions of acceptance），以及“被证成的可接受性”（justified acceptability）与“实际的接受”（actual acceptance）。哈贝马斯并不是在洛克主义的立场上对罗尔斯进行批评，作为康德主义者，哈贝马斯同样也没有在正当性和证成性之间做出严格区分，因此，在我看来，哈贝马斯的这段表述重点在于，强调假然认可只能解决证成问题但无法解决接受问题，所以由“虚构的人民代表”在原初状态中通过假然认可所达成的“被证成的可接受性”是不稳定的，只有现实中的平等公民经过自由、理性的公共商谈达成的“实际的接受”才具有稳定性。哈贝马斯的相关论述请参见：Jürgen Habermas, “Reconciliation Through the Public Use of Reason: Remarks on John Rawls’s Political Liberalism”, in *The Journal of Philosophy*, 1995,92(3):109-131.

2　Rawls, *Political Liberalism*, 1996, xlv.

互不相干的学说去分别支持正当性理论（正义理论）和政治义务理论（自然责任理论）。

《政治自由主义》时期的罗尔斯意识到“稳定性”问题，开始在理论上做相应的调整，比如，把正当性作为重点问题加以阐述，通过引进“公共理由”将原初状态中的假然认可转换成实际认可等，可是罗尔斯却始终没有区分正当性与证成性。为什么会出现这一现象，这是我们要解决的问题。

我们先来看罗尔斯关于正当性问题的阐述。罗尔斯这样定义自由主义的正当性原则：

> 只有当我们履行政治权力的实践符合宪法——我们可以理性地期许自由而平等的公民按照为他们的**共同人类理性可以接受的那些原则和理想**来认可该宪法的根本内容——时，我们履行政治权力的实践才是充分合适的。这就是自由主义的正当性原则。[1]

罗尔斯接着补充道，对政治自由主义来说：

> 在立法中所提出的所有涉及或接近于宪法根本或基本正义问题的问题，也都应该尽可能地通过公民们以同样方式认可的那些原则和理想来加以解决。唯有可能**合理地期许全体**

1　Rawls, *Political Liberalism*, 1996, p.145. 着重号为本书作者所加。

> 公民认可的政治正义观念，才能作为公共理由和公共证成的基础。[1]

在该书第六讲《公共理由的概念》[2] 中，罗尔斯强调指出，自由主义的这一正当性原则乃是与民主政体的公民（democratic citizen）之间的政治关系的两个独特特征相联系的：

> 其一，政治关系是公民生于其中并在其中正常度过终生的社会之基本结构内部的一种人际关系。
>
> 其二，在民主社会中，政治权力——它总是一种强制性权力——乃是一种公共权力，这就是说，它永远是作为集体性实体的自由而平等之公民的权力。[3]

由以上表述不难发现，首先，罗尔斯所谓的自由主义正当性原则被严格限定在立宪主义民主国家内部，而立宪主义民主国家的基本特征——按照罗尔斯的说法——是，“合理的宗教学说、哲学学说和道德学说的多样性是公共文化的一个永久性特征，而不是一种会很快消失的纯历史状况”。其次，在合理的多元社会

1　Rawls, *Political Liberalism*, 1996, p.145.

2　罗尔斯的“public reason”一般被翻译为“公共理性”，但是鉴于罗尔斯的主要意思是，当立宪主义民主国家的公民在讨论宪法根本和基本政治原则时所援引的理由必须是公共的而非私人的，因此，在论辩的背景下，把“public reason”翻译成“公共理由”似乎比“公共理性”更恰切。这个翻译要感谢石元康教授的提醒。

3　Rawls, *Political Liberalism*, 1996, p.216.

背景下，罗尔斯认为，可以通过被“合理地期许全体公民认可的政治正义观念”这个工具性概念，在自由主义的“正当性原则”与“公共理由和公共证成的基础”之间画上等号，也就是说，正当性和证成性之间是可以画等号的。

与乔舒亚·科恩（Joshua Cohen）不同，罗尔斯并不认为公共理由的运用能够适用于所有政治问题，它被严格限定在“我们可以称之为‘宪法根本’和基本正义问题的政治问题”上。特别需要提请注意的是，罗尔斯指出，公共理由不仅适用于人们在公共论坛上进行相互论辩，而且适用于“当宪法根本和基本正义问题处于得失攸关之时”公民在选举中的投票，换言之，公共理由的理想不仅支配着人们在选举之前的公共辩谈，而且支配着人们在现实境况中的具体投票——后一点尤其重要，这表明，与《正义论》时期相比，《政治自由主义》时期的罗尔斯发生了某种微妙的转变，虽然相对于“个体意志的纯粹表达”，《政治自由主义》时期的罗尔斯更加强调“公共理由”，但是与此同时，他也意识到“实际认可”相对于“假然认可”的重要性。罗尔斯明确指出，如果公共理由不支配公民的具体投票的话，公共话语“就可能落入假然（hypothetical）的危险：公民相互间当面说一套，背后投票又是另外一套”。[1]

公共理由为什么应该对实际的投票行为具有限制力，布鲁斯·艾克曼（Bruce Ackerman）有一段相当精彩的论述，他说：

1　Rawls, *Political Liberalism*, 1996, pp.214-215.

> 大多数人在步入投票处时，总相信自己有权以其喜欢的任何方式进行投票：也许我投X的票是因为他是犹太人，或者因为他使我想起了家父，或者因为他曾有恩于我的儿子，但这是我自己的事，与其他任何人无关！罗尔斯并不准备认同这种轻率的态度："公共理由的理念不仅主宰着选举的公共话语……而且决定了公民的投票方式……否则，公共话语就可能落入假然的危险：公民相互间当面说一套，背后投票又是另一套。"
>
> 虽然罗尔斯的观点看起来显得有些老套，但我认为他是在正确地督促我们重新思考投票行为这一问题。正当的政府并不建立在不受约束的个人意志基础上，而是依赖于我们每一个人都通过公共对话来维护政治权力这一集体性努力。不记名投票之所以有价值，仅仅因为它能使我们避免他人无法通过辩论说服我们而将其意愿强加给我们的行为。但这种有价值的规避不能转化为多数投票人的一种武器，使他们可以不通过公共辩论而将自己的意愿强加给其他公民。[1]

公共理由的引进，表明在合理的多元主义的立宪主义民主制度下，个体意志的纯粹表达并不足以使政治权力获得正当性，特别是当这种个体的意愿诉诸全能教义（比如古典自由主义关于个

1 布鲁斯·艾克曼，《政治自由主义种种》，转引自：罗尔斯等，《政治自由主义：批评与辩护》，万俊人等译，广东人民出版社，2003，第126页。

体的假定）或者表现得不受约束甚至非理性时，就更是如此。公共理由是一个看似明晰、实则内涵丰厚的论题，我们无意也无力在此展开全面深入的讨论。就本书主题来说，我们可以一言以蔽之地把罗尔斯和西蒙斯的差别总结为，前者认为，只有理性主体通过公共论辩所达成的一致意见才能赋予宪法根本以及基本正义原则以政治正当性，而后者则主张通过现实个体自我意志的表达就能赋予国家或政府以政治正当性。两相比较，可以发现，二者的关键词恰好处于一一对应的紧张关系中，它们分别是：理性主体的公共论辩 vs 自愿个体的意志表达，以及宪法根本或基本正义原则 vs 国家或政府。

西蒙斯批评康德与罗尔斯

如前所述，罗尔斯和西蒙斯在两组关键词上存在根本差异：理性主体的公共论辩 vs 自愿个体的意志表达，以及宪法根本或基本正义问题 vs 国家或政府。[1] 第一个差异体现出自愿主义内部两种进路的对立，第二个差异则反映出当代政治哲学和现代政治哲学在问题域上所发生的重大偏离，我们将在下一节讨论第二个差异。

罗尔斯强调理性主体的公共论辩，继承的是康德主义的思

1　这里特指《政治自由主义》时期的罗尔斯，对于《正义论》时期的罗尔斯和西蒙斯之间的区别还要加上假然认可 vs 实际认可。

路，而西蒙斯强调自愿个体的意志表达，坚持的是洛克主义的立场。众所周知，政治哲学中一直存在理性主义和自愿主义的对立，其中，理性主义进路致力于把道德要求和政治要求理解与表达成最终是建立在普遍和正义的理性基础之上的，而自愿主义进路则强调个体意志作为道德与政治要求的最终判准。洛克和康德虽然同属自愿主义阵营，但比较而言，洛克主义是典型的自愿主义进路，康德主义则介于自愿主义和理性主义之间，或者说中和了自愿主义与理性主义。从正当性的主观面向和客观面向出发可以更好地理解这一点：对洛克主义者来说，由于坚持自愿主义的立场，所以来自自愿个体的认可只能保证正当性的主观面向，其客观面向只能交给自然法予以保证，虽然个体认可之所以获得本源性的地位正是为了确保个体所拥有的天赋权利，但这两个领域始终是分离的；对康德主义者来说，由于自然法的地位被贬抑，所以个人自主性便一力承担起正当性的客观面向与主观面向这两个任务，个体通过理性反思自我立法所建立起的实践理性不仅具有主观面向，而且由于其普遍有效性所以也就具有了客观面向。罗尔斯和哈贝马斯虽然放弃了康德哲学的先验维度，但是无论罗尔斯的“公共理由”还是哈贝马斯的“沟通理性”都具有康德实践理性的基本功能，它们都尝试同时解释正当性的主观面向和客观面向。洛克的自愿个体虽然也有理性的活动，并非一味强调意志的作用，可是只要这种理性仍旧停留在私人理由的范围，政治过程就只能是相互冲突的个体利益的简单合计。相反，康德主义者强调“理性的公共使用”，政治过程就不再只是利益的简单合计而且有价值与观点的转换，乃至最终形成所谓“理性的共识”。

虽然康德进路有如此之多的优点，但是在当代洛克主义者西蒙斯看来，它最大的问题在于，可能会混淆正当性与证成性。西蒙斯批评罗尔斯即使没有把正当性问题和证成性问题完全等同，至少也是非常明显地缩小了两者之间在论证根据上的差异：

> 首先，罗尔斯看起来相对不关注通过批评（真实的或想象的）无政府主义或者其他支持非政府的合作形式的反对意见来证成国家（或者某一类国家）。罗尔斯的证成对象主要是那些已然接受“生活在某种形式的国家”之下的必要性的人。唯一真正需要证成的问题是：哪种类型的国家？罗尔斯的正义原则是用来支配“我们只因为出生而进入、因为死亡而退出的基本制度结构”；这些原则为的是“政治的”领域而不是联合体的领域（它是自愿组成的，而政治领域则不是）。……罗尔斯的定约者选择的是……国家的最好形式，而不是国家本身。在罗尔斯政治哲学中的政治证成性论题里，大规模的政治/经济制度结构的道德必要性似乎只是一个背景性的预设，而不是具体论证的内在步骤。
>
> 这是罗尔斯（以及受其影响的人）与洛克在“证成国家”这个论题里非常不同的一个方面。还有另外一个方面：对洛克主义者来说，证成性包括表明有限国家是在道德上被接受的以及是一个好的议价结果（在普遍意义上）——也即它是客观上被允许的并且是对人们基本需求和利益的回答——而

罗尔斯意义上的证成性则是通过表明国家对于那些被迫生活在其权威之下的人来说是可以接受的来完成的［也即，它与他们的（可能非常不同的）道德信念相一致］。只有当政治社会中的理性成员即便是在他们各自的关于价值的整全性概念之下，依然能够把正义概念作为最好的概念来加以接受时，罗尔斯所说的“公共证成”（public justification）——“我们能够在任何时候”拥有的正义概念的“最好理据”——才被视为完成。[1]

在西蒙斯看来，罗尔斯的理论失误可以直接追溯到现代哲学的康德转向，正是在康德这里，正当性与证成性的概念区分被错误地丢失了。之所以“错误”，主要有以下这两个原因：

1. 康德以及康德的当代追随者如罗尔斯等人，在使用证成性这个概念时不是针对无政府主义，而是“为那些已经对某些类型的国家表示同意的人提供理据”。

2. 康德主张人天生拥有自由权和财产权，为了尊重和保护这些权利，每一个人都有义务（obligation）脱离自然状态并接受由强制性法律规约的公民社会的成员资格，唯其如此，“每个人才能享有这些权利”。因此，对于康德来说，证成国家的必要性——也即国家的存在对于自由、权利和正

---

1 Simmons, “Justification and Legitimacy”, in *Ethics*, 1999, 109(4):758-759.

义的实现是必要的——就蕴含着有义务参加公民社会并且接受社会强加的责任。这个论证也被康德同时用来正当化特定的国家。

西蒙斯指责康德的论证步骤过于跳跃，比如说，为什么我有义务离开自然状态并和他人共同生活在公民社会之中，而不是仅仅有义务尊重他人人格以及权利（无论是在公民社会之中或者之外），等等。西蒙斯认为，康德似乎从未真正解释和论证过从证成性是如何推出正当性的，也就是说，从断言国家是保护权利和自由的必要条件，到断言特定的某一个国家有权利统治那些处在其权威所及的领地中的人，这中间存在着推论上的断裂。[1]

然而，上述批评并不如西蒙斯本人认为的那么不言自明，其背后关涉一些根本性的政治哲学论题。从第一个批评出发，我们可以追问：无政府主义的挑战必须响应吗？无政府主义对政治哲学构成真正的威胁吗？从第二个批评，我们可以追问：需要预设自然状态吗？如何规定自然状态？谁对自然状态的描述更加正确（或者有效），康德的还是洛克的？进一步的，在洛克主义的概念图式（以西蒙斯为例）和康德主义的概念图式（以罗尔斯为例）之间是否存在一种结构性的差异，以至我们可以将它们之间的差异描述为库恩意义上的“范式转换”？显然，这个问题将迫使我

1　Simmons, “Justification and Legitimacy”, in *Ethics*, 1999, 109(4):755-756.

们对两种理论的根本前提和基本原则做一整体性的比较，并在此基础上重新审视正当性与证成性的概念区分。

范式转换——从洛克主义到康德主义？

需要应对无政府主义的挑战吗？对于多数政治哲学家来说，这个问题的答案显而易见：无政府主义的挑战不仅存在，而且紧迫。这是因为，现代政治哲学的一个共识是，政治社会或者国家乃是人为产物而不是自然产物，如西蒙·库辛（Simon Cushing）所说："如果政治社会中的生活在某种意义上是自然的，那么举证的负担就落在无政府主义者身上，而且政治哲学的根本任务就不会是证成国家。"[1] 现在既然认定政治社会的生活是人为的，那么我们就有必要响应无政府主义的挑战，而举证的责任将落在那些主张应当有国家的人身上，在这个意义上，证成国家也就成为政治哲学的根本任务，也正因为此，诺齐克才会说政治哲学的根本问题在于"究竟是否应该存在任何国家？"。可是，对康德主义者特别是罗尔斯来说，无政府主义的挑战却不在考虑的范围之列，这似乎有悖基本的理路。如何合理地解释其中的矛盾，结合西蒙斯和库辛等人的观点，我认为有三个可能的原因：

第一，康德主义者特别是罗尔斯的理论框架与洛克主义者的

---

1 Simon Cushing, "Justification,Legitimacy,and Social Embeddedness", in *The Journal of Value Inquiry,* 2003, 37(2): 219.

理论框架和问题域有所不同。

第二，康德主义者对初始状态的看法与洛克主义者不同。

第三，罗尔斯关于公民身份的理解也和洛克主义者不尽相同，而这又关涉到政治社会之本性的理解。

先谈第一个问题。众所周知，无论是《正义论》中关于“良序社会”的描述，还是《政治自由主义》里强调的“立宪主义民主国家”，罗尔斯的学说自始至终针对的都是那些“已然接受了生活在某种形式的国家的必要性”（西蒙斯语）的人。而为了响应社群主义者如迈克尔·桑德尔等人的批评，《政治自由主义》时期的罗尔斯更进一步把康德意义上的“作为拥有道德人格及其充分的道德性主体之能力的个人理念”转换为“公民的理念”，把公平式正义的“全能教义”转换为公平式正义的“政治观念”，在理路上“不触及所有形式的教义（宗教的、形而上学的和道德的）及其漫长的发展传统和解释传统”[1]，在效力上也只限定在以立宪主义民主社会为代表的良序社会，它既不试图追溯到“非良序社会”，更遑论“前社会”。与此相反，洛克主义恰恰就是罗尔斯意义上的“全能教义”，它不仅预设了一整套关于道德个体的哲学观念，还要回应政治社会的起源问题并且比较民主社会和其他政治制度的优劣，当然也就无法绕过无政府主义这个主题。

罗尔斯在一次访谈中说：“我认为，公平式正义只是试图解

1　Rawls, *Political Liberalism*, 1996, p.397.

决某些虽然很根本但仍然是特定的问题，它的范围是有限的。”[1] 在《政治自由主义》中，这一范围的限度就是如何建立起立宪主义民主社会的正义，这是一种内部的正当性，罗尔斯并不费心费力地去响应为什么是立宪主义民主社会而不是极权主义社会这样的问题。德雷本说：“我们不是在为这样一个社会(自由民主社会)做辩护。我们理所当然地认为在今天只有傻子才不愿意生活在这样的社会里面。罗尔斯的一大优点在于，他不会浪费时间去讨论独裁政体或极权政体。他生活在这个国家，这个国家有很多缺点，但也有确定无疑的理想。我们从这个理想出发。”[2]

因此，对于罗尔斯和西蒙斯在面对无政府主义挑战时呈现出来的不同反应，可以一言以蔽之地回答说，这是由于两者的问题域根本不同。在现代政治哲学中，“国家的起源”也即国家正当

1 罗尔斯等，《政治自由主义：批评与辩护》，2003，第 247 页。在《正义论》中，罗尔斯也清晰地指出了这一点：“如果可能的话，做到下一点我就满足了：为一个被理解为暂时同其他社会隔绝的封闭社会的基本结构，概括出一种合理的正义观来。”参见：Rawls, *A Theory of Justice*, 1971, p.8.

2 Burton Dreben, “On Rawls and Political Liberalism”, in *The Cambridge Companion to Rawls*, 2003, p.328. 威廉 · A. 盖尔斯敦（William A. Galston）认为，罗尔斯把民主，更准确地说是自由主义的立宪主义民主视为其理论的出发点，不去比较民主和其他政治体制的优劣高下，会让人们认为他陷入了一个辩论的假然概念模式（hypothetical-conceptual mode）：如果我们接受民主，那么 A，B，C… N 就会成为我们的承诺。盖尔斯敦认为，这是一种于理论和实践都不利的民主教条主义（democratic dogmatism）。我认为，盖尔斯敦的这个批评在相当程度上是成立的，这不仅因为，如盖尔斯敦所说，政治哲学的传统任务——界定和捍卫政治组织形式之间的优劣差异——在今天仍然意义重大（参见：威廉 · A. 盖尔斯敦，《自由多元主义》，佟德志等译，江苏人民出版社，2005，第 58—61 页。），而且由于罗尔斯将理论的问题域严格限定在一个封闭的立宪主义民主社会中，这导致了他的整体论证方式有循环论证的嫌疑。更进一步的，罗尔斯的理论也无法正确和有效地阐明政治义务、正当性这些政治哲学的核心概念。

性问题一直是核心问题，无论是霍布斯、洛克还是卢梭、康德都曾经对此深入研究，霍布斯《利维坦》第十七章标题即为“论国家的成因、产生和定义”，洛克《政府论（下篇）》第八章也曾专论“政治社会的起源”。但是自从效益主义兴起（这条线索可以追溯到休谟），国家的起源问题就逐渐被贬抑成虚构的问题，政治哲学的讨论重心越来越聚焦于国家的功能及其效果——也即国家的证成性。这种问题意识的转变直接导致了概念上的混乱，在洛克那里，分别用两个不同的章节讨论“政治社会的起源”和“政治社会的目的”，这种泾渭分明的正当性／证成性区分在效益主义兴起之后被模糊化了。正当性这个概念所指涉的“国家是如何产生的”，被偷梁换柱成“为什么需要国家”，也即国家证成性问题。这个混乱到了当代政治哲学愈演愈烈，罗尔斯虽然是一个坚定的反效益主义者，但是在“正当性”问题上却出人意料地与效益主义者有更多的共同语言。可以说，罗尔斯在双重意义上否定了洛克主义：一方面，罗尔斯不再追问国家的起源问题，也即洛克主义意义上的“国家正当性”；另一方面，罗尔斯也不在“为什么需要国家”这个意义上追问“国家证成性”。罗尔斯通过原初状态这个代表设置，把（洛克意义上的）国家正当性和证成性这两个问题中和、变形成“什么类型的国家是好国家？”。对此，西蒙斯的批评可谓一针见血：“罗尔斯式的契约论者挑选的是国家的最好形式，而不是国家自身。”[1] 这也正如德雷本所指出的，

1　Simmons, “Justification and Legitimacy”, in *Ethics*, 1999, 109(4):758.

罗尔斯式的契约论者不是在选择哪种形式的政治制度（比如极权制还是自由民主制），而就是在立宪主义民主社会的背景下选择具体的宪法根本和基本正义原则，因为立宪主义民主社会是迄今为止最好的国家形式——“在今天只有傻子才不愿意生活在这样的社会里面”。[1]

这种放弃或者贬抑“起源”“谱系”的进路，转而强调制度本身的“特性”“效益”与“实用”的视角转换，正是现代性最为突出的特性。如果说在正当性这个概念凝结的是“古老的就是好的”保守思想，那么在证成性这个概念凝结的则是“新鲜的就是进步的”现代精神。在一个以贬低和克服传统为己任、彻底面向未来的现代世界里，构成个体乃至社会的“同一性”的本质根据不再是它曾有的过去——无论是出身、血统还是起源，而是它业已成就的事业和即将拥有的将来。在我看来，这也正是为什么正当性概念在现代社会日趋衰微，逐渐消解、吸收进证成性概念的时代背景之所在。

第二，初始状态问题。初始状态对于社会契约论者之所以重要，正是为了论证国家的必要性以及国家的起源问题。罗尔斯设计“原初状态”是为了证成正义二原则，而不是要解决是否需要政治社会以及国家是如何起源的这些问题。也正因为此，原初状

---

1 Burton Dreben, “On Rawls and Political Liberalism”, in *The Cambridge Companion to Rawls*, 2003, pp.328-329. 虽然《政治自由主义》时期的罗尔斯将“自由主义的正当性”视为首要问题，但是罗尔斯试图回答的是自由主义理论内部关于正当性的争论，而不是比较自由民主制与其他政体之间的正当性。这一区分不能不察。

态在各方面都不同于霍布斯、洛克乃至康德意义上的自然状态。康德本人对自然状态的描述近于霍布斯，自然状态是一切人反对一切人的战争，在其中，个体单凭自己的能力无法保证自然权利，转让部分自然权利并加入政治社会是唯一的选择——所以，康德才会说，人们有义务脱离自然状态并接受由强制性法律规约的公民社会的成员资格。与之相比，洛克描述的自然状态远没有霍布斯和康德那么恐怖，霍布斯说任何类型的国家都强过没有国家，洛克却认为国家宁缺毋滥，既然自然状态不一定比所有可能的国家形态都恐怖，那么人们就没有“义务”必须离开自然状态。退一步说，即使洛克主义者同意人们“有义务”离开自然状态，对洛克主义者来说，这也只是证明了国家的存在是必要的，却没有“正当化”特定的某一个国家。这是因为，有义务离开自然状态并创建政治社会，与以何种方式（如何）离开自然状态并创建特定的政治社会是不同的——在洛克看来，并不是每一种创建政治社会的方式都是正当的，只有来自每一个人的认可才能够赋予政治社会以正当性。

罗尔斯无视无政府主义的挑战，不探讨自然状态，归根结底是因为他对公民资格的认定与洛克主义者不同。正如库辛所指出的，对洛克主义者来说，没有人天生就是一个公民，一个人只有通过认可才能成为公民，而对《政治自由主义》时期的罗尔斯而言，个体不仅不是天生就是非社会的，恰恰相反，人是“作为公民被理解的”，无论他们选择成为公民与否，他们是被理解成某一特定的社会的成员，对他们的同胞拥有并非“自我赋予”的责任。[1]库辛对比洛克政治理论和罗尔斯政治理论的结构性差异后指出，在洛克的政治理论中有四个核心的前提，这也是西蒙斯区分证成性与正当性的基础[2]：

> 第一，洛克意义上的自然状态。由于自然状态并不必然要比国家形态更难以忍受，所以人们就没有义务一定要离开自然状态，同时在必要的时候人们也可以选择退出国家重归自然状态。
>
> 第二，道德实在主义。道德义务的限度是被自然法建立起来的，而自然法是客观、自明、前社会的道德实在。自然法保证了正当性的客观面向。
>
> 第三，认可是获得社会或政治义务的必要条件。这保证了正当性的主观面向。
>
> 第四，在恰当的环境下，来自成年人的认可是创造一个拥有权利的人为道德实体（也就是政治社会或者国家）的充分条件。

与之相对，罗尔斯的社会契约论却假设了如下三个事实：我们社会中的成员资格是被给定的；如果我们不属于这个社会，我

1　Simon Cushing, “Justification, Legitimacy, and Social Embeddedness”, in *The Journal of Value Inquiry,* 2003, 37(2): 220-221.

2　同上，p.220。

们就不知道我们将会怎样存在；作为政治体的社会没有目的，而在这一方面，联合体和个体则不然。[1]库辛把这三个事实命名为“社会嵌置”（social embeddedness）主题，认为这是罗尔斯理论用来反对社会的认可理论建构论题的基础，并且作为结果也是反对西蒙斯所提出的洛克主义对证成性和正当性之区分的理论基础。

罗尔斯用“民主的公民”取代康德式的个体，意在尽量剥夺附加在个体身上各种全能教义的负担，使他们能够在合乎理性的多元主义背景下以平等的身份去自由、理性地运用公共理由进行公共论辩。可是问题在于，尽管罗尔斯反复强调他的问题论域是在立宪主义民主国家之中，但是现实中如过江之鲫的移民浪潮足以证明，即使是在立宪主义民主国家中，“社会成员资格”也并不都是先行给定的，而是有相当部分由主体自愿选择的。

鲁道夫·冯·塔登（Rudolf von Thadden）在1989年纪念法国大革命二百周年的德法贝尔福特会谈上发言指出：

> 在移民入境比率维持在7~8个百分点的情况下，各国面临着身份认同发生改变的危机；如果它们不能提供任何超出纯粹种族起源的整合基点的话，它们就将不再能够被理解为单一文化的社会。这些情况迫使我们回到那个把burgers理解成citoyen的观念；与传统的民族归属观念相比，这个观

1 Raws, *Political Liberalism*, 1996, p.276.

念更加开放也更少限制。[1]

塔登区分德语“burgers”和法语“citoyen”明显带有卢梭的思想烙印，这两个词语虽然都可以译为“公民”，但是前者也可以译成“市民”或者非政治意义上的“公民”，而后者则具有明显的政治色彩。[2]这也让我们进一步回想起卢梭对臣民和公民的经典区分：所谓臣民就是“作为国家法律的服从者”，而公民则是“作为主权权威的参与者”。在移民浪潮愈演愈烈的今天，如果把成员资格的认定和国家的身份认同仍旧局限在“传统的民族归属观念”或者罗尔斯意义上的“封闭的成员资格”，不仅无法因应时代的变化，而且会造成理论解释上的困难。

在接下来的分析中，我将试图对成员资格和公民资格做一区分，并且指出对公民资格的起源及其性质的不同理解正是导致罗尔斯和西蒙斯的正当性理论产生龃龉的关键所在。

成员资格 vs 公民资格

在《正义诸领域》中，迈克尔·沃尔泽在历数民主制度投票行为之诸般缺点后，笔锋一转指出：“虽然如此，选票仍然是重

1 Habermas, *Between Facts and Norms*, 1996, pp.465-466. 译文参考：尤尔根·哈贝马斯，《在事实与规范之间》，童世骏译，生活·读书·新知三联书店，2003。

2 参见童世骏在《在事实与规范之间》中译本（2003）中的注，第 623 页。

要的，因为它既表明成员资格，又表明成员资格的具体意义。”[1]此言可谓一语中的，就本书所关注的主题来说，不管是政治正当性还是政治义务都直接关涉公民与国家的关系，所以成员资格或者公民身份自然成为无法回避的一个问题。

在此前的讨论中，我们已经或多或少触及这一问题，例如，按照认可理论的观点，成员资格只可能通过某种形式的认可（宣誓加入国家或者投票行为）获得，而按照公平游戏理论的观点，只要一个人自愿地参与政治活动并且自愿地主动接受来自制度的好处，就表明他是一个局内人，因此也就拥有成员资格。对于政治义务的认可理论和公平游戏解释，西蒙斯说得很明白：“两者都是‘以义务为中心’的解释，也正是如此，两者都强调义务产生的本质上的自愿主义。对两种解释来说，自愿行动乃是我们政治联系的根据，尽管认可理论坚持审慎许诺的需要，而公平游戏不强调审慎许诺的需要。”[2]正因为以上两种获得成员资格的方式都预设了个体自主行为的必要性，在这个意义上，它们都属于自由主义的传统。

问题在于，身处自由主义传统的罗尔斯为什么会认为公民资格的获得与个体的自愿行为无关而是与生俱来的？与此相对应的另一个问题是，为什么政治社会在罗尔斯看来不是自愿的组织而是一种封闭的存在：“我们是慢慢在社会世界内存在的，我们不是、

1 迈克尔·沃尔泽，《正义诸领域》，褚松燕译，译林出版社，2002，第 409 页。
2 Simmons, *Moral Principles and Political Obligations*, 1979, p.115.

确实也不能随意地进出这个社会世界。”[1] 在罗尔斯这里，成员资格或者公民资格的获得与个体的认可行为是没有关联的，立宪主义民主社会内的投票行为也与成员资格或者公民资格无关。

这个立场令人惊奇，如前所述，唯一的合理解释是，由于罗尔斯把《政治自由主义》的问题域严格限制在立宪主义民主国家这个“合理的多元主义社会”内部，无意比较立宪主义民主国家与其他类型的政体（比如极权主义国家）的优劣高下，所以成员资格或者公民资格是否自愿获得就不是一个重要的问题，因为“只有傻子才不愿意生活在（美国）这样的社会里面”。虽然罗尔斯的观点不无道理，但本书认为，正是因为悬搁了成员资格的自愿性和政治社会的自愿性，使得罗尔斯最终未能在理论层面上区分正当性和证成性，进而使得罗尔斯至少在表面上与保守主义者和社群主义者的观点不谋而合。

与《政治自由主义》时期的罗尔斯一样，保守主义者和社群主义者也主张成员资格绝对不是个体自愿行动的后果，而是与生俱来的。每个人都像是海德格尔所说的“被抛者”，在进行自我选择之前就已经拥有了属己的肤色、语言、父母、家庭、文化传统、国家以及成员资格。在保守主义者和社群主义者的眼里，自由主义者都是些“无父无母”的反传统者，他们扭曲人类的历史，“不但使每个人忘记了祖先，而且使每个人不顾后代，并与同时代人疏远。它使每个人遇事总是只想到自己，最后完全陷入内心的

1　Rawls, *Political Liberalism*, 1996, p.144.

孤寂”。[1]

桑德尔曾经指责《正义论》中的个人主义观是“无负担的自我”，麦金太尔则主张一种“嵌置式的自我”（embedded self）观，认为“我的生活经历总是嵌入在我从中得到我的认同的那些社群的经历之中”[2]，这一表述与《政治自由主义》时期的罗尔斯相去不远，此时的罗尔斯也认为“民主的公民”是深深嵌置于他身处的政治领域之中，而政治领域也不同于“联合性的领域”，后者在许多方面是自愿性的，政治领域则不是自愿性的。我相信罗尔斯在《政治自由主义》中的调整的确是为了应对社群主义者的批评，但这不意味着他已然接受了社群主义的观点，因为二者的最大差别在于，罗尔斯所说的政治领域特指“立宪主义民主社会”，而保守主义者和社群主义者所说的政治领域则没有特别限定哪种政治制度——它既可以是君主立宪制，也可以是自由民主制。更进一步的，在我看来，罗尔斯本无须如此认真地对待社群主义者对他的人性观的批评，这是因为，只要我们认为正义是某一社会的主要问题，就意味着这个社会满足正义的客观条件——资源中度匮乏，以及主观条件——人们相互冷漠。安内特·拜尔（Annette Baier）说：“关于正义起源的说法首先是要澄清正义的发明旨在解决什么问题。一俟我们认为，正义所要解决的问题是人们对可

1　罗杰·斯克拉顿，《保守主义的含义》，2005，第 38 页。
2　Alasdair MacIntyre, *After Virtue*, Notre Dame, Indiana: University of Notre Dame Press,1981, p.205.

易手之物的吝啬，那么，解决方案的大致轮廓也就清楚了。”[1] 换言之，如果人们在主观上对于可易手之物毫不吝啬，正义就丧失了存在的主观条件，正义这个概念就丧失了存在的理由，变成了纯粹的利他主义或者仁爱问题。因此，就概念定义来说，正义就是染有“自利”原色的个人品德和社会价值，尽管这种“自利”不同于纯粹的利己主义，但却是处在自向动机和他向动机的交界处并且更偏向于自向动机。但凡讨论正义问题，就必须要以人的自爱自私或者相互冷漠作为逻辑起点，这是概念自身的应有之义，与作者个人立场无关，甚至也无须预设某种特定的哲学人类学。也正是在这个意义上，我们甚至可以说，“正义是一种以个人主义为前提的道德观”乃是一个分析命题。

回到本书的主旨，我认为，对成员资格和政治社会性质的不同认定是导致罗尔斯与西蒙斯分道扬镳的最根本因素之一。更进一步的，罗尔斯的“社会嵌置”主题的错误根源就在于没能在概念上严格区分成员资格（membership）和公民资格（citizenship）。

公民资格（成员资格）问题自20世纪90年代以来再次成为理论界的焦点，正如威尔·金里卡所指出的，就理论层面而言，这一论题的复兴是政治话语自然演进的结果：

> 因为公民身份概念似乎要整合正义的需要与共同体成员资格（membership）的需要，它们分别是20世纪70年代

1　转引自：慈继伟，《正义的两面》，2001，第69页。

> 和20世纪80年代政治哲学中最核心的概念。公民身份一方面与个人权利观念紧密相联，另一方面又与对特定共同体（community）的隶属观念密切相关。因此，它有助于澄清自由主义者与社群主义者的争论中真正紧要的东西。[1]

由此可见，公民资格与（共同体的）成员资格在一定意义上存在概念重叠，二者通常是不做区分、互相混用的。一般认为，成员资格的外延要比公民资格更为宽泛，它可以指称小到家庭、社团，大到社会、国家的成员资格，而公民资格则特指政治领域尤其是国家的成员资格。不过，在我看来，公民资格与成员资格不只有外延上的差异，更有概念内涵的差异，唯有严格区分公民资格与成员资格这两个概念，才能真正把握和理解罗尔斯与西蒙斯的理论差异。

我们不妨借用金里卡所做的另外一个区分来理解公民资格和成员资格的差异。金里卡认为，人们在讨论公民身份的时候，经常容易混淆两个概念："以法律地位来界定的公民观"（citizenship-as-legal-status）以及"以可欲行为来界定的公民观"（citizenship-as-desirable-activity），前者指的是在特定政治共同体中完整的成员资格，后者强调的是公民在这个政治共同体中的

---

1 威尔·金里卡、威尼·诺曼，《公民的回归：公民理论近作综述》，毛兴贵译，出自：许纪霖主编，《共和、社群与公民》，2004，第236页。

参与作用。[1]我认为，金里卡所指出的这个区分恰好可以对应于成员资格和公民资格的区分——本书把这一区分严格限定在政治社会也即国家的层面上：成员资格是依据个体在特定政治共同体中的法律地位来加以规定的，类似于卢梭所说的臣民，也即“作为国家法律的服从者”；而公民资格则是根据个体在该政治共同体中的参与作用来规定的，类似于卢梭所谓的“作为主权权威的参与者”。

一旦我们在定义上明确区分了成员资格和公民资格后，就可以正确地理解麦克佛森以及罗尔斯等人的错误所在。的确，任何个体的成员资格都是与生俱来、自然获得的，所有人一经出生就自然拥有出生地的所在国国籍，这是“以法律地位”来界定的公民身份——我更愿意将它命名为“成员资格”(需要再次强调的是，我在这里所说的“成员资格”特指政治社会的成员资格，而不是普遍意义的成员资格，因为高尔夫俱乐部中的成员资格就不是与生俱来的，而是通过自愿行动获得的，因此，我在区分成员资格与公民资格时特别将问题的背景限定在政治社会之中)。与此相对，个体的“公民资格”却不是与生俱来、自然拥有的，个体要想真正拥有公民资格，除了他本人必须符合法定成年人的条件(比如，年满 18 岁或者 20 岁）外，还要有适切的外部环境（比如，所在国是一个严格意义上的民主国家，公民享有真正的投票权和

1 威尔·金里卡、威尼·诺曼，《公民的回归：公民理论近作综述》，出自：许纪霖主编，《共和、社群与公民》，2004，第 237 页。

选举权）确保他能够真正参与政治共同体的政治决策，唯其如此，我们才说该个体拥有了公民资格，并因此可能负有政治义务。

政治社会的成员资格与公民资格是有分别的，成员资格的获得是非自愿性的，而公民资格的获得则不然，它不仅有具体的年龄限制，而且对政治社会本身也有要求，它必须要确保个体能够真正地参与政治进程。一个人之获取公民资格必须要通过某种自愿、审慎的行为，如宣布加入国籍（明示认可），或者以投票形式参与政治决策（默示认可）等。一旦我们区分了成员资格和公民资格，就会发现罗尔斯所谓的只能“因生而入其中，因死而出其外”的个人身份指的是“成员资格”而不是“公民资格”，这种成员资格更多地与非自愿的政治责任和国家证成性有关，而西蒙斯等洛克主义者强调的则是公民资格，它所肩负的是“自我承担”的义务，因此也就和政治义务及国家正当性更为相关。

程序正当性 vs 实质性正义

我们在第二章中明确指出过，正当性和证成性之区分体现在两个层面：在概念层面上，正当性是一种“回溯性”的概念，它关注的是政治权力的来源和谱系，也就是从“发生的进路”去评价政治权力；而作为“前瞻性”概念的证成性，关注的是政治权力的效用和达成的目的，也即从“目的的进路”去评价政治权力。而在观念层面或曰实质的政治哲学理论，特别是具体到洛克式（以西蒙斯为代表）的个人主义和自由主义的具体脉络里，政治正当性关注的是“国家与个体主体之间的特殊关系”，而证成性关注的则是“国家与作为整体的主体的一般关系”。

目前为止的分析似乎在暗示，罗尔斯完全未曾考虑到正当性与证成性之间的差异，但是如果我们细查其观点，就会发现，罗尔斯并不在概念层面上反对区分正当性和证成性，恰恰相反，在《答哈贝马斯》一文中，他曾经清楚地指出：

> 将焦点集中在正当性而非正义上，看起来似乎像是个小问题，一如我们可能认为“正当的”与“正义的”是一码事。但只要我们略加反思，就会发现，两者并不相同。一位正当的国王或王后可以通过正义而有效的政府来实施其统治，但即使这样，他们也可能不正义，即使正当，也未必肯定正义。他们的正当性质是表明某些有关他们家族谱系的事实，即他们是如何走上王位的。这涉及，根据业已确立的法则和传统，比如说英国和法国的王位法则和传统，他们作为王位继承人是否正当。[1]

由此可见，罗尔斯并不反对在概念层面上区分正当性和证成性（罗尔斯本人使用的词汇是“正义”），他反对的是正当性与证成性之区分的第二层理解：将正当性解释成“国家与个体主体之间的特殊关系”，把证成性解释成“国家与作为整体的主体的一

1　Rawls, *Political Liberalism*,1996, p.428.

般关系”——这一区分的理据恰恰是洛克主义的。在我看来，由于西蒙斯不承认正当性和证成性的第一层区分，所以也就没能全面而正确地评价罗尔斯对待正当性与证成性的微妙态度。

罗尔斯一方面在概念层面上承认正当性和正义（证成性）存在差异，但是另一方面又主张要把正当性问题消解、吸收到正义，这是因为，罗尔斯认为，在道德评价国家的时候，“正当性是一个比正义更弱的理念，它对那些是可以做的行为所施加的约束也更弱一些”。[1]

罗尔斯正确地指出了正当性与正义是两种不同的评价方式，他说：

> 民主决策和法律之所以是正当的，不是因为它们是正义的，而是因为它们是按照一种为人们所接受的正当的民主程序而正当地制定出来的。极为重要的是，具体规定着这一程序的宪法即使不是完全正义的（任何人类情况都不可能如此），也应该是足够正义的。但是它也可以不是正义的却仍然是正当的——假如按照环境和社会条件来看它足够正义的话。[2]

罗尔斯担心的是，正当的民主程序有可能产生不正义的结果，虽然这种不正义可能会反过来削弱正当性，但是在更多的情况下，

1　Rawls, *Political Liberalism*, 1996, p.428.
2　同上，着重号为本书作者所加。

人们却可能会被民主程序的正当性一叶障目，低估甚至忽略了其后果的不正义。如果这种情况是普遍存在的——事实上它就是普遍存在的——那么“正当性”这个概念就没有很好地履行道德上的约束力，因为一种“纯程序的民主正当性”是和“正义”相分离的两种不同的概念：“正当性允许有一定范围的不确定的不正义存在，而正义则不然。”[1]

如前所述，哈贝马斯曾经梳理正当性在西方政治史上先后出现过的三个层面，他认为，当正当性进入到第三层面后，正当化的方式也从追溯“血脉”“谱系”演变成寻找“产生的限制性条件”，它突出地表现为只要国家（政府）的权力是通过“程序上”或“形式上”合理的途径获得的，它就被称作具有正当性的。[2]但是，哈贝马斯没有认识到，这种程序上的正义不是也不可能是纯形式的，它必然地要保留一定程度的实质因素。所以，当哈贝马斯批评罗尔斯的公平式正义是“实质的而非程序的”时候，罗尔斯的反驳显得如此振振有词：“任何一种自由主义都必须是实质性的，而只有成为实质性的才是正确的。”[3]

罗尔斯强调程序正义不能完全独立于实质正义的理由在于，纯粹程序化或者形式化的正义也许会导致徒有“正当性”之表而无“正义”之实的后果。罗尔斯的这个担心是有道理的。自有人类政治以来，政治正当性的主观面向和客观面向就一直处在相互

1　Rawls, *Political Liberalism*,1996, p.428.

2　详细讨论参见本书第二章。

3　Rawls, *Political Liberalism*, 1996, p.421.

依存又相互偏离的纠缠状态。现代之后，随着事实与价值之二分日益成为“文化上的建制”（普特南语），以及历史主义渐趋占据统治地位，政治正当性的客观面向就越发让位给主观面向，也即被统治者所给出的主观认可。

我们可以考察以下这两个命题：

> 命题1：因为它是我所选择的，所以它是真的（或者正确的）。
>
> 命题2：因为它是真的（或者正确的），所以我选择它。

这两个命题之间的差异显而易见，我们可以粗略地断定，前者所隐藏的哲学态度是价值主观主义，而后者是价值客观主义。某种意义上，洛克主义者和康德主义者都会接受命题1而否定命题2。但是，洛克主义者和康德主义者的差别在于，对于洛克主义者来说，“我”是一个有着不同利益诉求的具体的现实中的人，而康德主义者的“我”却具有普遍的理性能力，后者可以藉由普遍理性的能力确保所选择对象具有普遍有效性，而前者却只是个体利益和个体意志的汇聚和合计。不过，对于洛克主义者来说，命题1“因为它是我所选择的，所以它是真的”并非就是“最后的结论”，而是仍有继续追问的余地，比如“为什么你会选择它？”“你如此这般选择的标准是什么？”等等。我们当然不是在赌博式或者抓阄式地做人生选择，每一个目的之被选定必然都有它的理据，只是对于个人幸福这样的私人事务，我们的理由可能更加私密，也无须公开，而对于影响到每一个人的政治制度和政策，由于论域进入到公共空间，所以你所提供的理据也就必须要有公共的合理性。正是在这个意义上，当我们在政治领域中说“因为它是我所选择的，所以它是真的”时，这句话不仅隐藏着自愿主义的意味，同时还必然会进入到康德所说的“理性的公共使用”层面，必然要诉诸理性主义的维度。也正是在这个意义上，我们说，诉诸“目的进路”的证成性要在逻辑上优先于“发生进路”的正当性。事实上，洛克主义者也从未否定证成性的重要性，他们反复强调的毋宁是，不要由于过分突出证成性而牺牲了正当性这个维度，或者干脆就把正当性完全混同于证成性。

一旦诉诸目的论或者理性主义，我们就可以对上述两个命题做出相应的修正：

> 命题 3：因为它是在理性上被所有人所接受的，所以它是真的（或者正确的）。
>
> 命题 4：因为根据某些独立的真的（或者正确的）标准，所以它被所有人合理地接受。

在后形而上学时代，命题 4 或许仍旧是一个无法企及的理想，但是命题 3 却并非可望而不可即，至少在罗尔斯、哈贝马斯等人看来，在立宪主义民主国家中，拥有合理歧见的公民是可能在宪法根本和基本的正义问题上，通过诉诸公共理由达成“重叠的共识”，并且这样的政治结果不仅是正当的也是正义的。

由此可见，正是出于对纯粹程序性的正当性的不满，罗尔斯通过公共理由这个概念来填平正当性和正义（证成性）之间的鸿沟。公共理由的出现，使得个人意志或喜好不复成为合理的理由，个体与国家之间的关系也因为理由的公共性而不再是特殊个体与特定国家的特殊关系，西蒙斯所定义的“正当性”在公共理由面前丧失了存在的基础，它被消解在证成性（正义）之中。

罗尔斯指出：“鉴于所有人类政治程序的不完善性，不可能存在任何相对于政治正义的纯程序，也没有任何程序能够决定其实质性的内容。因而，我们永远都依赖于我们的实质性正义判断。”[1] 罗尔斯认为，这种实质性的正义判断将保证一个正当的宪法根本或者正义原则同时也是正义的，换句话说，程序性的正当性就与正义（证成性）融为一体了。

需要指出的是，罗尔斯所谓的“实质性的正义判断”不是无本无源的“天外飞仙”，而是深植于我们对时代精神的理解和把握中，在此意义上，罗尔斯的工作乃至所有道德哲学或者政治哲学的工作都如德雷本所说，只能是把“我们业已内在接受的东西铺陈出来”[2] 的工作。罗蒂在最近的一次中国之行中，也表达了类似的观点，他说：“以罗尔斯为例，他在《正义论》中提出了两个原则。当别人问他这两个原则是怎么来的时候，他诚实地回答说，这两个原则是对西方政治历史所做的一种归纳和总结。他把

---

1 Raws, *Political Liberalism*,1996, p.429.

2 Burton Dreben, “On Rawls and Political Liberalism”, in *The Cambridge Companion to Rawls*, 2003, p.343.

历史上各种学说中的合理成分吸取过来，如道德直觉等，然后经过加工而形成。”[1]

行文至此，我们可以对罗尔斯与西蒙斯在正当性问题上的差异做出全面的总结。

首先，在概念层面上，罗尔斯并不否认正当性与“正义”（也即证成性）存在差异，反倒是西蒙斯没能正确理解正当性与证成性在这个层面上的区分。

其次，罗尔斯之所以在观念层面上未曾区分正当性和证成性，原因在于，他的问题域和西蒙斯不同，罗尔斯关注的是立宪主义民主国家框架内的宪法根本和基本正义原则的正当性，而不是民主制度本身的正当性，就此而言，西蒙斯对他的指责多少显得有些关公战秦琼。我们或许可以用一种更为公允的表述来指认两者的差异：西蒙斯探讨的是民主社会的统一性（unity）问题，而罗尔斯探讨的是立宪主义民主社会的稳定性（stability）问题[2]，统一性问题回应的是来自外部的挑战，而稳定性问题则要首先解决特定社会内部的问题。从大尺度的世界史着眼，统一性问题在时间上和逻辑上均优先于稳定性问题，尤其是在今天这个“诸神之争”此消彼长、历史尚未终结的全球化时代，历史的真实处境

1　理查德 · 罗蒂，《罗蒂在中央党校演讲纪要》，网络资源：https://guancha.gmw.cn/2004-7/13/2060001.htm。

2　关于统一性和稳定性的区分，要感谢石元康先生的启发。此外，哈贝马斯也曾经指出，罗尔斯的稳定性问题之产生的背景条件是“正义建制已经存在”，至于“这些建制在当前的情况下如何得以确立或者被促进则是另外一个问题”（Habermas, *Between Facts and Norms*, 1996, p.58.），这个所谓“另外的问题”就我理解指的正是“统一性”问题。

和问题意识告诉我们“统一性”问题并未过时，坚持正当性和证成性之间的区分依然有其特殊的理论意义和现实意义。在这个意义上，我坚持认为，严格区分正当性／证成性是必要而有益的。

最后，罗尔斯之所以缩小正当性和正义的差异，更重要的理由在于，他认为正当性与正义之间的差异可能会导致恶劣的后果，特别是在政治正当性日益成为“纯粹程序性的民主正当性”之后，它会允许有一定范围的不确定的不正义存在，这是罗尔斯所不能

附表：罗尔斯与西蒙斯在正当性／证成性问题上的差异

	康德主义者： 以罗尔斯为例	洛克主义者： 以西蒙斯为例
正当性的评价对象	宪法根本以及基本正义问题	国家 / 政府的起源
正当性与证成性的区分	承认第一层的概念区分	承认第二层的观念区分
赋予正当性的主体	假然的理性主体（《正义论》） 真实的理性主体（《政治自由主义》）	自愿个体
赋予正当性的理由	公共理由	个体意志
认可的方式	假然认可（《正义论》） 真实认可（《政治自由主义》）	真实认可
政治领域的性质	非自愿组成	自愿组成
对待无政府主义的态度	反对无政府主义（康德）或不考虑这个问题（罗尔斯）	反对无政府主义（洛克）或主张哲学无政府主义（西蒙斯）
公民资格（成员资格）的获取方式	自然获得（成员资格）	通过认可获得（公民资格）
理论效力所及	政治的、非形而上学的（《政治自由主义》）	全能教义

接受的，所以他试图通过公共理由来弥补和纠正这个错误，由此导致的理论后果就是“自由主义的正当性原则”与正义（以及公共理由和公共证成）融为一体。对于他填平自由主义正当性原则和正义之间的鸿沟的良苦用心，我表示充分的理解和认同。

民主制国家能实现最大程度的正当性与证成性吗？

如前所述，罗尔斯担心，一个拥有程序正当性的民主国家可能依然无法保证正义。正义仅仅是国家证成性的一个面向，除此之外，国家证成性还包括维持安全稳定的社会秩序、提高和促进人民的生活福利等。尽管在现代性的背景下，民主国家因其更能体现被统治者的意志而具有更多的政治正当性，但是现实的情况是，对于挣扎在贫困线上的黎民百姓来说，“不自由毋宁死”只是一个奢侈的愿望，个人意志能否得到体现并非性命攸关的考虑，相反，能否提高个人生活质量、确保社会安定才是庶民百姓、普罗大众更为关心的问题。就此而言，国家证成性特别是经济增长和社会福利等效益问题要比正当性更为重要似乎是顺理成章的事情。20世纪90年代前后，以亚洲四小龙为首的东亚新势力的崛起，使更多人坚信，建立一个强大而富有效率的国家远比建立一个民主自由的国家要更加紧迫，也更符合人民的利益，并且，像新加坡这样的父权加行政主导的国家，在事实上也同样赢得了人民的普遍支持和信任——尽管这种信任和支持不是导致新加坡政府拥有政治正当性的“因”，而是新加坡政府所具有的政治证成性所导致的“果”。

晚近以来，“国家能力”（state capability）日益成为道德评价国家的一个重要标杆。更有甚者，有学者认为，国家能力便足以构成国家的正当性基础，比如克里斯托夫·莫里斯（Christopher Morris）就认为，国家的正当性和社会秩序之间存在必然的联系，在现代世界，国家的本质是维护社会的秩序，国家的正当性更重要的是体现在它对社会秩序的维护上。[1] 类似观点在中国大陆也得到一些新左派学者的呼应和认同。我绝不否认国家证成性（或者国家能力）的重要性，我甚至认为，无论在逻辑意义上还是现实意义上，国家证成性都要优于国家正当性，但是我仍然坚决反对将国家证成性和正当性不加区分、混为一谈的做法，不仅因为这种做法究其根本乃是一种“范畴错误”，它的危险更在于使我们丧失了道德评价国家的一个重要维度，进而无法正确解释政治义务，无法确保个体基本的政治权利，并在实践中可能沦为替一些非民主国家乃至暴政国家做辩护的工具。以 20 世纪 80 年代的韩国为例——其典型特征是经济增长迅猛、人民生活安康，同时又缺少基本的民主制度保障，我会认为它虽然具有国家证成性，但却没有国家正当性，其臣民因此也就只具有政治责任而没有政治义务。

有趣的是，不仅非自由主义的理论家强调国家能力，一些古

---

1 Christopher Morris, *An Essay on the Modern State*, Cambridge: Cambridge University Press,1998, pp.56-61.

典自由主义者也开始关注这个问题。弗朗西斯 · 福山最近指出，21 世纪国际社会最为重要的议题之一是“国家构建”。他的理由是自从冷战结束之后，孱弱国家或者失败国家就已经成为国际秩序的乱源所在：这些国家无视人权，制造人道主义危机，引发大规模的难民潮，攻击邻邦。福山由此断言，无论是对单个社会还是全球社会，国家的衰弱都不是乌托邦来临的前奏而是灾难的先兆。不过，福山与莫里斯的推论逻辑正相反对，福山不但没有像莫里斯那样认为国家正当性因此就仅只体现在对政治秩序的维护上，恰恰相反，他认为，国家能力必须要以国家正当性为前提。福山的问答逻辑很简单：

> 问题 1：是谁造成了全球范围的贫穷、艾滋病、毒品乃至恐怖主义？
>
> 答案：孱弱国家和失败国家！
>
> 问题 2：治疗国家孱弱和失败的良方是什么？
>
> 答案：市场经济和自由主义民主制度！

问题兜兜转转，还是落到“历史终结论”的基本立场：只有自由民主制度才能救世界。福山的最后结论是，自由民主制度不但是现代政治唯一可能的正当性源泉，而且能够强化国家的能力——经济发展与民主制存在着相当紧密的联系，换句话说，福山认为，民主制度不但能提供政治正当性，也能促进政治证成性。

福山的这个观点并不新鲜，诺贝尔经济学奖得主阿马蒂亚·森（Amartya Sen）一直以来就坚持认为非民主制度将会导致饥荒和贫穷，而民主制度不仅赋予国家以正当性还有利于经济的发展。约翰·格雷批评这类观点，他指出，高效率和正当化的国家必须要体现出地方性的知识与价值，这是因为不仅法律和教育体系具有地方文化历史的特殊性，就连经济制度也并非可以简单复制。格雷虽然在正当性问题上犯了“范畴错误”，没能正确区分正当性和证成性，但格雷对地方性知识和价值的强调却有其合理性。限于篇幅，我们无法在此对森的“以民主促发展”的理论做深入分析。我想指出的是，如果森和福山的观点成立，则（自由）民主制将不仅比其他政治制度更具有政治正当性，同时也更具有政治证成性，倘如此，（自由）民主制度将在理论上取得空前的至高地位。

第七章

通过审议走向共识

政治过程究其根本是一个集体意志形成和集体意见形成的过程，而"民主"的本质要义就在于，意志形成和意见形成乃是"普选制和代议制的结果"[1]，换言之，政治权力的正当性源自被统治者所给出的认可或同意。由于全体一致同意（unanimity）可遇不可求，"多数决"（majority rule）成为民主政治的主要决策工具，而由此构成的政治决定不可避免只能是个体意见与偏好的合计（aggregation）而非转换（transformation），这种基于"量的多寡"而非"质的优劣"取胜的民主在晚近一段时间引起对民主正当性的诸多考量。一些学者认为，虽然出于决策效率的考虑，民主制可以采取"多数决"，但是出于政治正当性的考虑，民主制依旧应该追求某种意义的"全体一致同意"。正是出于对"以投票为中心"之民主形式的诸多不满，一种提倡"以对话为中心"

---

1 Jürgen Habermas, *The Inchusion of the Other*, edited by Ciaran Cronin and Pablo De Greiff, Cambridge, MA:The MIT Press, 1998, p.246.

的所谓"审议民主"理论应运而生。

"审议民主"这个术语最早由约瑟夫·比塞特（Joseph Bessette）于1980年首次在学术意义上使用，此后二十多年，罗尔斯、哈贝马斯、乔舒亚·科恩、乔恩·埃尔斯特（Jon Elster）以及詹姆斯·博曼（James Bohman）等学者先后对此有所阐发，他们的理论侧重点或有不同，但基本思路却多有重叠甚至不谋而合，几乎无一例外地强调，任何具有正当性的政治决定都必须是每一个受其影响者"在理性上接受"或至少是"不能合理地反对"的要求。这些理论家普遍认为，审议民主模式更能体现出民主的真正内涵，也更具有所谓的"民主正当性"。显然，问题的关键在于如何理解"理性"这个概念，在这一点上，审议民主理论家的主要理论资源或者来自罗尔斯（公共理性）或者来自哈贝马斯（沟通理性）。

限于篇幅，本章不可能对审议民主理论做全面的梳理，而是主要借用哈贝马斯、乔舒亚·科恩等人的理论资源，围绕政治正当性与审议民主的关系，对如下几个问题进行探讨：(1) 立宪主义（或者说法治）与民主的关系。我们在前文已经反复指出，哈贝马斯和罗尔斯等当代学者在论述正当性问题时，与洛克、卢梭等现代学者着重探讨国家或者政府的正当性不同，他们的问题域被严格限定在立宪主义民主国家的框架中"法的正当性"上，但是"立宪主义"与"民主"在概念上本身就存在着复杂的对立统一关系，哈贝马斯自我期许的任务之一就是要响应这个问题，在立宪主义与民主之间建立起规范意义上的内在联系。(2) 哈贝马斯是如何运用交谈伦理（discourse ethics）去平衡理性与意志、认知主义者（cognitivist）与自愿主义者的分歧，以及审议政治是否真的可以集自由主义与共和主义所长，在正当性的主观面向和客观面向之间架起桥梁？（3）审议民主又是在什么意义上更能体现出民主的正当性，这个论断究竟蕴含了对民主本质的何种理解？（4）审议民主或者说哈贝马斯的审议政治理论若想成功，归根结底必须解决两个最为基本的理论问题：第一，相对于工具理性而言，沟通理性的独立性与优先性是如何可能的？第二，通过沟通理性能够达成共识吗？本书认为，要想成功地回答这两个问题或多或少都存在困难。（5）最后我想讨论一下民主与真理的关系问题，特别是哈贝马斯所说的理性共识究竟能否被冠以"真理"的称谓？进一步的，在民主理论乃至人文社会学科里，真理概念到底是一个应该被放弃的冗余概念，还是一个使对话得以可能的必要的形式预设乃至归宿？

在回答上述问题之前，我将首先区分正当性（legitimacy）与合法性（legality），指出这对概念的内在张力折射出正当性之主观面向与客观面向在现代世界的紧张关系。这不仅是了解哈贝马斯正当性理论的关键所在，也是在今日语境下探讨政治正当性问题时必须时刻铭记在心的重要区分。

正当性与合法性

我在本书第一章中指出，政治正当性这个范畴由两组共四个向度组成：统治权利与政治义务，主观面向与客观面向。这两组因素自古希腊开始就一直处于此消彼长、相互掣肘的紧张之中。启蒙之后，随着正当性的客观外在基础——无论是神学起源说还是实质性的宗教、形而上学理论——日益丧失其可信性，正当性的主观面向——来自被统治者的意志表达取而代之获得了根源性的地位，统治权利也因此成为政治义务的衍生产品。这种自下而上的政治正当性理论认为，形成共同意志和共同意见的道德理据只可能建基于人民的自我决定和自主性之上，只有人民的同意或者认可才能赋予政治正当性。不过，在主观面向占据根源性地位的同时，来自客观面向的约束效力并未损毁殆尽，它依然对政治正当性的获取具有某种约束力，这就是为什么认可只能作为政治正当性的必要条件而非充分条件的原因所在。

启蒙初期，正当性的客观面向由"自然法"和"自然权利"来保证，稍后则以先验主体具有的普遍理性的面目出现，其中，康德的实践理性扮演的角色尤其特殊，它通过自我立法同时承担着维持正当性的客观面向（普适性）和主观面向（理性意志的表达）的双重任务。但是，随着实然与应然、事实命题和价值命题的二分日益成为"文化上的建制",历史主义和脉络主义逐渐兴起，政治正当性的客观面向逐渐耗尽了所有的可能性。

时间来到19世纪末20世纪初，在韦伯的眼里，这是一个已经被彻底解魅、工具理性获得宰制性地位的现代世界，任何一个统治制度都试图建立并且培养人们对其正当性的信念，换言之，政治正当性的落脚处只可能是个体的"信念"或者"态度"。韦伯这种彻底放弃正当性之客观面向、对政治正当性做经验性而非规范性归纳的思路虽然暗合所谓的“时代精神”，却招致各方学者的批评，其中，哈贝马斯的指责最为一针见血，他说：“如果正当性信念被视为一种同真理没有内在联系的经验现象，那么，它的确定基础也就只有心理学意义。”[1]

政治正当性一旦彻底丧失客观面向的限制，只剩下心理学的基础，就可能沦为各种政治制度为粉饰太平而任意涂抹的“道德口红”，因为人民对于统治秩序之正当性的“肯认”，既可能建立在被统治者的真实信念之上，也可能“建立在对间接制裁的恐惧和服从，同时也建立在对个体无力感的体认和别无选择（即受到束缚的个人想象力）而造成的唯命是从上”。[2] 将政治正当性建立在个体的信念与态度之上，会把政治正当性降低到工具和策略的经验层面，从而丧失其规范性。更进一步的，一个能够解释太多现象的概念其实也就丧失了解释力。

哈贝马斯指出，“在当代社会学中，正当化概念的有用性是毋庸置疑的，它可以让我们根据正当性的形式和内容去区隔不同类型的正当性权威（在韦伯的意义上）。有争议的是正当化与真理之间的关系”。[3] 这种争议性突出地体现在两种截然不同的思路上：第一种思路主张正当性信念与真理无关，认为研究的对象就只剩下“证成根据的动机功能”（motivational function of

---

1　Habermas, *Legitimation Crisis*, 1975, p.97.

2　同上，p.96。

3　同上，p.97。

justificatory grounds)，其当代代表人物是尼克拉斯·卢曼（Niklas Luhmann）；第二种思路主张正当性信念与真理存在内在的联系，因此认为它们的动机功能不能脱离它们的“逻辑地位”单独加以考虑，也就是说，不能脱离可批判的合理动机要求，这一思路的主要代表人物是约翰内斯 · 温克尔曼（Johannes Winckelmann)。

以卢曼为代表的第一种思路认为，一种统治是正当的至少要满足以下两个条件：

> 1. 规范的秩序必须是被实证地建立的；
>
> 2. 那些受法律约束的人必须要相信它的合法性，也即相信立法和执法程序的形式正确性。

哈贝马斯认为，这样一来，“正当性信念就萎缩成合法性信念”。[1] 这是法律实证主义的逻辑后果，主张人为订立的法律只要符合某种既定的程序就具有正当性。可是，正如哈贝马斯所指出的，这种立法程序本身“就面临着正当化的压力”，为解决这个问题，所以还必须要满足第三个条件：

> 3. 这一形式程序的正当化能力的根据必须是被给予的

1 Habermas, *Legitimation Crisis*, 1975, p.97. 必须指出的是，在中译本中，译者误将此句译成“合法性信念就退缩成一种正当性信念”，这句译文之所以错误，是因为译者完全颠倒了 legitimacy 和 legality 的意思，由此也歪曲了哈贝马斯的真实用意。这个错误在本书作者看来是根本性的错误，必须加以更正。

（例如，国家权威的程序潜能是根据宪法建立起来的）。[1]

作为这个立场的代表人物，卢曼追随的是卡尔·施米特（Carl Schmitt）的决策主义的法律理论（decisionistic legal theory），这一派主张“实证法是通过决定而生效的”。换言之，“程序的形式规则足以作为决定的正当化前提，它们本身不需要进一步的正当化，因为在任何情况下它们都履行自己的功能，即消除不确定性。他们把所决定的对象的不确定性与某些决定本身所具有的确定性联系在了一起”。[2] 这种功能主义的观点把法律与道德视为两个分离的领域，主张从合法性本身就能够产生正当性，任何在正当性的实际信念和规范的有效性宣称背后去探讨可批判的有效性根据的企图都是无意义的。

第二种立场的代表人物是温克尔曼，他虽然也从法律实证主义出发，但却认为韦伯意义上的形式合理性不是正当性的充足根据——合法的信念不必然就能被正当化。温克尔曼认为，法律实证主义要求建立起基于价值合理性基础上的普遍共识。当且仅当在一定的制度环境条件下，特定的形式程序能够满足正义的实质主张（material claims of justice）时，合法性才能创造出正当性。因此，温克尔曼的结论是，哲学的工作就是去恢复传统的或者现

1 Habermas, *Legitimation Crisis*, 1975, p.98. 我们将在下一节指出，宪法本身仍旧是需要被“正当化”的，并且宪法与民主之间存在有分离甚至是矛盾之处，而哈贝马斯试图解决这一分离和矛盾。

2 Habermas, *Legitimation Crisis*, 1975, p.98.

代的自然法。[1]

对于上述两种针锋相对的立场，哈贝马斯一个都不支持。以施米特和卢曼为代表的决策主义法律理论的根本问题在于，他们认为法律规范的有效性能够建立在而且也只能建立在决策的基础上。但这种纯粹程序主义的想法会使正当性萎缩成合法性，从而丧失超验的或者道德的维度。因为人为订立的法律既可以是良法也可以是恶法，如果只有合法性这一维度，则纳粹德国订立的种族灭绝法也会因为它所具有的“形式合理性”而被冠上“合法性”乃至“正当性”的名义。因此，在自然法隐退、实证法“不再能从一种更高的法中获得自身的正当性（legitimacy）”[2]的今天，严格区分正当性与合法性之间的概念差异是极其重要的。稍显悖谬的是，施米特同样强烈主张区分正当性与合法性，但是由于他坚持政治神学的立场，认为唯有宗教才能赋予政治以正当性基础，宗教一旦与政治发生分离，政治生活背后的正当性问题就无异于被删除了。所以，对于施米特来说，虽然区分正当性与合法性是必要的，但是另一方面，既然政治的宗教基础已经无可挽回地失落了，现代政治的正当性就注定不复可得，各个具体的民族若想成为真正的政治存在，“就必须——即便只是在最极端的情况下（是否到了最极端的情况，仍须由自己来决断）——自行决断谁

1　Habermas, *Legitimation Crisis*, 1975, p.98.

2　Habermas, *The Inchusion of the Other*, 1998, p.254.

是敌人，谁是朋友”。[1]本书认为，这种从神学的绝望到决策主义的生存论政治思考隐含着最危险的虚无主义倾向，究其根本，其理论渊源仍旧与正当性的主观面向和客观面向的紧张直接相关。

温克尔曼同样正确地指出了正当性与合法性的区分，但哈贝马斯认为，温克尔曼不恰当地设置了哲学工作的任务，试图恢复传统的自然法或者现代的自然法，这种工作在后形而上学时代注定是不合时宜而且徒劳无功的。哈贝马斯认为，温克尔曼原本无须承担这么沉重的“证据上的负担”，诉诸我们在日常话语（包括实践话语）中的理性言语的根本规范就已经足够了。

因此，哈贝马斯的任务就是要同时回应上述两种立场，在坚持正当性与合法性的区分的同时，一方面反对决策主义的政治正当性概念，一方面不认同新亚里士多德主义者的工作[2]，不妄图复

1　施米特，《政治的概念》，转引自：刘小枫，《现代人及其敌人》，华夏出版社，2005，第 123 页。

2　1975 年 10 月，德国政治学联合会在杜伊斯堡举行会议，哈贝马斯发表题为“现代国家中的正当性问题”的报告，指出关于正当性的概念，除了以韦伯为代表的经验主义解释外，还有一种是规范主义的正当性概念，其代表人物多为新亚里士多德主义者，如汉娜·阿伦特、列奥·施特劳斯、里特尔（Joachim Ritter）、伽达默尔（Hans-Georg Gadamer）等人。哈贝马斯认为，亚里士多德的伦理学和政治理论如果不同物理学和形而上学相联系，是不可思议的。可是，在今天，这种形而上学的思维已经不再能轻易获得人们的信任，因此，上述新亚里士多德主义者的著作，大多没有系统的学说，仅仅是优秀的解释艺术，首先是用注释去暗示（而不是论证）古典著作中包含的真理。哈贝马斯认为，经验主义的正当性概念，虽然可以在社会科学中应用，但却不能让人满意，因为它放弃了公认的理由的系统论的重要性；而规范主义的正当性概念在这一点上虽然似乎让人满意，但是由于受到形而上学的束缚，是站不住脚的。参见：Jürgen Habermas, “Legitimation Problems in the Modern State”, in *Communication and the Evolution of Society*, 1979, pp.199-203.

兴已经无效的自然法传统。《正当性危机》发表于 1973 年，大约二十多年后，哈贝马斯以更为明确的方式指出，同时拒绝和狙击“道德实在论”以及“现代价值怀疑论”是他与罗尔斯共同面对的课题。[1]在我看来，这两个任务为当代政治哲学标定了基本方向，如果政治哲学仍然可为，那就只能沿着这条思路才可能获得兼具可欲性和可行性的理论成果。

哈贝马斯虽然同时批评卢曼与温克尔曼，不过就合法性与正当性、正当性与真理的关系而言，哈贝马斯更同情温克尔曼的立场，即认为在后形而上学时代，首先，正当性只可能来自合法性；其次，正当性必须要与真理而不是与纯粹的立法程序或者心理学意义上的信念存在内在关联。当然，问题的关键仍在于如何理解真理概念。

哈贝马斯称自己的正当性概念为“重建的正当性概念”。这一思路的出发点是：

命题“X 这条建议是正当的”与命题“X 这条建议符合普遍的（或曰公共的）利益”具有同等意义。这里的 X 可以是一种行动或者行动规范，也可以是一个行动规范系统（即我们所说的统治系统）。因此，“X 符合普遍利益”的意思是说：同 X 相联系的规范有效性的宣称被认为是有理据的。[2]

1　Habermas, *The Inchusion of the Other*,1998, p.79. 在这个任务的名单上，我们还可以加上希拉里·普特南等当代哲学家，尽管他们各自提出的解决方案有所不同，但目标却是惊人的一致。

2　Habermas, “Legitimation Problems in the Modern State”, in *Communication and the Evolution of Society*,1979, p.204.

哈贝马斯所说的“重建的正当性概念”有两个关键特点：

第一，正当的规范必须要符合人们真实而普遍的利益。如一些学者所指出的，这个论断表面看来无甚特殊之处，因为任何规范都会诉诸“普遍利益”来为自己辩护，即使是奴隶制，它也会强调自己是唯一符合普遍利益的制度。[1]但是，哈贝马斯特别指出，正因为所有“受其影响的人”在原则上都有机会参与审议，所以这种话语的“合理性”就确保了规范所体现的共同利益是没有欺骗性的：

> 利益之所以是共同的乃是因为，没有限制的共识只接受所有人都想要的东西；利益之所以是没有欺骗性的乃是因为，那些对需求的解释也必须成为话语意志的形成对象，在这个解释过程中，每个人都能找到他想要的东西。经过话语所形成的意志可以被称为是“理性的”，因为话语和审议状况的形式特点足以保证共识只会通过被适当解释的普遍利益所产生。[2]

第二，更为重要的是，正当的规范既不是主观任意的，也不是道德实在论意义的客观，而是建立在主体间通过沟通理性所达成的共识之上，这种共识具有认知意义的合理性，并内在地与真理相关：

1 汪行福，《通向话语民主之路》，四川人民出版社，2002，第 97 页。
2 Habermas, *Legitimation Crisis*, 1975, p.108.

> 规范的有效性宣称不是建立在订约各方的非理性的意志行动上，而是建立在理性驱动下的对规范的肯认上，这种规范是可以在任何时候被质疑的。规范的认知因素因此就不是限定在被规范的行动期待中的命题内容。规范有效性宣称是在假定（尽管这是反事实的）它能被话语补足——也即是建立在参与者通过论辩所达到的共识基础上——的意义上具有认知性的。[1]

在道德论辩中，“除了更好的论证（better argument），没有别的力量会被应用；结果，除了合作探求真理的动机，所有其他动机都被排除”。[2] 由此所达成的共识既不是个体意志的简单表达（如以投票为中心的合计式民主），也不是独白式的实践理性的自我立法（如康德主义），而是体现出一种理性与意志的融合，是谓“理性的意志”。在《真理论》（1972）中，哈贝马斯明确指出，这种在理想言说情境下获得的理性共识就是真理，并且这是知识论意义上的真理共识观。[3]

哈贝马斯不仅用正当性概念去评判具体的行动，更用它来评判具体行动背后所预设的整个规范系统，特别是现代法律体系。如果说政治过程是一个集体意志形成和集体意见形成的过程，那

1 Habermas, “Legitimation Problems in the Modern State”, in *Communication and the Evolution of Society*, 1979, p.105.

2 同上，p.108。

3 我们将在第七节“语用学但不是实用主义的真理观”中看到哈贝马斯后来修正了自己的这个观点。

么在现代社会里，法律就是架设在意见形成过程与政治决策之间的桥梁以及转译者。正如一些学者所指出的，法律赋予政治权力以权威，也即，它告诉我们谁有权威去做决定以及建立程序来控制权力，而这个根本的问题与法律的正当性究竟如何直接相关。[1]

法律要发挥社会整合作用，不仅需要借用强制力迫使受规范者服从它，更需要有正当性以使受规范者出于对法的尊敬而服从它。在传统社会或者政教合一的社会中，法律的概念是建立在一致和共享的理念、信仰及价值上的。在这样的社会中，法律的正当性来自元-社会制度（如上帝、天或诸神）。正是这种制度解决了事实性与有效性之间的紧张。在现代社会中，实证法虽然成为解决社会冲突和确保社会整合与统一的主要工具，但其自身的正当性却始终存在问题。哈贝马斯一方面认同合法性概念的必要性，认为这是“弥补随着传统的伦理生活的崩溃而出现的缺陷”[2]所必需的，但一方面又坚决批评韦伯式的法律实证主义观点，因为这样一来法之正当性就彻底遗失了。哈贝马斯认为，要想使“正当性来自合法性”这一“悖论式的现象”得到合理解释，就必须确保人民行使政治自主性的权利。[3]换言之，人民不只是作为法律的服从者，还应该作为法律的制定者和解释者的身份出现，这种“三位一体”的现象充分保证了公民的政治自主性的连贯一致，

1　Erik Oddvar Eriksen and Jarle Weigård, *Understanding Habermas*, London: Continuum, 2003, p.129.

2　Habermas, *Legitimation Crisis*, 1975, p.113.

3　Habermas, *Between Facts and Norms*, 1996, p.83.

唯其如此，人民才负有道德上的义务去服从法律，法律也因此拥有正当性。与此相反，现代的实证主义法律却只能以一种对立的形式出现，即法律的制定者（及解释者）和法律的服从者之间存在着对立和分离，进一步的，这种对立还体现在私人自主性和公共自主性，以及贡斯当（Benjamin Constant）所说的“古代人的自由”和“现代人的自由”的对立上。哈贝马斯试图重建现代实证主义法律的正当性基础，而这只可能“通过保障每个公民都具有自主性”而获得，在此过程中，私人自主性与公共自主性、个体权利与人民主权、古代人的自由和现代人的自由都是互为前提、相互依存、同本同源的。

由此可见，哈贝马斯最后想要达到的结论是，一方面，正当性只能产生自合法性——这是现代社会唯一可能的选择；另一方面，通过合法的立法程序所制定的法律与道德存在内在联系。在评述罗蒂的实用主义转向一文中，哈贝马斯一语道破了形而上学在今天的悖谬处境：“形而上学把哲学从软弱无力的后形而上学思想的贫瘠中解放出来的愿望，只可能是以后形而上学的方式才能实现。”[1]这种正当性产生于合法性的“悖论式现象”只可能发生在后形而上学时代的立宪主义民主国家之中。并且，哈贝马斯认为，这种民主形式既不是古典自由主义传统的代议制民主，也不是共和主义传统的直接民主，而是所谓的“审议民主”。

1　Habermas, “Richard Rorty’s Pragmatic Turn”, in *Rorty and His Critics*, edited by Robert B. Brandom, Malden, MA:Blackwell Publishers, 2000, p.33.

哈贝马斯重建正当性概念，不仅是为了回应、批评韦伯对“正当性”所做的“信念解释”，也是基于对民主理论中的自由主义进路（包括洛克式的自愿主义进路和康德式的理性主义进路）以及共和主义进路（以卢梭的直接民主为代表）的不满。作为一个善于汲取百家之长的集大成者，哈贝马斯志在利用“沟通理性”和“公共交往”来居中调停理性和意志的纷争，用“审议政治”（deliberative politics）模式来重新赋予立宪主义民主国家的政治原则和决策以正当性根据，并最终重建正当性和真理（规范或者客观性）之间的关系。

哈贝马斯的这个计划在以下意义上是康德主义的延续：它仍然试图把正当性的主观面向和客观面向统一在具有普遍意义的人类理性之上。哈贝马斯与康德的不同在于，康德的理性是认识论背景下先验主体“独白式”的实践理性，而哈贝马斯所主张的则是语言学转向后，后形而上学时代的交互主体间“对话式”的沟通理性。

立宪主义与民主

哈贝马斯和罗尔斯一样，在探讨正当性问题时都把问题域限定在立宪主义民主国家中的法的正当性。虽然在日常语言中，“立宪主义”与“民主”经常被不加区分地相提并论，但是无论在经验上还是在概念上，立宪主义国家与民主的关系都可以是分离的，更可能是矛盾的。

从经验上说，立宪主义国家与民主可以是完全分离的两个对象。哈贝马斯正确地指出，“由于政治统治总是以法律的形式体现出来的，所以在政治权力尚未受到立宪主义国家约束的地方仍然有法律秩序。而在统治权力尚未民主化的地方也同样存在立宪主义国家。简言之，在没有宪法制度的地方也可以有法律秩序的存在，而没有民主制度的地方也可以存在立宪主义国家”。[1] 一言以蔽之，法治、立宪主义以及民主这三个概念在经验上完全可以彼此独立存在，相互之间没有伴生和必然的关系。

从概念上看，立宪主义与民主更可能是矛盾的。大法官罗伯特·杰克逊（Justice Robert Jackson）有一段名言：“一部权利典章的真正目的，是要将若干主体从政治争辩的起落之中撤离出来，并将它们放在多数决与行政官员的范围之外，进而构成法院用以进行判决的司法原则。一个人的生命、自由、财产、言论自由、出版自由、宗教与集会自由以及其他基本权利，并不是交付投票来决定的；它们的存在并不依靠于投票的结果。”[2] 由于宪法的基本功能是将部分决定从民主过程中移开，因此有学者认为，从这个观点来说，“立宪主义在本质上是反民主的”，“立宪主义民主是两个对立概念的结合，是一组矛盾的修辞”。[3]

立宪主义与民主的分离与矛盾突出地体现在自由主义和激进民主（或曰共和主义）之间的矛盾。在自由主义理解的立宪主义

1 Habermas, *The Inchusion of the Other*,1998, p.253.
2 转引自：曾国祥，《宪政主义与民主的冲突》，人民民主主权会议论文，2004。
3 同上。

民主架构中，“一个人的生命、自由、财产、言论自由、出版自由、宗教与集会自由以及其他基本权利”之所以不能交付投票来决定，是因为这些基本权利的原始来源乃是“天赋人权”或者“自然法”。换句话说，也就是，人权优先于民主，划分权利的宪法地位优先于民主立法者的意志。自由主义者认为，个体意志的表达具有绝对优先的地位，私人利益之间的冲突不可调和，所以政治过程被理解成解决利益冲突的过程，民主制度被约减成扁平的投票制度和代议制，在这样的政治设计里面，策略行动不可避免地占据中心地位，民主的意见形成和意志形成仅仅表现为不同利益之间的相互妥协，无法实现所谓的共同善，只要能够通过公平的多数决程序的民主决策就是公平的和正当的。这一思路在 20 世纪初期和中叶成为民主思潮的主流，其中尤以熊彼特所倡导的精英式民主以及安东尼 · 唐斯（Anthony Downs）所倡导的经济式民主为代表。

与此相对应的是共和主义模式的民主理论，这种理论主张存在公共善与公意。人权是主权的人民意志的表达，划分权利的宪法产生于民主立法者的开明意志之中。[1]“根据共和主义的观点，人权之所以有正当性，乃是因为政治共同体所获得的伦理自我理解以及主权自决。”[2]

需要特别指出的是，康德虽然属于自由主义一脉，但在哈

1　Habermas, *Between Facts and Norms*,1996, p.472. 又见：Habermas,*The Inchusion of the Other*,1998, pp.258-259.

2　Habermas, *The Inchusion of the Other*,1998, p.258.

贝马斯看来，就立法者的自主性概念而言，作为自由主义者的康德却和卢梭更为接近，两者都把主权意志和实践理性统一在一起考虑，认为人民主权和人权是可以彼此相互解释的。尽管如此，哈贝马斯仍然认为他们对于人民主权和人权的同源性（co-originality）关系认识不够。

目前为止，哈贝马斯面临三难的境地：

第一，哈贝马斯认同自由主义者主张的“民主程序是正当性的源泉”的观点，但反对把集体目标完全还原为不同私人利益之间的妥协。此外，“人权优先于人民主权”所蕴含的“自然权利理论”同样不为哈贝马斯所接受。

第二，哈贝马斯欣赏共和主义对于公共自主性的强调，可是所谓“公意”（general will）不但在理论上存在诸多模糊之处，而且在现实中很可能被实体化成压制人权的暴政工具。此外，由于共和主义主张的自我理解和主权自决只能发生在特定的“伦理共同体”里面，所以共和主义者要想实现统一的人民主权，就必须以压制个别意志的异质性为代价，这与现代社会多元共生的异质特性格格不入。

最后，哈贝马斯认同政治决策的正当性基础在于理由的公共使用，但同时他也充分地意识到，康德的实践理性因其先验哲学的背景在今天已经缺乏足够的理论说服力。

面对这样一个多方掣肘的局面，如何扬长避短、博采众家之长，既保证立宪主义与民主之间的内在关联性，又保证人权和人民主权之间的同源性，这是哈贝马斯的主要任务。

哈贝马斯认为，在社会和意识形态多元化的脉络中，要想正确地回答上述问题，避免可能遭遇的疑难，就必须从话语理论的立场去看待民主和人民主权。这个想法在《事实与规范之间》被表述为著名的交谈原则（discourse principle）也即 D 原则：

> 只有对那些所有可能受其影响的人在作为理性对话的参与者时可能同意的行动规范才是有效的。[1]

由于 D 原则涉及的是所有的行动规范，所以它所表达的“规范有效性”并未具体化，它对于道德性和正当性之间的区别仍是中立的。为此，哈贝马斯区分交谈原则和民主原则，所谓民主原则，就是当交谈原则以法的形式出现的时候，它的定义是：

> 只有那些法律规则可以被称为是有正当性的，它们在以法律形式所建构的交谈性立法过程中能够得到所有公民的同意。[2]

在我看来，哈贝马斯的这一解决方案可谓是一举三得：

首先，因为对法的正当性的认可是通过充分的理性对话后才给出的，所以避免了洛克式自愿主义的问题——集体的意见形成和意志形成不再只是个体意志的简单聚集，而是经过充分的意见

1　Habermas, *Between Facts and Norms*,1996, p.107.

2　同上，p.110。

表达和理由交换后达成的共同意见。这个方案虽然仍旧继承了洛克式认可理论的精神，但已经从原子个体所表达的简单“认可”走向了交互主体间所达成的“共识”。

其次，因为法的正当性是所有受其影响的人都表示认可的，所以就坚持了公共自主性，也即卢梭意义的自主性概念。“一条法规之存在，仅仅是对于自己制定了它或同意了它的人来说的；对任何其他人来说，它是一道命令或指示。”[1] 一旦所有受其影响的人都参与了这条法规的制定，那么这条法规就不复为一道简单的命令或者指示了，而是具有了服从它的政治义务。另一方面，哈贝马斯的这个方案充分考虑和回应了现代社会价值多元主义和复杂性的挑战，避免了共和主义可能导致的同质化以及“伦理上的超载”（ethically overloaded）：人民主权是在一个自我分化的意见形成和意志形成过程的交谈条件下加以表达的，它并非与集体的价值或者公共的善相关联，而是与个体的权利、参与的程序、意见和意志的自由形成的可能性相关联。就此而言，它也保障了私人自主性。

最后，这种建立在交互主体之间的沟通理性既避免了康德式实践理性的先验哲学特质，同时又在某种程度上存留了康德主义者对普遍性的要求。

由此可见，哈贝马斯试图通过沟通理性和公共交谈来调和自由主义内部自愿主义与理性主义的矛盾，以及自由主义与共和主

1　Habermas, *Between Facts and Norms*, 1996, p.474.

义之间的矛盾。关于这一点，哈贝马斯在总结19世纪德国政治哲学家弗勒贝尔（Julius Fröbel）的观点时有相当明确的论述：

> 公共交谈必须在理性和意志之间、在所有人的意见形成和人民代表的多数主义意志形成之间进行协调。[1]

> 公共交谈是理性和意志之间的协调机构。[2]

综上所述，尽管在经验上立宪主义国家与民主可以是分离的，在概念上立宪主义国家与民主可能是矛盾的，但哈贝马斯却试图在规范的意义上建立起二者的内在联系。这个方案的可行性建立在哈贝马斯对私人自主性和公共自主性的同源性论证之上，以及对立宪主义民主国家和人民主权所做的程序主义理解之上。

行文至此，我们可以简单就哈贝马斯的法之正当性理论做一小结。哈贝马斯之所以将正当性的评价对象从国家／政府转移到法律上，原因之一在于现代社会所具有的多元异质特性。在后形而上学的多元社会里，国家不可能建立在厚版本的价值共识之上，法律由此成为国家实施正当化统治的唯一工具。同时，由于现代法律的基本特点是实证性，其正当性源泉无法诉诸神学或者形而上学的理论，而只能直接源自于法律形式本身，也即所谓的

1　Habermas, *Between Facts and Norms*, 1996, p.475.

2　同上，p.476。

“正当性来自合法性”。因此，哈贝马斯的主要任务就是要同时回应实证主义法学和价值相对主义的挑战。他的解决方案是通过民主原则把法之正当性与民主过程相联系，强调在立宪主义民主国家中，立法乃是个体意志通过理性交谈所达致的“理性的意志”，它既不是各种政治利益团体自由博弈的结果，也不是某些神秘或者神圣权威的意志表达。我们可以用哈贝马斯本人的话来做总结：

> 现代自然法理论一方面通过捍卫人民主权（popular sovereignty）的原则，一方面通过由人权保障的法治（rule of law），来回答正当性的问题。人民主权的原则是以确保公民的公共自主性的沟通权和参与权所体现出来的；法治则体现在那些确保社会成员的私人自主性的古典基本权利上。因此，法律是作为同等保护私人自主性和公共自主性的工具而获得正当性的。[1]

在面对价值多元主义的挑战时，罗尔斯与哈贝马斯虽然在具体战术上有所差异，但基本的战略意识却是惊人的相似，二者都希望通过划界来解决价值多元主义的难题：罗尔斯试图区分“非公共领域”（允许存在多元异质、彼此不可调和的整全性观点）与“公共领域”（人们可以就共享的正义概念建立起重叠的共识），哈贝马斯试图区分“伦理领域”（允许存在关于美好生活的相互

1　Habermas, *The Inchusion of the Other*,1998, p.258.

竞争的观点）与“道德领域”（可以应用严格的程序主义并且公平地达到普遍原则），其目的都在于把价值多元主义打入非政治的冷宫，将它驱逐出公共空间。目前看来，上述努力并未获得意想中的成功。就像桑德尔所说的，当我们考量当代有关肯认行动、收入分配、公平纳税、医疗保健、移民、同性恋者的权利、言论自由与恶语伤人、极刑等问题的争论，或者在宗教自由、言论自由、隐私权、选举权、控诉权等问题上的投票分化以及最高法院的不同意见，就会发现“能够称得上没有在正义问题上产生分歧的微乎其微”。[1]政治领域并不是一个可以与价值多元主义相分离的中立领域，现代民主社会不仅在道德与宗教上存在多元主义，而且在正义问题上同样存在着“合理的多元论事实”。[2]

哈贝马斯曾经批评罗尔斯的“公平式正义”是“实质的而非程序的”，但是他本人的程序主义民主理论也无法保证绝对意义的价值中立[3]，而必须预设一些“实质性”的因素，比如自由、平

1　Michael Sandel, *Liberalism and the Limits of Justice*, New York:Cambridge University Press, 1998, p.204.

2　关于公私领域的划分以及国家中立性的论题，政治哲学界中存在着极大的争议，限于篇幅，本书不拟对此进行分析。

3　埃里克·奥德弗·埃里克森（Erik Oddvar Eriksen）等人正确地指出，中立性原则在交谈伦理学中被运用的方式有别于自由主义。“在交谈伦理学中，这个原则自身不是道德上中立的原则，就它按照所有都拥有平等权利的原则被贯彻而言。结果，它排除了那些不符合这个原则的立场。进一步的，它并不指定在形式上平等地对待所有被容许的立场，就像在自由主义的中立性概念中，所达成的目的是各种倾向公平的聚合，各种倾向之间没有理性的方法去区别对待，所以所选择的策略就是去推卸有争议问题的公共论辩。（B. Ackerman, “Why Dialogue?”, in *The Journal of Philosophy*, 1989,86(5):5-22; Rawls, *Political Liberalism*, 1999.）中立性的话语理论原则只是说每个人都必须被平等地考虑和尊重，因此更好的论证就将取胜。国家的任务是去鼓励就有争议的论题进行理性论辩。（接下页注）

等公民之自主结合的自我立法。哈贝马斯把这种程序主义的民主的核心观念界定为平等权利和相互承认。[1]根据民主原则，只有那些在立法过程之公开论辩中被所有公民所同意的法律才具有正当性，而只有那些确保每个人最大程度的平等自由的法律才可能通过这一测试，这是确保民主决策之正义性的必要条件。除此之外，那些更具实质性的议题，比如，自由主义者所说的“一个人的生命、自由、财产、言论自由、出版自由、宗教与集会自由以及其他基本权利”，则要交付公民在立法过程中自行审议来确定。由此可见，尽管哈贝马斯从未自称自由主义者，也不愿过多承担自由主义意义上的“证据负担”，但是既然把平等权利和相互承认作为其程序主义的核心观念，则他与自由主义所具有的亲和性就已昭然若揭。

审议民主与民主正当性

哈贝马斯的理论直接刺激了审议民主理论的进一步发展，乔

(接上页注) 在话语理论版本中，差异不只是被容忍和接受，而且被视为理性论辩的条件。中立性和公平与确保沟通的相互尊重以及平等的条件有关系，而不是预先决定哪些东西被认为是有效的。(“K. Baynes, “Democracy and the Rechtsstaat: Habermas’ Faktizität und Geltung”, in *The Cambridge Companion to Habermas*, edited by S. White, Cambridge:Cambridge University Press, 1995, p. 223.) 这是法律程序与论证程序之间的互动，前者的任务是将平等的权利赋予所有人，后者则确保更好的论证取胜，并以此作为政治决定的有效性基础。” 参见：Erik Oddvar Eriksen and Jarle Weigård, *Understanding Habermas*, 2003, p.155.

1　参见：李俊增，《多元分歧与正当性》，《政治与社会哲学评论》，第 11 期，2004 年 12 月，第 92 页。

舒亚·科恩就直言不讳地表达了他和哈贝马斯的理论渊源：

自从写完了这篇文章的这一节的草稿之后，我读了埃尔斯特（1986）及曼宁（Benard Manning，1987），他们两个人都提出了极为相似的想法。尤其是埃尔斯特对公共审议的心理的处理这点上，特别是这个样子。……这个重叠可以从埃尔斯特、曼宁以及我都从哈贝马斯那里取得资源得到说明。[1]

根据科恩的总结，审议民主这个形式概念共有五个主要特征：

1．审议民主是一个持续进行的以及独立的联合体，其成员可以期待它在无限期的未来不断地进行下去；

2．对这个联合体中的成员来说，只有在平等的成员之间的自由审议才是正当性的基础；

3．审议民主是一个多元的联合体，成员关于他们自己的生活有着不同的倾向、确信和理想；

4．因为民主联合体中的成员把审议程序视为正当性的源泉，所以对他们来说，审议过程与民主决策结果之间的联系也是显而易见的；

1　Joshua Cohen, “Deliberation and Democratic Legitimacy”, in *The Good Polity*, edited by Alan Hamlin and Philip Pettit, Oxford: Basil Blackwell, 1989, p.33．译文参考：石元康，《两种民主与两种理性》，出自：许纪霖主编，《全球正义与文明对话》，江苏人民出版社，2004，第 295 页。

5. 在审议民主中，各成员之间要承认彼此具有审议的能力，也就是他们具有参与理由的公共交换的能力，以及按照这种公共理性所产生的结果进行行动的能力。[1]

科恩的观点只是一家之言，关于审议民主的严格定义以及理论架构目前也还没有达成具有高度共识的结论性意见。但是，几乎所有审议民主的理论家都会同意一点，那就是审议民主要比此前的各种民主类型更具有民主正当性。科恩指出，“当且仅当（民主决定的）结果是在平等的公民之间通过自由和理性的同意所得出的时候，它才具有民主的正当性”。[2] 詹姆斯 · 博曼和威廉 · 雷吉也表达了类似的观点：“宽泛地定义，审议民主指的是那种从公民的公共审议中产生出具有正当立法的观点。作为正当性的规范解释，审议民主唤醒了对理性的立法、参与型政治以及公民自治的理念。”[3] 而此前的那种“合计的”或者“以投票为中心的”民主规则越来越被视为不能履行民主正当性的规范要求。就像金里卡所说的，“通过合计的民主模式所产生的投票结果只具有最弱意义上的正当性。它提供了确定输赢的机制，但却没有提供旨在发展共识、塑造公共舆论甚或形成值得尊重的妥协的机制”。[4]

1 Joshua Cohen, “Deliberation and Democratic Legitimacy”, in *The Good Polity*, 1989, p.21.

2 同上，p.22。

3 James Bohman and William Rehg, eds, *Deliberative Democracy: Essays on Reason and Politics*, Cambridge, MA:The MIT Press,1997, IX.

4 威尔 · 金里卡，《当代政治哲学》，2004，第 523 页。

审议民主的出现，标志着对民主本性的理解从“经济型”走向“论坛型”(埃尔斯特)，从“以投票为中心”走向“以对话为中心”(金里卡)，从“个体利益和意见的简单合计”走向“集体利益和意见的转换与成型”，从主体哲学的“认可”走向主体间的“共识”。围绕着审议民主所产生的各种讨论正迅速成为当代民主理论的主流议题，由于本书篇幅以及主题所限，我们不可能对此做一一梳理。

在我看来，究其根本，审议民主尤其是哈贝马斯的审议政治理论若想获得真正成功，就必须解决两个最为基本的理论问题：第一，相对于工具理性而言，沟通理性的独立性与优先性是如何可能的？第二，通过沟通理性能够达成共识吗，这种共识的性质究竟是什么？这是两个具有根源性地位的问题，只要这两个问题没有得到根本解决，其他对审议民主的质疑哪怕说出了些什么道理，也都只是在隔靴搔痒。

沟通理性具有独立性与优先性吗？

在哈贝马斯看来，虽然沟通理性一直处于“被压制、被扭曲和被摧毁”的境遇，但是沟通理性的存在却是不言自明的事实。我完全同意这个判断，追问沟通理性或者沟通行动是否可能就如同追问知识是否可能一样荒谬。因此，发问的方式就必须转换为：“作为言语行动类型之一种的沟通行动是否可能？”说得更清楚一些，我们的问题是，在言语行动分类中，沟通行动能否取得与策略行动对等乃至优先的地位？唯当对上述的回答是肯定的时，我们才可以将沟通行动视为独立、稳定且具有自主性的言语行动类型之一种，并在此基础上发展沟通理性以对抗工具理性的挑战。

要区分以成功为导向的策略行动和以达致理解为导向的沟通行动，面临着两方面的问题：一方面，沟通行动常常被用作策略行动的手段，两者经常发生混淆；另一方面，并非所有以语言为中介的互动行动都是以达致理解为导向的行动的案例，也就是说，存在着许多非直接理解的言语行动。要克服上述两个困难，哈贝马斯认为，必须证明以下这个观点："在语言使用中，达到理解是原初的模式，而在此基础上的非直接理解以及对语言的工具化使用则是寄生的产物。"[1]

要想澄清哈贝马斯的这个观点，就必须援引奥斯丁的理论，尤其是他对以言行事行动（illocutionary acts）和以言取效行动（perlocutionary acts）的区分。

奥斯丁三分言语行动类型，除以言行事行动和以言取效行动外，还有以言表意行动（locutionary acts）。[2] 以言表意行动是陈述某个事态，比如"下雨了"；以言行事行动是通过陈述某事去做事，其公式是"通过说 X 我做 Y"（In saying X, I was doing Y），比如通过向你说对不起我对你道了歉；以言取效行动则是指，说

1　Jürgen Habermas, *The Theory of Communicative Action*, Vol.1, translated by Thomas McCarthy, London: Heinemann,1985, p.288.

2　J.L. Austin, *How to Do Things with Words*, Oxford: Oxford University Press, 1971, p.91.

话者在说了些什么后通常还能对听者、说者或者其他人产生相应的确定后果（certain consequential effects），以言取效行动的公式是“利用说 X 我做了 Y”（By saying X，I did Y）。奥斯丁虽然区分了三种基本的言语行动，但实际上他并不很关心这三种行动的严格界定，也不完全拘泥于三种行动的字面意思，而认为“In saying X，I was doing Y”和“By saying X，I did Y”这两个公式的区分并不可靠。[1]

奥斯丁的理论引发后人的许多争论，问题主要集中在两点，一是以言表意行动和以言行事行动的区分，二是以言行事行动与以言取效行动的区分。后一个区分与本书的论旨有直接关系，因为根据哈贝马斯的观点，沟通行动对应于以言行事行动，策略行动对应于以言取效行动，因此要想论证沟通行动的原初性，就得首先论证以言行事相对于以言取效的原初性。

奥斯丁认为，以言行事行动和以言取效行动的区分主要有三点：首先，以言行事行动是约定俗成的，而以言取效行动则不是约定俗成的；其次，以言行事行动可以通过明示的以言行事公式得以澄清，而对以言取效行动不能使用这个公式；再次，以言行事行动实质上仅仅是说话带来什么效果的问题，是实际上发生了什么的问题，而以言取效行动不是说话的效果问题。[2]

哈贝马斯在奥斯丁的理论基础上，将以言行事行动与以言取

1　Austin, *How to Do Things with Words*, 1971, p.130.

2　同上，p.103。

效行动之间的区分进一步扩展为四种标准：

1．在一个以言行事行动里，说话者只要求听者理解这个言语行动明白晓畅的内容，他没有任何超出内容意义以外的企图；而一个以言取效的行动则不然，说话者希望听者明白的不只是言语行动的内容，而是说话者本人的意图（intention），就此而言，以言取效行动等同于目的行动（teleological action）。[1]

2．一个以言行事行动要获得成功，我们完全可以从这个言语表达中推论出（成功的）条件；而一个以言取效行动是否成功，则无法从这个言语表达中推论得出（成功的条件）。[2]比如，我向你承诺从香港给你带化妆品，就其作为一个以言行事的例子而言，只要这句话符合有效性宣称的三个条件（规范正确性、命题真理性以及表达的真诚性）[3]，则其

1 Habermas, *The Theory of Communicative Action*, Vol.1, 1985, p.290.

2 同上，pp.290-291。

3 哈贝马斯在三个世界的划分基础上，在有效性的宣称以及布勒（Karl Bühler）的语用学功能的帮助下，把言语行动区分为以下四种类型：(1) 记事的。对应于客观世界的事态，是关于真理的宣称，其功能是用来表达事态的。例如，老师说："我向你保证窗子是开着的。"如果听者选择批评这个言语行动，就意味着对由说话者给出的关于真理宣称的批评。听者也许会接受这个关于真理的宣称，如果他认识到说话者有很好的理由宣称他的命题为真。(2) 表情的。对应于主观世界，是关于真诚性的宣称，用来表达说话者主观世界中的东西。例如，老师说："我希望窗子是开着的。"如果听者选择批评这个言语行动，就意味着对说话者的真诚性的批评。说话者可以接受这个关于真诚性的宣称，如果说话者能够向听者确保他的确是在意指他所说的东西。如果听者仍然怀疑说话者的真诚性，那么说话者就只能在他随后的一致性行为中来展示他的真诚性。(接下页注)

结果就是导致“我会从香港给你带化妆品”这样一个行动后果，你只需明白这个表达式的记事内容及其规范性后果，这个以言行事行动就算成功了；但是，就其为一个以言取效的例子而言，或许我说这句话原本是为了博你欢心，结果却是让你惴惴不安。

3．根据第2点，可以得出以下结论，即以言行事的结果和言语行动存在着约定俗成地调节的（conventionally regulated）关系或者说内在的（internal）关系，而以言取效行动的后果和所表达的意义的关系却是外在的，一个言语行动的可能的以言取效后果取决于偶然的脉络和情境，而不是如以言行事那样具有约定俗成的性质。[1]

(接上页注)(3)规范的。与社会世界相关，是关于正确性的宣称。这类言语行动是用来规整社会世界中的行动者的互动的。例如，老师说：“我请你打开窗子。”如果听者选择批评这个言语行动，他就是在挑战这个言语行动的规范正确性。听者也许会接受这个宣称，如果听者认识到使这个言语行动有效的规范脉络。(4)命令式。与客观世界相关，是关于权力的宣称。这类言语行动是说话者以听者必须如此这般的方式指称他所欲求的状态。例如，老师命令学生说：“开窗。”使听者接受这个言语行动的原因在于，说话者可以强迫听者去做，比如借助于惩罚。哈贝马斯特别指出，前三种类型的言语行动属于沟通行为，而后一种类型即命令式则是策略行为。在一个成功的沟通行动中，听者必须首先理解言语行动，然后还必须把这个言语行动作为有效的行为接受下来。这意味着听者可以根据有效性宣称中的命题内容为真性、真诚性和正确性来批评和控制这个言语行动。还举前面的例子：老师要求学生开窗，这时候老师有两种选择，或者采取沟通行动的方式，或者采取策略行动的方式。策略行动意味着，老师可以通过金钱诱惑或者强力来迫使学生开窗；而沟通行动则意味着，老师首先是以言语行动来协调行动，并且学生可以对老师让学生开窗这个命令的有效性进行评估。如果学生理解这个请求、认为它是有效的而且也开了窗，那么这个社会互动就是一种成功的沟通行动；相反，如果老师让学生开窗但双方没有达成相互的理解，则就是一个策略行动的例子，比如，老师可以威胁学生去开窗，而这时候强力就是使社会互动协调一致的手段。

1 Habermas, *The Theory of Communicative Action*, Vol.1,1985, pp.291-292.

4. 彼得·斯特劳森用别的区分标准来替代约定俗成这个标准。一个说话者，如果想使他的行动成功，就不应该暴露他的以言取效的目的；相反，要想达成以言行事的目的却只能把它表达出来。以言行事是被公开地表达出来的，以言取效则不太可能通过这种方式获得“承认”。[1]比如，在关于政治议题的公开论辩中，我们虽然很想达到自己的目的，但在诉诸论证的理由时却无法明言：“我支持这个政策是因为它符合我的利益。”相反，我们会言辞凿凿地告诉对方：“我支持这个政策是因为它符合你的利益或者大家的利益。”

比较奥斯丁和哈贝马斯的观点，我们发现，二者都认为以言行事与以言取效的核心差别在于，以言行事的言语行动与其结果存在“约定俗成”的关系，以言取效则不存在这种“约定俗成”的关系而是依赖于偶然的脉络。我将在后文论证指出，正是因为“约定俗成”与“偶然”之间的界限难以做出清晰区分，所以将直接导致以言行事行动和以言取效行动、沟通行动和策略行动之间的界限难以做出清晰区分。

通过区分以言行事行动和以言取效行动，哈贝马斯进一步区分策略行动和沟通行动，他说：“我把这些言语行动称为沟通行动，在其中，所有的参与者追求的是以言行事的目的，而且只追求以言行事的目的；另一方面，我把这些言语行动视作策略行动，在

1 Habermas, *The Theory of Communicative Action*, Vol.1,1985, p.292.

其中，至少有一方的参与者试图通过他的言语行动对对方造成以言取效的后果。”[1]

策略行动和沟通行动之间的区别对于形式语用学的发展非常重要，因为它表明，一个言语行动既可用于相互理解，也能用于策略性的目的。哈贝马斯批评奥斯丁没有发现这个重要的区别：

> 奥斯丁没有把这两个例子区分为不同类型的互动，因为他倾向于把沟通行动也就是达致理解的行动，等同于用言语行动协调的行动。他没有看到沟通行动或者言语行动可以用作其他行动的协调工具。“沟通的行动”（也就是用言语行动协调的行动）不能和我所介绍的“沟通行动”相混淆。[2]

对于哈贝马斯的上述观点，我想从两个方面探讨其得失：第一，以言行事行动与以言取效行动的划分是否成立；第二，沟通行动和策略行动谁更具有优先性。

如前所述，哈贝马斯与奥斯丁都认为，以言行事行动和以言取效行动的主要区别在于，以言行事行动与其结果之间存在着“约定俗成”的关系，而以言取效行动与其结果之间则不存在这样的关系，所以问题的关键集中在究竟什么是“约定俗成”的关系。如果哈贝马斯能够证成上述观点，那么他就可以反推出沟通行动

1　Habermas, *The Theory of Communicative Action*, Vol.1, 1985, p.295.

2　同上。

的确与策略行动存在界限分明的区别，并由此最终证成沟通理性与工具理性之间的区分。

究竟什么是“约定俗成”的关系呢？如果一个言语行动的效力保障来自稳定有效的外在社会规范或者强力，那么这个以言行事的言语行动和结果之间似乎就的确存在“约定俗成”的关系。比如，在加油站里，工作人员说“不准抽烟”，或在公共场合有人提醒说“不准吐痰”，此类言语行动的结果（一般而言）是抽烟者把烟掐了，吐痰者不再吐痰——但是这种约定俗成的关系不仅了无新意，而且由于它所依据的是外在的规范和强力而非理性论辩，所以无助于对沟通行动理论的澄清。哈贝马斯当然不会这么没有创意。相反，他认为，问题恰恰产生在以下情况：如果言语行动的权威性既不是直接地源于规范的社会力量（比如，在加油站里说“不准抽烟”或者在公共场合说“不准吐痰”这些与制度化相连的言语行动），也不属于偶然促使同意的潜能（比如，在表达意志的命令句中），那么言语行动是从哪里得到力量来调节互动行动的呢？[1]

哈贝马斯认为，在一个达成理解的沟通行动里，听者接受这个言语行动的过程可分为三个层面：(1) 听者了解了这个陈述，也就是说，他把握了陈述的字面意义；(2) 通过回答“是”或者“不是”，听者给出自己的立场；(3) 在达到一个已经获得同意的结果里，听者根据约定俗成的确定义务（conventionally fixed

---

1　Habermas, *The Theory of Communicative Action*, Vol.1, 1985, pp.296-297.

obligation）指导他的行动。[1]

为什么一个听者在没有外在规范的强制下，依然能够按约定俗成的方式行动，这种约定俗成的力量来自何方？这是一个问题。

以“窗子开着呢”这句话为例。

如果没头没脑地说一句“窗子开着呢”（就像早期语言哲学家讨论语义真理时所做的那样），它就是一个以言表意行动，或者说是一个记事性（constative）言语行动，表述的是“窗子开着”这么一个事态。

可是，在日常对话中，我们很少这么没头没脑地说话，否则我们就会被指责为“不可理喻”。设想一个场景，屋里都是人，我走进门突然说一句“窗子开着呢”，屋里的人肯定丈二和尚摸不着头脑，也正是在这个意义上，哈贝马斯说：“一般而言，对于记事性言语行动的意义后面并不跟随特殊的义务。”[2] 如果要想使这句看似没头没脑的话变得可以理喻，就必须引进情境（situation）这个概念作为补足，引进情境的结果不仅是使沟通行为得以成立，更主要的是，它使独白变成了对话，使原本是以言表意的行动成为以言行事的行动，我们可以设想如下几个场景：

场景 1：天气很凉，我走进屋说：“窗子开着呢！”

1　Habermas, *The Theory of Communicative Action*, Vol.1, 1985, p.297.

2　同上，pp.303-304。

这时候我的意思是最好把窗子关上，这显然是以言行事的范例。

场景2：天气很热，你想开空调，可是这时我说了一句："窗子开着呢。"

这时候我的意思也许是"窗子开着，如果你要开空调，先关上它"；也许是"窗子开着，已经够凉的了，就不用开空调了"。具体意思是什么，我实际想要导致的言语行动结果是什么，全凭当时的语境、对话双方的共同背景，以及听者对这句"窗子开着呢"所具有的字面意思和隐含意思的理解而定，这里虽然没有一定之规，但也绝非可以进行任意诠释——它仍然具有具体的规定性，只不过其强度不如哈贝马斯所说的约定俗成的"义务"——义务这个字眼约束力太强，我更愿意说成是"情境反应"。这种"情境反应"的力量不是来自外在规范的强制约束，而是日常语言以及生活世界。

事实上，对于场景2，我们还可以做进一步的构想：假定对话双方是一对夫妻，丈夫是说话者，妻子是听者，丈夫生性节俭，一向主张尽量少用空调以节约用电，两人此前曾为此多次口角，此时，当丈夫走进房间说"窗子开着呢！"就不仅意味着"窗子开着，已经够凉的了，就不用开空调了"，而且有通过这个言语行动谴责乃至激怒妻子的意思在其中："你怎么又在浪费电？"——在这个特定的情境里，"窗子开着呢"不仅是以言行事的言语行动，还是以言取效的言语行动，我们不难预见到随之而来的“情境反应”：夫妻将再次发生口角。

以上分析表明，某些言语行动后面的确伴随着“约定俗成”的结果，但却无法证明只有以言行事行动才具有这种约定俗成的结果。不仅如此，以上分析还突显出奥斯丁本人的一个困惑，即所谓以言表意、以言行事、以言取效的区分也许只是出于方法论上的方便而采取的权宜之计，因为所谓“约定俗成”的结果其边界本来就是模糊的。尽管在概念（逻辑）层面上，我们可以勉强加以区分，但是落实到经验层面，尤其是日常对话中，这三种言语行动方式相互渗透、彼此交织的例子却是比比皆是。对于哈贝马斯的沟通行动理论而言，要想使得沟通理性获得与工具理性对等的地位，就必须确保在逻辑层次和经验层次上的双重稳定性，否则难逃理想主义甚至乌托邦的指责。但是，正如我们所看到的，一句简单的“窗子开着呢”，既可以是在以言表意，也可以是在以言行事甚至是以言取效，遑论其他更为复杂的日常对话？

哈贝马斯或许会反驳说，以言行事的结果和言语行动之间存在的“约定俗成”的关系是一种内在关系，而以言取效行动的后果和所表达的意义的关系却是外在关系。换言之，以言取效的后果取决于偶然的情境，而不是像以言行事那样具有约定俗成的稳定联系。譬如，在上述例子中，夫妻之间因为“窗子开着呢”这句话而发生的争执就是在“偶然”的情境之下产生的后果。对此，我的回答是，既然我们都认同“语言的意义在于使用”，则情境或者脉络的引进就是无法避免的。而情境这个概念本身就包含着

“非普遍必然”也即“偶然”的意思在其中。事实上，在这个问题上，哈贝马斯本人的态度也是模棱两可的。在《沟通行动理论》第二部中，他引入生活世界作为沟通行动的补足概念，恰恰表明了这一点。我甚至认为，生活世界在沟通行动理论中的地位要比有效性宣称更为重要和基本。在语用学中，不仅脉络和情境是达成理解的必要因素，说话者的“意图”同样如此。否则，如哈贝马斯所说的，“在一个以言行事行为里，说话者只要求听者理解这个言语行动明白晓畅的内容，他没有任何超出内容意义以外的企图”，这样一来，就从语用学倒退回语义学了。

以上分析意在表明，在语用学的层面上，以言行事与以言取效即便能够在“形式”上进行区分，但在“经验”层次上却始终无法达到应有的稳定性。虽然这一点对于哈贝马斯的整体理论并不一定构成致命伤害，但却足以动摇其普遍语用学的可行性。

然而，哈贝马斯的理论宏旨却不仅是要指出沟通行动的独立性，他更要指出沟通行动（相对于策略行动）是更为原初和优先的言语行动。如前所述，哈贝马斯认为，“在语言使用中，达到理解是原初的模式，而在此基础上的非直接理解以及对语言的工具化使用则是寄生的产物”。[1] 他的论证思路是这样的：如果一个听者无法理解说话者的意思，则这个有着策略性目的的说话者就无法让这个听者按其所愿望的方式行事。在这个意义上，我们认为，那种“以结果为导向的语言使用”并不是语言的原初使用，

1　Habermas, *The Theory of Communicative Action*, Vol.1, 1985, p.288.

而是包含在以言行事的言语行动之中的。[1]这个论证相当简单，不过也非常有力，我们的确无法想象，如果听者连“窗子开着呢”这句话的字面意思是什么都未曾理解，怎么可能会有其后一系列的反应性行为。因此，当哈贝马斯得出结论说，策略行动（所谓非直接理解以及对语言的工具化使用）是沟通行动的寄生产物时，似乎也是顺理成章的。可是，如果我们换一个角度考虑，却可以得出几乎完全相反的结论：以达到理解为目的的沟通行动是策略行动的功能性的结构组成因素。作为目的性的动物，人们在日常交往过程中不只是为了理解而沟通，我们之所以要达成理解，正是因为我们需要通过理解来达成理解之外的其他目的。在这个意义上，沟通行动不仅难以作为一个自足的言语行动存在，而且是作为一种功能性因素附属于策略／目的行动，即使我们能够把它从策略行动中剥离出来，其稳定性也令人担忧，我甚至会认为它随时有滑落到策略行动的可能。换句话说，我认为，在哈贝马斯的理论中，沟通行动的发生缺乏充足的动机资源，哈贝马斯始终没有说明，在后形而上学时代，人们通过沟通行动追求的究竟是自我利益、他人利益还是群体利益，抑或什么利益都不追求，只是纯粹的坐而论道，以（知识性的）相互理解和（道德性的）相互关怀为目标？有趣的是，哈贝马斯曾经说过另外一番话：“语言是为理解而服务的沟通行动的媒介，可是行动者与他人达成一致理解是为了协调他们彼此的行动，为了追求他们特殊的目标。

1　Habermas, *The Theory of Communicative Action*, Vol.1, 1985, p.295.

在这个意义上，目的性的结构是所有行动概念的基础。”[1] 这段话显示出哈贝马斯本人对沟通行动独立性地位的摇摆态度。看来不仅沟通行动和策略行动的区分有待进一步的澄清，而且退一步说，即使承认沟通行动和策略行动之间界限分明，它们二者谁更原初在哈贝马斯这里也是语多含糊。如果这个根本性的问题尚处于含糊和争议状态，则哈贝马斯的整体理论的有效性就颇值得怀疑。[2]

沟通行动的可能后果：了解、理解与共识

审议民主成功与否的另一关键是，通过沟通行动能够达成“相互理解”或者“共识”吗？

所谓沟通行动，按照哈贝马斯的解释，就是导向达致理解（oriented to reaching understanding）的言语行动。哈贝马斯从三个层面来解释“达致理解”这个概念：(1) 在最低限度上，对话双方至少以同样的方式了解（understand）字面表达的意思；(2) 要理解（understand）说话人想通过这个言说做什么事情，听者就得知道在什么条件下这个行动是可以被接受的；(3) 当听者接受一个言语行动时，说话者和听者是在三个方面达成了同意：规范正确性、命题真理性以及表达的真诚性。[3]

1 Habermas, *The Theory of Communicative Action*, Vol.1, 1985, p.101.

2 本节内容摘自拙文《沟通行动具备独立性与优先性吗？》，出自：《求是学刊》，2005 (2)。

3 Habermas, *The Theory of Communicative Action*, Vol.1, 1985, p.307.

我把第一层面的"understand"翻译成"了解"，把第二层面的"understand"翻译成"理解"，是因为从义理上说，沟通行动理论要达到的目的是相互"理解"而非相互"了解"。虽然对应于中文的"理解"与"了解"，英文统统用"understand"表达，但凭着我们的语言直觉，二者存在显而易见的义理差别。在日常对话中，我们说"理解万岁"不说"了解万岁"，说"因了解而分手"不说"因理解而分手"，粗粗看来，似乎没有道理可言，但是仔细琢磨就会发现这里其实蕴含着我们对于世界的理解模式。

张三和李四离婚，作为朋友，我们当然要询问究竟。张三掰着手指给我说了一二三点理由以及种种前因后果是是非非，我"了解"到足够的信息，可是依然不"理解"：为什么就非得离婚不可呢？——我还是无法在这些信息之间建立起一个有效的关联(这种关联不是因果性的或者形式逻辑的，而是一种生活逻辑)。可是对于另一个人来说，也许张三刚刚列举了一个理由，他就理解了：没错，是得离婚，尽管他了解的信息还没我多，可是仅有的信息已经足够让他建构起一种逻辑。在这里，我想说的是，理解是一种带有亲和性的建构能力，理解者建立信息与信息之间的勾连，在追寻被理解者的逻辑与思路时驾轻就熟，对一个有理解力（恰当的说法也许是，对一个在某件事情上有理解力）的人，也许你只说出若干个信息，他便理解了，在此意义上，理解所基于的共同背景(background)和深层情绪(deep mood)要深广许多；而了解则不然，多数情况下，了解只是对信息做量上的掌握，在这个意义上它是平面的。

分析至此，我们可以达到以下两个初步的结论：

第一，虽然在理解与同意之间仍旧不能直接画上等号，但是这两个概念之间存在某种亲和性却已是昭然若揭。事实上，哈贝马斯的观点比这要强许多，他说，“达致理解被认作在言说和行动的主体之间达成同意的过程。”[1]

第二，理解的达致与对话双方对共同背景的定义以及深层情绪的共享程度关系密切。对此，哈贝马斯反复谈到，为了理解一个沟通行动的表达，解释者就必须熟悉它的有效性条件，知道在什么条件下这个表达是可以被接受的。换句话说，听者“能够理解沟通行动的意义，唯当这些沟通行动是深嵌在以达致理解为导向的行动的脉络之中的”[2]，这正是后期维特根斯坦意义理论的出发点以及主要洞见所在。从这条思路出发，哈贝马斯将生活世界作为沟通行动理论的补足概念引了进来。我们将在下一节着重讨论这个问题。

1　Habermas, *The Theory of Communicative Action*, Vol.1, 1985, pp.286-287.

2　同上，p. 115。罗尔斯在论述理据(justification)的时候有一段表述可作为旁证：“证明是说给持有不同意见的人听的，或者是当我们犹豫不决的时候给自己的论述。证明假定了人与人之间或我们自身的内在意见存在冲突，而寻求去说服他人或我们自身关于我们的要求和判断所建基其上的原则的合理性。证明是被设计来用理性调解‘不同意见’的，它首先是由参与讨论的各方所共同接受的意见开始的。理想化地说，向一个人证成一种正义观，就是提供给他一个从我们都接受的前提出发得出的原则——这些原则进一步地又产生出许多符合我们深思熟虑判断的结论——的证据。所以，纯粹的证据本身还不是证明。一个证据只是展示出不同命题之间的逻辑关系。只有当起点得到相互承认的时候，或者结论是如此的整全和诱人以至说服我们接受由他们的前提所表达的观念的合理性时，证据才成其为证明。”参见：Rawls, *A Theory of Justice*, 1971, pp.580-581.

理解与同意的关系既是哈贝马斯沟通行动理论的主旨所在，也是聚讼纷纭的焦点所在，关于这一点，我将从三个方面做进一步的引申与探讨。

第一，“达致理解是主体之间达成同意的过程”。单就理解与同意的关系看，这句话似乎在说理解是为同意而服务的工具。这么说对理解稍显不公。因为有时候理解所包含的意蕴远比同意丰富，我们甚至可以说它本身就是一种终极性、目的性的东西。[1] 事实上，正是因为人们不肯用心去实实在在地相互理解，而是对同意不同意给予太多关注，所以人们才到处签协议。人们想生活在表面上，摆脱深度的纠缠，可纠缠不肯摆脱人们。所以，如果在政治过程中把焦点过多地放在同意而非理解上，不仅会对多样性、个体性以及合理的歧见造成压迫，而且最终会使我们错失理解本身。与此相对，如果仅有理解但不同意，同样也无助于建立一个健康的政治生态。

第二，对于上述反驳，哈贝马斯也许会立刻做出回应：我所说的理解就是同意，因此不存在因为同意而错失理解的情况，因为二者原本就是二而一、一而二的。的确，我们很难想象一个人同意另一个人却对后者毫无理解，可与此同时，我们也发现“理

1　陈嘉映对此有一段相当精彩的论述，他说：“理解本身就是一种终极的东西。在深重的生活中，理解要比同意重要多了。我甚至想说，同意是平面的，理解是历史-纵深的（当然有好多维度的理解）。……你不能无动于衷地理解……当你理解一个朋友的奇特行动时（只有特立独行才需要理解），理解他的‘不得不’的时候，你就不只是在那里，更不只是仍然在自己这里，你被一种命运的东西打动。同意在这里就显得有点轻飘飘了。”摘自陈嘉映与本书作者的私人通信。

解但不同意”（或者接受）的情况同样比比皆是。如赵汀阳所说：“我们经常听见这样的说法：‘是的，我完全理解你，但是……’这是‘理解但不接受’的基本句法。”[1]

造成理解但不同意（接受）的主要原因在于理由与动机之间的差异：尽管我有充分的理由去理解你，但是基于我的情感、价值与喜好，我却没有充足的动机去接受你。在这个意义上，哈贝马斯的交谈伦理学虽然旨在协调洛克式的自愿主义与康德式的自愿主义并最终达成所谓的“理性的意志”，但是他对理解的非认识因素仍然重视不够，仍旧没能在理性与情感之间建立起桥梁，未能克服理由和动机之间的分离。

哈贝马斯在分析“通过沟通行动达成共识”时所采取的工作方法乃是“先验论证”(transcendental argument)。所谓先验论证，简单说就是“找出预设（presupposition）的工作”[2]。在哈贝马斯的沟通行动理论里，当“对话双方对一个沟通性的表达达成一致意见”时，必然要满足以下三个有效性宣称：规范正确性、命题真理性以及表达的真诚性。换言之，这三种有效性宣称可以说是“通过沟通行动达成一致意见或共识”的必要条件。可是问题在于，先验方法仅仅是“反思性”的方法而不是“生产性”的方法，先验方法“根本就不能生产通常意义上的知识”。通过先验方法

1　赵汀阳，《理解与接受》，2001 年英国 SOAS“差别与对话”国际论文、2001 年欧盟“跨文化对话与互惠知识”国际会议论文。感谢作者惠赠论文电子版。

2　石元康，《两种民主与两种理性》，出自：许纪霖主编，《全球正义与文明对话》，2004。

所找出的必要条件只能告诉我们“什么是和什么不是知识的必要基础”[1]，却无法保证一旦拥有这些条件就必定会推演出如此这般的知识。或许对哈贝马斯来说，他自我预期的任务只是在形式上找到达成理性共识所需的“必要条件”，至于人们在现实的沟通活动中最终是否能够达成共识、如何达成共识以及达成什么共识，在他看来不是哲学家所关心的问题，而应该交给大众自己去回答。因为在现实的公共交谈中，哪些条件最终构成了达成共识的“充分条件”也许永远都没有最终答案，它向所有可能性开放。在这个意义上，政治哲学思考永远都替代不了现实的政治过程。

第三，哈贝马斯并不天真地认为所有论题都可以通过沟通行动达成相互理解乃至共识，就像罗尔斯也不认为公共理由可以运用到所有的政治论题。有一些论题将注定无法达成共识，如果这时又面临必须在一定时间内做出政治决定的压力时，妥协就是必要的，多数决原则也将发挥重要作用。在这个意义上，几乎没有一个审议民主理论家会彻底否定多数决原则，它与公共交谈并不是非此即彼的对立关系，而是相互补充的关系。对此，埃米·古特曼和丹尼斯·汤普森坦承：“承认多数决的限制并不意味着否定多数决在商议式视野里仍占有重要地位，相反的，程序对于道德冲突的和平解决是必要的，还没有人曾提议出一种比多数决（及其各种变种）更能被一般的证成的决策程序。”[2]

1　石元康，《两种民主与两种理性》，《全球正义与文明对话》，2004。

2　Amy Gutmann and Dennis Thompson, *Democracy and Disagreement*, Cambridge, MA: The Belknap Press of Harvard University Press, 1996, p.31.

如果沟通行动相对于策略行动的独立性和优先性是可疑的，并且人们只可能在有限的论题上通过沟通行动达成理性共识，那么民主的审议模式就不可能彻底取代民主的合计模式，而只能是对后者的一种补充和修正。只要政治过程的目的是为了形成集体意志和集体意见并最终形成集体行动，只要政治领域仍旧是利益和兴趣相互混战的战场，合计式的民主模式就仍然具有不可取代的地位，因为现实的政治环境既不能满足理想的言说情境，参与其间的人们也不可能像哲学家那样无限期地理性辩论下去，通过一定的决策程序（比如投票）来做出政治决定仍旧是不二之选。我们不可能在所有的政治论题上达成全体一致的意见，除非使用欺骗或者暴政，我们也不应该希望在所有的政治论题上达成全体一致的意见，因为这是对人类生活方式丰富性和多样性的一种伤害。

虽然审议民主理论家希望在多数论题上最终达成理性共识，但在这个目的难以实现的情况下，他们其实大可满足于让各种声音得以充分的发表并被倾听，因为许多研究业已表明，只要公民认为自己的论断和理由已经获得了公平倾听的机会，并且他人认真考虑了他们不得不表达的内容，那么即使最后的集体决定对他们不利，公民也会承认其正当性。[1] 所以，重点不在于最后是否达成了理性共识，而在于让每一个受影响的公民都有机会参与表达、聆听与对话。并且我要强调的是，无论这个表达、聆听以及

1　参见：金里卡，《当代政治哲学》，2004，第 523 页。

对话的过程有多长，它都是为了做出集体决定这个最终目的服务的，因此即便最后的投票行为被约减到最小值，那也是最重要的最小值。

西方哲学一向有轻视公共事务领域的传统，康德在对政治事务进行深入思考之后得出结论：甚至一帮魔鬼只要足够精明也能够解决政治问题，这个结论的确有些令人沮丧。而审议民主的提出正是为了在政治领域中重建人类的理性与尊严，正如一些学者所指出的，审议民主企图为民主的未来筑梦，它是“民主想象的继续展开而非民主现状的描绘”[1]。而我更愿意把审议民主比喻成一面明镜，以审议民主为镜，可以知合计民主之是非得失，它时刻提醒我们在纠缠于利益纠葛、权力纷争和各种压迫关系的政治模式之外，还有另一种可能性存在，审议民主给滞留在现实政治中的人们（这种滞留也许永无时限）以希望，尽管这个希望看似遥不可及。

作为沟通行动补足概念的生活世界

哈贝马斯将沟通行动定义为以达致理解为导向的行动。所谓达致理解，意味着沟通行动的参与者对表达的有效性达成同意；而所谓同意，就是对说话者给出的三种有效性宣称达成主体间的

1　许国贤，《商议式民主与民主想象》，《政治科学论丛》，2001(13)：73。

认同。[1]

但是，根据日常经验可知，为了达成共同理解与同意，参与者除了必须满足三种有效性宣称，还必须不断地对自身所处的情境做出修正、探讨和共同定义。哈贝马斯举例说，在某建筑工地上，一位年长的建筑工人差遣初来乍到的年轻工人去取啤酒，告诉他手脚要麻利些，在几分钟内就回来。假定在这个例子里面，年轻工人对于年长工人的言语行动进行有效性评估之后，认为它满足上述列举的三种有效性宣称，除此之外，他还要对行动的时间情境（即将到来的小憩）和空间情境（从工地到最近的商店之间的距离）进行评估和考量。很显然，年轻工人是可以对这些情境进行质疑和商榷的，比如假定最近的商店离工地很远，步行几分钟是无法到达的，也就是说，那个年长工人的行动计划——至少在特定条件下——只有在汽车（或者其他交通工具）的帮助下才能实现，那么年轻工人也许就可以回答说："但是我没有车。"

除了时间情境以及空间情境外，和这个行动相关的（relevant）情境还有很多，比如，年轻工人的鞋子是否破了，商店当时是否营业，是否可以搞到一辆车代步，等等。相反，以下这些事实对于给定的情境则是不相关的（irrelevant），比如，该年轻工人是一个没有社会保障的外来打工者，工人甲不喜欢喝啤酒，等等。但是，"相关"与"不相关"的界限并非绝对，假设年轻工人在取啤酒的路上遭遇车祸，则他没有社会保障这个事实就成了相关

1 Habermas, *The Theory of Communicative Action*, Vol.2, 1987, p.120.

的事实。在各个具体不同的情况下，随着论题的转化，相关的情境也发生转换。哈贝马斯由此引进胡塞尔的视域（horizon）概念——视域根据人的立场而转变，随着人对边界的穿越而扩展或者缩小。

通过对沟通行动的情境与背景的分析，哈贝马斯认为，所谓情境就是“具有相关性的生活世界脉络（lifeworld contexts of relevance）的那一部分……”[1]，情境反映的是“限制在某一主题中的生活世界的一部分”。[2]

结合哈贝马斯对现象学传统的生活世界的批评与借鉴，我把“作为沟通行动脉络的生活世界”的主要特征总结为以下几点：

> 1．生活世界是以一种理所当然的、前理解的模式被给予沟通行动的主体的。生活世界总是保持在背景之中。它是“我的日常经验的没有问题的根据以及没有问题的构架，我所有要处理的问题都坐落于此”。[3]
>
> 2．生活世界的这种确定性，归因于在语言中达成相互理解的交互主体的先天社会建构。哈贝马斯在这里特别指出两点，一是语言作为主体际相互沟通的媒介的重要性和优先性，二是强调生活世界首先不是个人私己的世界，而是交互主体的世界。“集体中的成员把他们自己视为以第一人称

1 Habermas, *The Theory of Communicative Action*, Vol.2, 1987, p.122.
2 同上，p.127。
3 同上，p.131。

复数的方式属于这个生活世界，其方式类似于个体言说者把他自己归属于主观世界”[1]，换言之，就像对于个人主观世界，“我”具有优先性一样，对生活世界而言，“我们”具有优先性。

3．为了达致理解，沟通行动的参与者共同定义的情境必须有相当程度的重叠，为此目的，参与者就得不停地对使理解可能的情境进行定义和谈判，也就是哈贝马斯所说的“补足工作”。

4．生活世界对整体性的修订具有免疫能力。具体的情境可以发生变化，但是生活世界的界限却不能够被超越。生活世界构成一个背景（setting），在其中，情境化的视域转化、扩张或者收缩。生活世界对脉络划界，但它本身则是无界的。

5．生活世界的概念与通常所说的世界–概念（the world-concepts）不同。形式化的世界–概念指涉的是具体的事实、规范和经验，也就是客观世界、主观世界和社会世界这三个世界中的某物。而生活世界却不是这些可以被具身的某物，生活世界是交互主体达成可能理解的基础。也就是说，生活世界是使说者和听者相遇的先验场所（transcendental site）。[2]

6．这种原本作为先验场所而存在的生活世界一旦被专题化，就丧失了不成问题的被给予性的特点。这里存在着一

---

1 Habermas, *The Theory of Communicative Action*, Vol.2, 1987, p.131.

2 同上，p.126。

个悖论：一方面，对成员而言，生活世界是一个无法被识破而且在原则上无法被穷尽的脉络；但是另一方面，在由认知-工具理性所处理的外在自然领域（也即客观世界）中，对生活世界无可置疑性的揭穿（explosion）却几乎是不可避免的，哈贝马斯甚至认为，即使是在那些极具整合能力的、有规范调整的互动领域（也即社会世界）中，从生活世界的背景中脱离出去的趋势也是不可避免的。现代社会的病症或者问题正在于，曾经是理所当然、不成问题的生活世界不断地脱落成专题化的意见以及成问题的观点。

站在语用学的立场上，我们发现，保持在背景之中的生活世界其不容置疑性针对的是行动中的主体而不是反思（reflective）的主体或者冥想（meditative）的主体。比方说，坐在火炉边沉思的笛卡尔可以怀疑一切，但是千里迢迢赶赴瑞典去接受女王召见的笛卡尔则不能怀疑一切，因为匆忙赶路的笛卡尔这时候必然预设了道路是不会突然塌陷的，这个确信也许没有成为他的意识，但却是使他赶路这个行动得以可能的条件。

维特根斯坦在《论确实性》中说道："如果我做实验，我就不怀疑我眼前的仪器的存在。我有很多怀疑，但是不怀疑这件事。如果我进行计算，我就毫无疑问地相信纸上的数字不会转换，我也一直信赖我的记忆力并且毫无保留地信赖它。"[1] 如果说怀疑主

1　Wittgenstein, *On Certainty*, 1969, p.43e.

义者的立论是“一切都是可怀疑的”，那么维特根斯坦的说法则要更深一层：“如果你想怀疑一切，你就什么也不能怀疑。怀疑这种游戏本身就预先假定了确定性。”[1] 特别是在日常实践和行动中，人们只怀疑该怀疑的，人们不“乱”怀疑，如果那些本来无须怀疑的东西变得可疑，比如盛大节日的安全、行人指路的可靠，乃至道路会不会塌陷、数字会不会自动转换等，生活由此寸步难行。因此，即便我们可以在知识论的意义上怀疑一切，可是在日常实践和行动过程中，我们却无法有意义地怀疑一切。知识论上的难题对于一个具体的人生在世的境遇来说常常是个伪问题。

对于处在“反思态度”或者“冥想状态”的主体来说，在逻辑上找到使命题“p”失去效力的理由和证据可以是无穷无尽的，但是对于处在行动中的现实个体来说，在日常实践中寻找理由根据却终有个尽头：

> “我出生在浙江。”
> “你怎么知道你出生在浙江？”
> “因为我妈告诉我的。”
> “你妈为什么不可能欺骗你呢？”
> “……”

我妈当然有可能欺骗我，但是就这件事情而言，我妈欺骗我

1　Wittgenstein, *On Certainty*, 1969, p.18e.

的概率微乎其微，换言之，即使它是一个可能的逻辑选择，那也是在正常情境中不相关的可能选择（irrelevant alternatives）。在这里，我们很快就遇到了维特根斯坦所说的“河床”。因此，重要的不是在逻辑上我们有可能找到使“p”失去效力的理由和证据，而是在具体的日常实践中找到使“p”失去效力的具有相关性的理由和证据。

哈贝马斯引进生活世界是为了作为沟通行动的补足概念，但是从理路上讲，生活世界和情境对于共识的形成不仅仅是辅助性的而且是决定性的，它既是共识所以可能的前提和基础，也是共识形成之后重新返回的母体。我甚至认为，随着哈贝马斯对生活世界和情境的日益强调和重视，其作用已经超越了沟通行动本身，恰如维特根斯坦在《哲学研究》中所指出的，为了达成意见一致就必须首先要在生活形式上达成一致意见：“‘所以你是说人类的一致决定何为真、何为假？’人们所说的内容有真有假；他们达成一致的是所使用的语言。这不是意见的一致而是生活形式的一致。”[1] 对意见的一致建立在对语言使用乃至生活形式的一致上，我们将会在下一节看到，这种对于生活世界和生活形式的强调最终导致哈贝马斯放弃“真理共识理论”而采用“真理的去除疑虑论”。

1　Ludwig Wittgenstein, *Philosophical Investigation*, translated by G.E.M.Anscombe, Oxford: Basil Blackwell, 1953, p.88e.

语用学但不是实用主义的真理观

通过沟通行动所达致的“相互理解”以及“共识”究竟只是权宜之计（modus vivendi），还是具有某种确定性和客观性，乃至可以被冠以“道德正确性”（moral rightness）和“真理”的头衔？在审议民主或者普泛的民主理论乃至人文社会学科里，真理概念以及道德正确性这样的类真理概念（truth-analogy concepts）到底是应该被放弃的冗余概念，还是使沟通行动得以可能的必要预设乃至归宿？这一系列的问题直接关涉到本书所探讨的正当性主题，因为一旦共识等同于（无论在什么意义上）真理，那么久已失落的正当性之客观面向就将卷土重来，它将确保在政治审议过程中所达成的共识具有普遍约束力。

我们在第六章曾经区分过两个命题：

1. 因为它是在理性上被所有人所接受的，所以它是真的（或者正确的）。

2. 因为根据某些独立的真的（或者正确的）标准，所以它被所有人合理地接受。

毫无疑问，哈贝马斯会更倾向于接受命题1而拒绝命题2，因为后者仍旧预设了形而上学实在论的立场，而前者在拒斥形而上学实在论的同时又避免了相对主义。如何在后形而上学的背景前提下重建一个具有确定性的道德领域，这是卡尔-奥托·阿佩尔、哈贝马斯之道德理论要回答的问题，二者都认为实践有效性（道德正确性）和理论有效性（真理）只可能通过交谈理性或者沟通理性得到兑现和理解。按照哈贝马斯的一贯思路，我们可以把命题 1 更精确地表述为，如果一个陈述在“理想的言说情境”下被所有参与讨论的人通过理性论辩达成了一致意见，则意味着这个陈述具有“合理的可主张性”。由于一个陈述既可以是关于物理世界的断言，也可以是关于社会世界的规范性主张，或者是关于主体世界的态度表达，所以当人们就这个陈述达成一致意见时，就可能是分别或者同时兑现了三种不同的有效性宣称：命题真理性、规范正确性或者表达的真诚性。其中，真理宣称在哈贝马斯的交谈伦理学中占据典范性的地位，而另外两个有效性宣称（正确性和真诚性）则是通过与真理的模拟被引进来的。[1]

在早期发表的《真理论》中，哈贝马斯一度主张“真理共识理论”，认为“合理的可主张性”就等同于知识论意义上的“真理”和“正确性”。这种“真理共识理论”或者说“真理的交谈理论”一直延续到哈贝马斯 20 世纪 90 年代中后期的著作。不过，在认真思考大量的批评意见之后，哈贝马斯逐渐意识到把理想条件下

1　Jürgen Habermas, *Postmetaphysical Thinking*, translated by William Mark Hohengarten, Cambridge, MA: The MIT Press, 1992, p.75．关于有效性宣称的分析，可参见：Joseph Heath, “What Is a Validity Claims?”, in *Jürgen Habermas*, Vol.4, edited by David M.Rasmussen and James Swindal, London:Sage Publications, 2002, pp.285-302.

的“合理的可主张性”等同于知识论意义的“真理”是成问题的。[1]

在2003年出版的《真理与证成》一书的英文本导言中，哈贝马斯如是说道：

> 这种把真理理解成真理宣称的交谈性兑现的程序性概念是反直觉的，因为真理显然不等于“成功的概念”。可以肯定的是，对我们来说，只要还停留在交谈的层面，则在真理和证成之间就存在无法避免的知识论关联。但是，我同时也开始确信［通过与阿尔布莱希特·维尔默（Albrecht Wellmer）和克里斯蒂娜·娜丰（Cristina Lafont）的讨论］，这并不等于说在理想的条件下，真理与合理的可主张性之间存在概念上的关联。否则的话，我们就不能把真理视为命题之“不可丧失”的特性。（因为）即使是在此时此地使我无法抗拒地确信“p”的真理性的论证在其他的知识论脉络里仍可能被证明是错误的。在语用学上，“无法抗拒的”理由并不等于在逻辑有效性上的“强制性”理由。[2]

哈贝马斯在这段陈述中明确表达了自己的担心，根据定义，“真理”要求一种绝对的“无条件性”，也即所谓的脉络独立

1 Jürgen Habermas, *A Berlin Republic: Writings on Germany*, translated by Steven Rendall, Lincoln, Nebraska: University of Nebraska Press,1997, p.148; Jürgen Habermas, *Truth and Justification*, translated by Barbara Fultner, Cambridge, MA: The MIT Press, 2003, Introduction.

2 Habermas, *Truth and Justification*, 2003, p.38.

性（context-independence）；相反，“合理的可主张性”却必定是依赖于脉络（context-dependence）的，它虽然具有某种程度的确定性，但却不是“一朝成真、永远为真”(once true always true)，而是依然可能随着时间、脉络的变化而变化。因此，把“真理”还原成“证成性”或者“合理的可主张性”就是殊可怀疑的，因为这在根本上混淆了真理与意见的差别。

虽然在知识论上直接把真理等同于证成的做法是殊可怀疑的，但这不意味着知识论的正确性概念同样不能成立。“是真的”与“是正确的”这两个谓词的本体论地位是不尽相同的。真理宣称关联的是客观世界的事实，当我们说一个命题“是真的”，不仅意指这个命题是超越脉络限制的，而且它还关联到在因果关系上独立的客观世界的实在性。虽然语言学转向之后，多数哲学家承认人类无法直接通达“未被概念化的实在”(普特南语)，但是哈贝马斯越来越倾向于认为，这不意味着“真”就可以被约减成为“被当成是真”，这也正如芭芭拉·福尔特纳（Barbara Fultner）所说，“究其根本，客观有效性是关于事实上什么是真的问题，而不是我们关于我们把什么当成是真的问题”。[1] 与此相对，正确性宣称关联的是社会世界的规范，当我们说一个规范陈述“是正确的”，它仍旧可能是被限定在某一具体的时空脉络中，比如，一种在中国是正确的道德规范极有可能到了加纳就是错误的。当然，我们知道哈贝马斯的交谈伦理学就是意在建立起一个

1　Habermas, *Truth and Justification*, 2003, xvi.

超越脉络的、普遍有效的道德正确性。由于正确性概念指涉的是人类共享的社会世界而不是外在的客观世界，所以正确性不可能是一种实在论的概念，而只能是一种知识论的概念。在交谈伦理学中，称一个道德规范是正确的，就是说在理想的言说条件下，所有参与对话的人都能对此达成共识。由此看来，虽然在《真理论》以及此后相当长的时间内，哈贝马斯一度把真理和正确性都视为知识论的概念，但是在《真理与证成》中，真理与道德正确性的本体论地位却有着明显的不同：后者是知识论的概念，而前者只可能是某种实在论的概念。以下我们将把行文重点放在对真理概念的考察而不是对其他两个类真理概念的考察上。

真理不能直接等同于证成，哈贝马斯的这个担忧几乎是当代哲学界的共识，阿伦特、普特南还有罗蒂均不约而同地表达过类似的想法。比如，罗蒂认为，鉴于“现在”与“未来”存在难以逾越的鸿沟，在此时此刻被充分证成的命题在未来有可能会因为出现新的理据而被证伪，所以把真理还原成为“证成性”是错误的。[1]

虽然哈贝马斯和罗蒂都接受共同的前提——真理不能被还原成为“合理的可主张性”（证成性），但二者却分别得出了两种不同的真理观。按照罗蒂的观点，真理不但不能被还原成为证成，而且二者根本就是分离的两个概念，所以关于真理就没有什么好

1 这个观点散见于罗蒂关于真理的各种文章和言论中。参见：Richard Rorty, *Truth and Progress*, Cambridge: Cambridge University Press,1998；以及 Richard Rorty, “Universality and Truth”, in Robert B. Brandom (ed.), *Rorty and His Critics*, 2000。

谈的，实用主义者既不能用“真”这个词汇来描述某个命题或者陈述，也不能提供任何真理理论，他们所能做的就是指出真理不是探究的目标，进一步的，“真”这个词语唯一的用途仅仅在于“警戒”（cautionary use of truth）——警告人们充分意识到当下这个被充分证成的命题，在面对未来的听众或者未来的情境依然可能是假的，除此之外，我们不能对“真”要求更多。[1]

与罗蒂相比，哈贝马斯虽然同样放弃了对绝对真理和终极真理的诉求，但没有像罗蒂那样把真理概念“缩水”成消极意义的“警戒”作用，而是保留了真理的规范意义。哈贝马斯认为，“真理”和“合理的可主张性”之间的确不能直接画上等号，但二者之间仍旧存在一种内在的关联。这种内在关联并不是建立在“逻辑有效性上的‘强制性’理由”之上的，而是建立在“语用学‘无法抗拒的’理由”之上的。换言之，当我们说一个命题为真的时候，并不需要在逻辑上排除完所有的出错可能——比如像罗蒂所说的未来的听众或者未来的可能情境——这是不必要也是不可能的。

哈贝马斯区分在“施为态度”（performative attitude）下对命题“p”之无条件为真的相信，与在“反思态度”（reflexive attitude）下对命题“p”之可能为假的疑虑：

> 如我们所看见的，在日常实践中，社会化的个体是依赖

1　参见：Richard Rorty, *Truth and Progress*, 1998；以及 Richard Rorty, “Universality and Truth”, in Robert B. Brandom (ed.), *Rorty and His Critics*, 2000。

> 于行动的确定性的，只要它们是由被毫无保留地接受的知识所支持，这种行动的确定性就能够维持它自身。在语法上与此相对应的事实是，当我们是以“施为态度”提出断言“p”时，我们就会相信“p”是无条件的真，即使当我们采取“反思的态度”时，我们不能排除在明天或者别的地方会出现使“p”失去效力的理由和证据。[1]

只有当行动的确定性发生动摇，它才以“成问题的命题”的形式从理所当然、无可怀疑的生活世界的背景地位中突显出来，此时，处于前反思状态的行动者把注意力和焦点集中在这个命题之上，行动者由此蜕变成为参与沟通的对话者，开始就有争议的论题进行对话和论辩。而在论辩的过程中，参与者所做的工作首先是充分掌握“相关的重要信息”，并且仔细权衡“所有的相关理由”，当发现所有可能反对“p”的潜在异议都已经穷尽时，参与者才会得到确信，这样一来，“继续讨论的所有动机也就消耗殆尽了”。从行动者的立场看，之所以暂时性地采取反思的态度乃是为了修复部分被歪曲的背景理解，而有争议的真理主张之“去问题化”则意味着反思者再次获得了重返行动者态度的通行证，意味着他再次以“素朴的”方式与世界打交道。一旦“我们”与“他们”关于事情是什么的异议得到了解决，“我们”的世界就可

1　Habermas, “Richard Rorty’s Pragmatic Turn”, in Robert B. Brandom (ed.), *Rorty and His Critics*, 2000, p.47.

以和“这个”世界再次交融在一起。

在把“合理的可主张性”的交谈概念与语用学意义的、非知识论的真理概念相连之后，真理的意义就不在于我们是否能够在知识论上取得符合客观实在的命题，或者在逻辑上获得不会再错的判断，而在于通过交谈来消除疑虑，把通过交谈证成的主张（discursively justified assertions）转译成为重建的行动确定性（reestablished behavioral certainties），使脱落成反思态度的主体再次成为处在前反思状态的行动者，并最终使“通过交谈证成的信念”转译成为“行动的真理”（behavioral truths）。[1]

哈贝马斯进一步认为，当自由、平等的交谈参与者通过理性的沟通达成共识后，这种共识就不仅具有主体间的有效性，而且以行动的确定性折射出日常实践的实在性，这种实在性并不是形而上学实在论者所说的主体以外的对象或者客观的真相，而是“总是已经”（always already）与行动者打成一片、相互交融、不分彼此的生活世界本身。世界的客观性和共识的确定性不是需要通过反思和论辩去论证的目标，而是反思和论辩所以可能的前提和基础，人们通过交谈和论辩只是为了再次反身回到总是已经拥有的客观性和确定性。

由此可见，当罗蒂说真理与证成之间的区别在于“不可被识

1　Habermas, “Richard Rorty’s Pragmatic Turn”, in Robert B. Brandom (ed.), *Rorty and His Critics*, 2000, pp.31-55.

别”与“可被识别”时[1]，哈贝马斯会认为罗蒂只说对了问题的一半，因为站在知识论的立场上，真理与证成的确是分离的，可是站在语用学的立场上，真理却与证成存在着内在关联。在哈贝马斯看来，真理的立足点不是对实在做出正确的表象，而是“必定不会土崩瓦解的日常实践”。[2]哈贝马斯批评罗蒂等人之所以拒绝承认真理与证成存在内在关联，之所以主张脉络主义，就是因为他们仍旧停留在“反思态度”和论辩的层面，而一旦在反思与行动之间成功地建立起互动转换的关系，一切问题都将迎刃而解。[3]

回想上一节对生活世界所做的阐述，就会发现，哈贝马斯的这些观点早在《沟通行动理论》时期就已经埋下了伏笔，可以说把“真理共识理论”最终修订成为“真理的去除疑虑论”[4]是哈贝马斯思路的必然结果。这种真理的去除疑虑论究其根本其实是日常实在论的真理观。正如芭芭拉·福尔特纳所指出的，与《真理论》时期相比，《真理与证成》时期的哈贝马斯不再提供“真理的定义”或者把真理等同于其他东西，他把我们的注意力转移到真理概念“在日常生活和交谈中所发挥的功用上”，在此意义上，“我们就会更加注意到真之述谓的‘警戒’作用以及我们主张的可错性，而真理的无条件性则在日常操持的实践脉络中一览无余。在

1　Richard Rorty, “Universality and Truth”, in Robert B. Brandom (ed.), *Rorty and His Critics*, 2000, p.2.

2　Habermas, “Richard Rorty’s Pragmatic Turn”, in Robert B. Brandom (ed.), *Rorty and His Critics*, 2000, p.41.

3　同上，p.48。

4　“真理的去除疑虑论”是阿佩尔对哈贝马斯这一理论转向的命名，参见：VGL. Apel, 2002:2.

日常操持中，我们预设了无条件有效的确定的真理和实践的确定性。就像哈贝马斯所说的：'我们不会行走在我们怀疑其稳定性的任何桥梁上'，这种无条件的接受是真理的实在论概念的语用学必然结论"。[1]

如果说在"真理共识理论"中，共识是沟通行动的目的和旨归，并且还可以被冠上真理的名号，那么在"真理的去除疑虑论"中，共识的地位和作用就发生了显著的变化，它不再是沟通行动的最终目的，而是一个居中调节的概念——左边是成问题和有分歧的论题，右边是理所当然、毋庸置疑的行动确定性或曰"行动的真理"，共识则是连接这两个极端的桥梁。共识不再被认为等同于真理，而是通向"行动的真理"的一座桥梁。

在真理的去除疑虑论中，生活世界的作用和地位被提升到更高的位置，通过对生活世界[2]的引进和阐述，哈贝马斯事实上已经降低了理性对话的重要性，人们之所以能够在分歧中达成共识，更多不是出于理性的力量，而是基于共同的生活形式，而这种共识也必须要还原为生活方式的一致才能获得最终的确定性和客观性。

随着生活世界的地位被提升以及行动之真理的确立，真理与政治之间的关系也发生了根本性的逆转。传统观点认为，真理与

1 Habermas, *Truth and Justification*, 2003, xviii.

2 虽然哈贝马斯更常使用的是现象学传统的"生活世界"，但我认为后期维特根斯坦在《哲学研究》和《论确定性》中关于"生活形式"以及"确定性"的讨论对他影响似乎更大。

政治或者哲学与政治是相互冲突的——哲学家以求真为己任，这种真理就其本性来说是永恒不变的，反之，政治生活中的意见和利益则永远处在流动不居的状态，二者的冲突集中体现为两种正相反对的生活方式的冲突——“首先是巴门尼德然后是柏拉图所解释的哲学家的生活方式和公民的生活方式”[1]。真理的去除疑虑论不但放弃了“一朝获得永远获得”的永恒真理观——这种真理观将真理与意见截然对立起来，而且放弃了把理性共识等同于真理的知识论冲动，同时又拒绝把真理等于多数人的意见，取而代之的是日常实践中的行动确定性。苏格拉底说，一个未经反思的人生是不值得过的人生。对于这句话的理解，长久以来，哲学家们都把重点放在了“反思”上面，可是真理的去除疑虑论却告诉我们,真正的重点仍旧落在“生活”上,哲学的反思不能代替生活，反思的目的恰恰是为了让反思者重新成为行动者，为了让行动者过上更好的生活。一个未经反思的人生是不值得过的人生，但是一个过度反思的人生是没法过的人生。因此，“哲学家的生活方式”只是通往“公民的生活方式”的过程和桥梁，在真理问题上不是哲学家而是公民掌握最终的判定权力，因为公民的日常生活方式才是真理的寓居之地。如是，真理与政治就不再处于冲突之中，真理的去除疑虑论意味着哲学家与公民的和解，意味着哲学与政治的和解以及真理与现实的和解。

---

1 汉娜 · 阿伦特，《真理与政治》，田立年译，出自：贺照田编，《西方现代性的曲折与展开：学术思想评论》（第 6 辑），吉林人民出版社，2002，第 306 页。

真理的去除疑虑论不但实现了真理与现实的和解，而且由于真理最终被解释成为行动的确定性，所以真理其实被消解在现实之中，“真”这个词语不再被用来描述某一个命题或者陈述的属性，而是用来形容生活世界的理所当然与毋庸置疑。可是，正如我们马上就要看到的那样，过分强调生活世界的地位和作用将面临一些难以克服的理论困难。

第一，哈贝马斯认为，在主客二分的知识论传统中，第一人称单数“我”具有优先地位，语言学转向之后，第一人称复数“我们”就在交互主体的沟通行动中具有优先地位。哈贝马斯意在指出，由于生活世界首先不是个人私己的世界而是交互主体的世界，所以语言作为交互主体相互沟通的媒介就具有重要性和优先性，进一步的，沟通理性也就具有重要性和优先性。然而，这个判断是可疑的，因为“我们”在语言和交互主体中具有优先地位不是一个已成定论的问题，而是有待解决的问题。首先，所谓交互主体性在概念结构上并未真正摆脱主-客两分的模式。交互主体所说的无非是，主体所面对的这个客体同时也是一个主体并且首先应该是一个主体，因为我们应该把这个主体当成目的而非手段，所以我们应该采取沟通理性而非工具理性对待之。显然，上述所有论点都只是理论上的应然而非现实中的实然，沟通行动在日常言语行动中是否具有独立性与优先性始终是哈贝马斯无法回避的问题。其次，即使把第一人称单数替换成第一人称复数，“我们”这个概念仍然是有边界和有区隔的，它在概念上仍旧要预设“你们”和“他们”的存在，仍旧要把一些他者区隔在外，唯其如此，“我们”才成其为“我们”。把“我们”这个边界模糊的指称作为沟通行动和生活世界的理论起点是殊可怀疑的，因为它本身就是一个需要不断进行重建和维持的起点，我甚至愿意说这个起点同时也是我们所追求的目标。最后,对于“我们”来说,“我们”总是理所当然的，所以在政治哲学和伦理学中，“我们”就不是问题的要害所在，因为“我们”内部的问题总是好解决的，成问题的恰恰是“我们”与“他们”的关系，正是“他们”的存在对我们的生活方式、价值体系、文化传统的正当性构成了挑战。在这个意义上，政治哲学的首要问题就不是“我们”而是“他们”，是那些为了使得政治哲学和政治生活得以可能而必须被排除在外的“他们”。

第二，当“我们”遭遇“他们”之时，作为沟通行动之“补足概念”的生活世界的作用就变得异常突出,假如“我们”与“他们”的情境和生活世界差异过大，乃至根本就找不到任何实质性的共同基础，这样的对话如何可能？

“我们”是有边界的,生活世界同样如此。维特根斯坦说:“孩子学会相信很多事情。也就是说,孩子学会遵循这些信念去做事。然后渐渐地形成一个信念体系，在这个信念体系中，某些信念占有不可动摇的位置，有些则是或多或少可以被动摇的。某个信念之所以占有稳固的地位，不是因为它就其本身自明或者更有说服力,而是靠周围的其他信念的支撑才使得它不可动摇。”[1] 可是，

1　Wittgenstein, *On Certainty*, 1969, p.21e.

结构虽然能够给结构内的诸信念提供相互支持，但是结构却无法给结构自身提供支持。身处某个特定生活世界的人因为无法超越生活世界的边界，从而也就无法对整体的生活世界提出质疑，可是这个生活世界之外的人却是可以对之提出批评的。“我们”内部的人或许可以如哈贝马斯所说通过对话和沟通以消除疑虑，最后返回到原本理所当然没有问题的生活世界的行动确定性，可问题在于，当“我们”与“他们”相遇的时候，作为复数形式的生活世界打一开始就是分离和不确定的，就是疑窦从生和冲突不断的,“我们”和“他们”可以返回到哪一种“行动的真理”中呢？还是让我们引用维特根斯坦的话：“我说我会‘反对’另一个人，但是难道我不会给他讲出理由吗？当然会。但是这些理由能有多大效力？在理由穷尽之后就是说服。（想想传教士让土著人改信宗教时所发生的情况。）”[1]

当今世界所面临的文明冲突或曰价值多元主义，更多的不是罗尔斯或者哈贝马斯所说的“立宪主义民主社会中的多元主义”——这种多元主义有一个很好听的名称叫作“合理的歧见”，而是处在不同生活世界、彼此没有或者甚少背景重叠、基本原则相互矛盾的不同文明之间的冲突，它们之间的分歧很难被称作是“合理”的。因为这些分歧不是发生在同一知识共同体之内，而是在不同的知识共同体之间；不是在同一语言游戏之内，而是在

1　Wittgenstein, *On Certainty*, 1969, p.81e. 在 611 节，维特根斯坦这样说：“当两个无法相互协调的原则真正相遇时，每个人都会把对方叫作蠢人和异教徒。”(p.81e)

不同的语言游戏之间；不是在同一生活世界之内，而是在不同的生活世界之间。如果从全球化的视野看，“诸神之争”早已不再是奥林匹亚山上的希腊诸神争斗，而是希腊神与形形色色各类神的争斗，后一种争斗的背景不仅与前一种争斗的背景迥然不同，而且其对生活世界的理所当然性的揭露也更彻底。所以，当哈贝马斯将真理共识理论转变成为真理的去除疑虑论之后，“真理”的脉络独立性不仅没有得到保证，反而愈发突显出真理的脉络依赖性。生活世界这个概念对于生活世界之外的他者而言不仅不是一个可供利用的资源，相反成了不可逾越的障碍。这或许是哈贝马斯所始料未及的。

乐观主义者或许会说，全球化所导致的诸神之争固然让人沮丧，但是全球化进程也不乏积极的一面，因为它很可能为来自不同传统的诸神建立起一个共享的生活世界，尽管诸神之争的始作俑者就是全球化自身，尽管如此建立起来的共享的生活世界有可能是以丧失复杂性、多元性和丰富性为代价的，但如果这就是我们命定的结局，我们似乎也只能默然接受这个对全球化进程天真而乐观的期许。

第八章

结　语

毋庸讳言，本书所有的讨论都被严格限定在现代政治的论域内。倘非现代，则政治正当性的基础可以诉诸父权制、神权中心、神圣的权利、某些优异人群的自然优越性、政治生活的自然性等，不一而足；这种差异性和丰富性在现代性席卷一切的冲击下，迅速被吞没和缩减为单一的正当性标准：被统治者的认可、信念或共识，这一现象正应了约翰·格雷那句著名的时代诊断："现代性并不始于对差异的承认，而是始于对一致性的要求。"[1]

显然，问题的关键着落在"现代"二字上。

"现代"（modernus）一词最早出现在公元5世纪，目的是为

1 约翰·格雷，《自由主义的两张面孔》，顾爱彬等译，江苏人民出版社，2002，第4页。有趣的是，施特劳斯曾说过另外一句话："在对多样性或个性的尊重与对自然权利的认可之间存在着紧张关系"，言下之意，现代性追求多样性与差异性，而古代哲学追求一致性。施特劳斯与格雷的这两个判断看似龃龉，其实并不矛盾，因为这里存在两个层面的一致：古希腊的公民追求一致，不过这是目标的一致，或者说是价值的一致；而现代公民要想在同一社会中和平共处，则必须满足起点的一致，也即公民基本权利的一致，而对于价值目标则是各人选择各人心仪的幸福生活。

了把已经皈依基督教的“现在”和仍然属于异教罗马的“过去”区别开来。哈贝马斯认为，自此以后，现代一词在内涵上就有意识地强调古今之间的断裂。所谓古今之争，泛而言之，体现在“现代精神要求贬低直接相关的前历史并与之保持一段距离，以便自己为自己提供规范性的基础”；具体地说，它要求现代性“根据硕果仅存的唯一权威——理性——去质疑和评估所有的传统与权威”。[1]这种理性并非价值理性而是韦伯所说的工具理性，其要点在于，它只提供最佳的手段，不追问目的的意义。众所周知，在前现代特别是亚里士多德式的目的论宇宙观中，价值和意义是客观地坐落于世界秩序之中的，人们要做的只是发现它。但是启蒙之后，自然与约定的分离愈深，人们不再信奉整体主义和目的论的观念，价值和意义于是被驱逐出客观世界，成为人类主观意志和激情选择与创造的产物。这一变化反映在政治领域里，就突出表现为人是天生自由和平等的，没有人拥有与生俱来或者自然命定的权威去统治别人。既然如此，政治权力的来源就不可能源于自上而下的客观外在根据，而只可能是自下而上由被统治者的意志所赋予的。

虽然在现代性的背景下，被统治者的认可成为现代政治的正当性基础，但是，正当性这个概念仍然面临着两个方向的混淆：一是日益等同于证成性，二是渐趋蜕变成合法性。类似的混乱不

1　Habermas, *The Postnational Constellation*, translated and edited by Max Pensky, Cambridge, MA:The MIT Press, 2001, pp.131-133.

仅发生在街头巷陌寻常百姓的政治闲谈中，也发生在专业学者的哲学著述中，结果正当性就像是可以任意涂抹在所有蛋糕上的奶油，对政治权力所做的任何道德辩护都被冠上“正当性”，最终导致正当性丧失了它独有的理论解释力和规范有效性。本书的工作就是力图扭转这一混乱的局面，重新界定正当性与其亲缘概念如证成性、合法性、政治义务和政治责任等核心词汇之间的关系，希望通过对概念关系的梳理标定正当性在当代政治哲学概念地图上的位置，最终廓清被语言迷雾所遮蔽的现实。

在梳理各种概念混淆的时候，本书用力最多的就是正当性与证成性之间的差异。为了再次彰显这一区分的重要意义，我们不妨设想这样一个例子：

> 张三有一辆私家车，定期会开到某洗车厂——该洗车厂因其优异的服务质量得到了张三的认可——进行清洗。一天，张三正驱车前往该洗车厂，结果路遇红灯，停在了某十字路口前。此时，一个小孩提着水桶上前，二话不说开始给张三擦车。小孩的擦车技术很好，态度也算友善，但是，当他伸手问张三要擦车费时，张三断然拒绝了他的请求。

当然，结果也可能是这样：

> 因为小孩的优质服务让张三异常满意，又因为张三因为公务在身、驱车前往洗车场会浪费许多时间，并且这个小孩

要赖撒泼，张三不愿与之纠缠，诸种原因作用之下，张三最终付了擦车钱。

如果我们没有区分正当性与证成性，那么即便面对这样一个最为日常的例子，也会面临解释上的混乱和困难，而一旦我们在概念层面上严格区分正当性和证成性，则可能会给出一个脉络清晰且言之有理的图景：由于正当性是一种“回溯性”的概念，它关注的是权力的来源和谱系，也就是从“发生的进路”去评价权力；而作为“前瞻性”概念的证成性，关注的是权力的效用和达成的目的，也即从“目的的进路”去评价权力。这种概念层面上的区分在洛克式的个人主义、自由主义传统中，呈现出具体的观念层面上的区分：正当性关注的是“国家与个体主体之间的特殊关系”,而证成性关注的是“国家与作为整体的主体的一般关系”。

一旦成功地建立起正当性／证成性的概念框架，我们就可以由此出发去评价小孩的擦车行为：首先，小孩的擦车行为是没有正当性的，因为他没有得到张三的认可，这种不请自来的所谓服务严重侵犯了张三的个体自主性；其次，鉴于小孩提供的擦车服务非常之优良，并且也是张三所希望得到的服务，所以小孩的擦车行为是有合理性也即证成性的，不过这种所谓的合理性和证成性并不能反推出小孩的行为具有正当性——这是道德上评价权力的两种不同进路。

本书认为，当我们把解释对象延伸到政治权力和国家行为时，上述区分仍然是成立的。这个区分不仅可以帮助我们更好地理解和评价政治权力及其行为，而且有助于我们深刻体认“被统治者的认可”在现代政治正当性中所占据的根源性位置——因为任何与个体意志表达无关的论证都只是在证成性的层面工作，而不是在正当化。

虽然我们可以在概念上和观念上严格区分正当性与证成性，但不可否认，二者同样存在千丝万缕的联系，正当性与证成性之间的区分并不存在非此即彼、截然两分的逻辑界线。比方说，任何一个国家或者政府，只要未到彻底崩溃的边缘，或多或少都具有一定的证成性：要么能够维护一定的社会秩序，要么能够促进基本的社会公正，要么能够提升人民福祉，但所有这些道德上的理据（也就是所谓的“证成性”）都是从国家所具有的属性和功能出发，它既无法解释政治权力的来源是否正当，也无法解释为什么该政治权力会对具体的个人拥有如此这般的政治权威。一言以蔽之，它无法回答正当性的问题。在这个意义上，哪怕一个政治权力拥有再多的证成性也无法推出它就拥有正当性。可是反过来说，一个原本具备正当性的政治权力，如果它缺乏足够的证成性——例如缺乏基本公正、民不聊生、社会动荡不安——就一定会削弱它的正当性，就此而言，正当性和证成性之间又存在着某种不对称的关联性。按照社会契约论的观点，人们之所以选择离开自然状态并建立国家和政府，正是为了促进自由公正、确保生活稳定安全、提高自身福祉乃至实现共同认可的幸福生活，非如此，我们无法解释人们建立国家和政府的原初动机和理由，而一旦一个政府或国家无法实现这些基本目的，人们就有权收回当初给出的认可，这个国家和政府也因此失去了正当性。在这个意义上说，“目的的进路”甚至在逻辑上优先于“发生的进路”。因此，我的基本结论是，证成性可以削弱正当性，但却不能推出或者促生正当性，这两个概念之间的关联是一种相互分离又相互影响的不对等关系。

从政治正当性／证成性的区分出发，我们可以进一步在政治义务／政治责任之间勾勒出一幅融贯一致且线条清晰的概念地图：国家的正当性与公民的政治义务具有概念上的关联性，这是基于认可理论或者修正后的公平游戏解释，而国家证成性则与公民的政治责任相关联，这是基于身份认同原则或者感恩原则等。上述概念框架不仅第一次彻底厘清了传统政治义务理论的混乱局面，而且为政治哲学中最为重要的几个概念标定了概念关系。我认为，以上的概念细分并不是文字游戏，而是有着实质性的理论效果，它可以帮助我们澄清由于概念混乱导致的对相关现实的无视和无知。如果说哲学家并不提供任何新鲜的材料，只提供分析问题的概念框架和视角，那么我相信区分正当性与证成性适足可以承担起这一根本的哲学任务。当然，它从未承诺解决道德评价政治权力的所有问题。

最后，我想回到我们在第一章中提出的那个问题：“需要正当性这个概念吗？”有学者相信，正当性不过是一个冗余的概念，应该用那些更加清晰有效的概念——如服从、相信和规范——来取代它。[1]这个质疑相当有力，在结束本书之前，我尝试对它做出以下两点回应。

第一，相对于服从、相信和规范来说，正当性是一个更为整全的概念，它覆盖了“道德评价政治权力关系”的整体。而不管是服从、相信还是规范，都只是涉及“道德评价权力关系”的某一面向或部分，作为正当性概念的构成要素，它们只能起到进一步详细界定和补充说明的作用，却无法真正地取而代之。并且，本书的工作业已证明，我们可以在相当程度上澄清正当性的混乱局面。

第二，正当性是一个在日常语言中被普通人反复使用的词汇，日常语言天然存在着歧义性和模糊性。尽管在进行哲学思考的时候，我们努力追求语词意义的确定性和可理解性，但这不意味着，全力避免所有可能被误解的情况乃是哲学思考的中心工作，因为“任何一般的解释也都可能被误解”[2]。退一步说，即便我们用服从、相信或者规范这些较为清晰的概念取代了正当性，人们依旧会质疑这些替代概念是边缘模糊的概念，并要求用更为清晰的概念取代之，这将导致一种恶的无限。因此，正确的态度是，在不同的学科内部、针对不同的主题寻求不同的确定性。借用亚里士多德的观点：“我们对政治学的讨论如果达到了它的题材所能容有的那种确定程度，就已足够了。不能期待一切理论都同样精确。政

1　Morris Zelditch Jr., “Theories of Legitimacy”, in John T. Jost and Brenda Major (eds.), *The Psychology of Legitimacy*, 2001, pp.47-48.

2　维特根斯坦，《哲学研究》，2001，第 52 页。

治学考察高尚（高贵）与公正的行为。这些行为包含着许多差异与不确定性。……所以，当谈论这类题材并且从如此不确定的前提出发来谈论它们时，我们就只能大致地、粗略地说明真；当我们的题材与前提基本为真时，我们就只能得出基本为真的结论。对每一个论断也应当这样领会。因为一个有教养的人的特点，就是在每种事物中只寻求那种题材的本性所容有的确切性。只要求一个数学家提出一个大致的说法，与要求一位修辞学家做出严格的证明同样地不合理。”[1] 就此而言，我相信哲学家没有权利取消任何一个日常概念，哲学工作和概念考察的结果无非是让“我们看到了相似之处盘根错节的复杂网络——粗略精微的各种相似”[2]，而不是为了力求简洁明晰不惜嫁接新枝甚至创造新词，那种宣称要取消正当性概念的主张在我看来乃是对哲学理论限度的非法僭越。

思想作用于现实的路径总是晦暗莫名且不可预期的。虽然在本书的写作过程中，现实政治问题始终作为“反思均衡”的一个维度隐形在场，而且我也相信本书的分析框架和解释路径能够被有效地应用到对现实政治问题的思考，但是它能否以及如何被现实的政治话语和日常语言所接受并应用，却不是我所能够预见的。

正如格雷所说，所有的政治哲学都只是“表达了一种历史哲学”[3]，本书也不例外。我们无法完全摆脱脉络的纠缠，也不必

1 亚里士多德，《尼各马可伦理学》，廖申白译，商务印书馆，2006，1094b12-25。
2 维特根斯坦，《哲学研究》，2001，第 49 页。
3 约翰 · 格雷，《自由主义的两张面孔》，2002，第 23 页。

完全摆脱脉络的纠缠，历史性与时间性的引入对于曾经强调绝对性和确定性的哲学并非灾难，因为这才是我们处身其间的真实世界——一个有限的、流动不居的属人世界。在纷繁芜杂的价值多元主义时代，简单采取形而上学独断论的立场反倒是容易的，可是它于事无补。我们需要的是直面复杂事态的理论勇气。因为有限性不是对我们思考的限制，而正是我们思考的起点和条件。

参考文献

英文参考书目

[1] Anscombe, G.E.M. (Gertrude Elizabeth Margaret). *The Collected Philosophical Papers of G.E.M.Anscombe*. Oxford: Basil Blackwell, 1981.

[2] Austin, J. L. *How to Do Things with Words*. Oxford: Oxford University Press, 1971.

[3] Beetham, D. *The Legitimation of Power*. London: Palgrave Macmillan, 1991.

[4] Blackburn, Simon. *The Oxford Dictionary of Philosophy*. Shanghai: Shanghai Foreign Language Education Press, 2000.

[5] Bohman, James, William Rehg, eds. *Deliberative Democracy: Essays on Reason and Politics*. Cambridge, MA: The MIT Press, 1997.

[6] Brandom, Robert B. *Rorty and His Critics*. Malden, MA: Blackwell Publishers, 2000.

[7] Capriotti, Emile. *The Grounds and Limits of Political Obligation*. New York: Peter Lang Inc., 1993.

[8] Connolly, William. *Legitimacy and the State*. New York: New York University Press, 1984.

[9] Davis, Michael. *Actual Social Contract and Political Obligation: A Philosopher's History Through Locke*. Lewiston, N.Y.: The Edwin

Mellen Press, 2002.

[10] Deflem, Mathieu. *Habermas, Modernity and Law*. London: Sage Publications, 1996.

[11] Dworkin, Ronald. *Law's Empire*. Cambridge, MA: The Belknap Press of Harvard University Press, 1986.

[12] Edmundson, William A. *The Duty to Obey the Law: Selected Philosophical Readings*. Lanham, MD: Rowman & Littlefield Publishers, 1999.

[13] Edmundson, William A. *Three Anarchical Fallacies: An Essay on Political Authority*. Cambridge: Cambridge University Press, 1998.

[14] Eriksen, Erik Oddvar, Jarle Weigård. *Understanding Habermas: Communicative Action and Deliberative Democracy*. London: Continuum, 2003.

[15] Flathman, Richard E. *Political Obligation*. New York: Atheneum, 1972.

[16] Freeman, Samuel. *The Cambridge Companion to Rawls*. Cambridge: Cambridge University Press, 2003.

[17] Fukuyama, Francis. *State-Building: Governance and World Order in the 21st Century*. Ithaca, N.Y.: Cornell University Press, 2004.

[18] Galston, William A. *Liberal Pluralism: The Implications of Value Pluralism for Political Theory and Practice*. Cambridge: Cambridge University Press, 2002.

[19] Gans, C. *Philosophical Anarchism and Political Disobedience*. Cambridge: Cambridge University Press, 1992.

[20] Gauthier, David. *Moral by Agreement*. Oxford: Clarendon Press, 1986.

[21] Gray, John. *Two Faces of Liberalism*. New York: New Press, 2000.

[22] Gray, John. *Heresies:Against Progress and Other Illusions*, London: Granta Books, 2004.

[23] Green, Leslie. *The Authority of the State*. Oxford: Clarendon Press, 1988.

[24] Green, Thomas Hill. *Lectures on the Principles of the Political Obligations*. Kitchener: Batoche Books,1999.

[25] Greenawalt, Kent. *Conflicts of Law and Morality*. New York: Oxford University Press, 1987.

[26] Gutmann, Amy, Dennis Thompson. *Democracy and Disagreement.* Cambridge, MA: The Belknap Press of Harvard University Press, 1996.

[27] Habermas, Jürgen. *A Berlin Republic: Writings on Germany*, trans. Steven Rendall. Lincoln, Nebraska: University of Nebraska Press, 1997.

[28] Habermas, Jürgen. *Between Facts and Norms: Contributions to a Discourse Theory of Law and Democracy*. trans. William Rehg. Cambridge, MA: The MIT Press,1996.

[29] Habermas, Jürgen. *Communication and the Evolution of Society*. trans. Thomas McCarthy. Boston, MA: Beacon Press, 1979.

[30] Habermas, Jürgen. *Legitimation Crisis*. trans. Thomas McCarthy. Boston, MA: Beacon Press, 1975.

[31] Habermas, Jürgen, *The Inclusion of the Other: Studies in Political Theory*, eds. Ciaran Cronin, Pablo De Grieff. Cambridge, MA: The MIT Press, 1998.

[32] Habermas, Jürgen. *The Postnational Constellation*, trans. Max Pensky. Cambridge, MA: The MIT Press, 2001.

[33] Habermas, Jürgen. *The Theory of Communicative Action*, trans. Thomas McCarthy. London: Heinemann, 1985-1987.

[34] Habermas, Jürgen. *Truth and Justification*, trans. Barbara Fultner. Cambridge, MA: The MIT Press, 2003.

[35] Harris, Paul. *On Political Obligation*. London: Routledge, 1990.

[36] Hart, H.L.A. *The Concept of Law*. Oxford: Oxford University Press, 1994.

[37] Horton, J. *Political Obligation*. Atlantic Highlands, N. J.: Humanities Press, 1997.

[38] Jost, John T., Brenda Major. *The Psychology of Legitimacy: Emerging Perspectives on Ideology, Justice, and Intergroup Relations*. Cambridge: Cambridge University Press, 2001.

[39] Lipset, Seymour Martin. *Political Man*. Garden City, N.Y.: Doubleday, 1960.

[40] Martin, Roderick. *The Sociology of Power*. London: Routledge & Kegan Paul, 1977.

[41] McPherson, Thomas. *Political Obligation*. London: Routledge & Kegan Paul, 1967.

[42] Pateman, Carole. *The Problem of Political Obligation:A Critical Analysis of Liberal Theory*. Chichester: John Wiley & Sons, 1979.

[43] Plamenatz, John P. *Consent, Freedom and Political Obligation*. Oxford: Oxford University Press, 1968.

[44] Prichard, H.A. (Harold Arthur). *Moral Writings*, eds. H.A. Pritchard, Jim MacAdam. Oxford: Oxford University Press, 2002.

[45] Raphael, David. *Problems of Political Philosophy*. Atlantic Highlands, N.J.: Humanities Press, 1990.

[46] Rasmussen, David M., James Swindal. *Jürgen Habermas*. Vol. 4. London: Sage Publications, 2002.

[47] Rawls, John. *A Theory of Justice*. Cambridge, MA: The Belknap Press of Harvard University Press,1971.

[48] Rawls, John. *Collected Papers*, ed. Samuel Freeman. Cambridge, MA: Harvard University Press, 1999.

[49] Rawls, John. *Political Liberalism*. New York: Columbia University Press,1996.

[50] Raz, Joseph. *Authority*. New York: New York University Press, 1990.

[51] Reiman, Jeffrey H. *In Defense of Political Philosophy: A Reply to Robert Paul Wolff's In Defense of Anarchism*. New York: Harper & Row Publishers, 1972.

[52] Riley, Patrick. *Will and Political Legitimacy: A Critical Exposition of Social Contract Theory in Hobbes, Locke, Rousseau, Kant,* and

Hegel. Cambridge, MA: Harvard University Press, 1982.

[53] Rorty, Richard. *Truth and Progress*. Cambridge: Cambridge University Press, 1998.

[54] Rubin, Edward L. *Beyond Camelot: Rethinking Politics and Law for the Modern State*, Princeton, N. J.: Princeton University Press, 2005.

[55] Sanders, John T., Jan Narveson. *For and Against the State*. Lanham, MD: Rowman & Littlefield Publishers, 1996.

[56] Schaar, John H. *Legitimacy in the Modern State*. New Brunswick, N.J.: Transaction Publishers, 1981.

[57] Simmons, A. John. *Justification and Legitimacy: Essays on Rights and Obligations*. Cambridge: Cambridge University Press, 2000.

[58] Simmons, A. John. *Moral Principles and Political Obligations*. Princeton, N.J.: Princeton University Press, 1979.

[59] Simmons, A. John. *On the Edge of Anarchy: Locke, Consent, and the Limits of Society*. Princeton, N.J.: Princeton University Press, 1993.

[60] Singer, Peter. *Democracy and Disobedience*. New York: Oxford University Press, 1973.

[61] Tönnies, Ferdinand. *Gemeinschaft und Gesellschaft*, trans. Charles P. Loomis, New York: Harper&Row Publishers, 1957.

[62] Ullmann, Walter. *Law and Politics in the Middle Ages*. Ithaca, N. Y.: Cornell University Press, 1973.

[63] Walzer, Michael. *Obligations: Essays on Disobedience, War, and Citizenship*. Cambridge: Harvard University Press, 1970.

[64] Weber, Max. *Economy and Society*, eds. Guenther Roth, Claus Wittich. Berkeley: University of California Press,1978.

[65] Wittgenstein, Ludwig. *On Certainty*, eds. G.E.M. Anscombe, G.H. von Wright. trans. Denis Paul, G.E.M. Anscombe. Oxford: Basil Blackwell, 1969.

[66] Wittgenstein, Ludwig. *Philosophical Investigation*, trans. G.E.M. Anscombe. Oxford: Basil Blackwell, 1953.

[67] Wolff, Robert Paul. *In Defense of Anarchism*. New York: Harper & Row Publishers, 1970.

英文参考论文

[1] Arneson, Richard J., "The Principle of Fairness and Free-Rider Problems", in *Ethics*,1982, 92(4).

[2] Cohen, Joshua, "Deliberation and Democratic Legitimacy", in *The Good Polity*, eds. Alan Hamlin, Philip Pettit, Oxford: Basil Blackwell, 1989.

[3] Cohen, Joshua, "Structure, Choice, and Legitimacy: Locke's Theory of the State", in *The Social Contract Theorists*, ed. Christopher W. Morris, Lanham, MD: Rowman & Littlefield Publishers,1999.

[4] Copp, D., "The Idea of a Legitimate State", in *Philosophy and Public Affairs*, 1999, 28(1).

[5] Cushing, Simon, "Justification, Legitimacy, and Social Embeddedness: Locke and Rawls on Society and the State", in *The Journal of Value Inquiry*, 2003, 37(2).

[6] Davis, Michael, "Nozick's Argument for the Legitimacy of the Welfare State", in *Ethics*, 1987, 97(3).

[7] Edmundson, William A., "Legitimate Authority Without Political Obligation", in *Law and Philosophy*, 1998, 17(1).

[8] Flathman, R., "Legitimacy", in *A Companion to Contemporary Political Philosophy*, eds. Robert E. Goodin, Philip Pettit, Malden, MA: Blackwell Publishers, 1993.

[9] Gilbert, Margaret, "Reconsidering the 'Actual Contract' Theory of Political Obligation", in *Ethics*, 1999,109 (2).

[10] Grotefeld, Stefan, "Self-Restraint and the Principle of Consent: Some Considerations of the Liberal Conception of Political Legitimacy", in *Ethical Theory and Moral Practice*, 2000, 3 (1).

[11] Guo, BaoGang, "Political Legitimacy and China's Transition", in *Journal of Chinese Political Science*, 2003, 8 (1).

[12] Hardimon, Michael, "Role Obligations", in *The Journal of Philosophy*, 1994, 91 (7).

[13] Husak, Douglas N., "Paternalism and Autonomy", in *Philosophy and*

Public Affairs, 1981, 10(1).

[14] Kagan, Robert, "America's Crisis of Legitimacy", in *Foreign Affairs*, 2004, 83(2).

[15] Klosko, George, "Fixed Content of Political Obligations", in *Political Studies*, 1998, 46(1).

[16] Klosko, George, "Multiple Principles of Political Obligation", in *Political Theory*, 2004, 32(6).

[17] Klosko, George, "Political Obligation and the Natural Duties of Justice", in *Philosophy and Public Affairs*, 1994, 23(3).

[18] Klosko, George, "Samaritanism and Political Obligation: A Response to Christopher Wellman's 'Liberal Theory of Political Obligation'", in *Ethics*, 2003, 113(4).

[19] Lassman, Peter, "The Rule of Man Over Man: Politics, Power and Legitimacy", in *The Cambridge Companion to Weber*, ed. Stephen Turner, Cambridge: Cambridge University Press, 2000.

[20] Lowe, Scott C., "Fair Play and Social Obligation: Paying My Debt to Bert and Ernie", in *Public Affairs Quarterly*, 2000, 14(1).

[21] Martin, Rex, "Two Models for Justifying Political Authority", in *Ethics*, 1975, 86(1).

[22] McDermott, Daniel, "Fair-Play Obligations", in *Political Studies*, 2004, 52(6).

[23] McMahon, Christopher, "Autonomy and Authority", in *Philosophy and Public Affairs*, 1987, 16(4).

[24] Nagel, Thomas, "Moral Conflict and Political Legitimacy", in *Philosophy and Public Affairs*, 1987, 16(3).

[25] O'Kane, Rosemary H.T., "Against Legitimacy", in *Political Studies*, 1993, 41(3).

[26] Pitkin, Hanna, "Obligation and Consent", in *Philosophy, Politics and Society*, Fourth Series, ed. Peter Laslett. Oxford: Basil Blackwell, 1972.

[27] Pitson, Antony E., "Hume on Promise and Their Obligation", in

Hume Studies, 1988, 14(1).

[28] Raz, Joseph, “Authority and Justification”, in *Philosophy and Public Affairs*, 1985, 14(1).

[29] Raz, Joseph, “The Obligation to Obey: Revision and Tradition”, in *Ethics in the Public Domain: Essays in the Morality of Law and Politics*, Oxford: Oxford University Press, 2002.

[30] Reiman, Jeffrey H., “Anarchism and Nominalism: Wolff’s Latest Obituary for Political Philosophy”, in *Ethics*,1978, 89(1).

[31] Searle, John R., “How to Derive ‘Ought’ from ‘is’”, in *Theories of Ethics*, ed. Philippa Foot. Oxford: Oxford University Press, 1967.

[32] Senor, Thomas D., “What If There Are No Political Obligations?: A Reply to A. J. Simmons”, in *Philosophy and Public Affairs*, 1987, 16(3).

[33] Simmons, A. John, “Political Obligation and Authority”, in *The Blackwell Guide to Social and Political Philosophy*, ed. Robert L. Simon, Malden, MA: Blackwell Publishers, 2002.

[34] Simpson, Matthew, “Political Liberty in the Social Contract”, in *A Decade of Transformation*, IWM Junior Visiting Fellows Conference, Vol. 8, Vienna,1999.

[35] Stark, Cynthia A., “Hypothetical Consent and Justification”, in *The Journal of Philosophy*, 2000, 97(6).

[36] Stark, Cynthia A., “Hypothetical Consent and Political Legitimacy”, in *The Paideia Archive: Twentieth World Congress of Philosophy*, 1998, 10.

[37] Steinberger, Peter J., “Political Obligations and Derivative Duties”, in *The Journal of Politics*, 2002, 64(2).

[38] Vitek, William, “The Humean Promise: Whence Comes Its Obligation?”, in *Hume Studies*, 1986, 12(2).

[39] Waldman, Theodore, “A Note on John Locke’s Concept of Consent”, in *Ethics*, 1957, 68(1).

中文参考书目

[1] Maija Setala. 公民投票与民主政府 [M]. 廖揆祥，等，译. 台北：韦伯文化国际出版有限公司，2003.

[2] 柏拉图. 理想国 [M]. 郭斌和，张竹明，译. 北京：商务印书馆，1995.

[3] 柏拉图. 苏格拉底的最后日子——柏拉图对话集 [M]. 余灵灵，罗林平，译. 上海：上海三联书店，1988.

[4] 陈嘉映. 语言哲学 [M]. 北京：北京大学出版社，2003.

[5] 陈秀容，江宜桦. 政治社群 [M]. 台北："中央研究院"中山人文社会科学研究所，1996.

[6] 慈继伟. 正义的两面 [M]. 北京：生活·读书·新知三联书店，2001.

[7] 大卫·休谟. 人性论 [M]. 关文运，译. 北京：商务印书馆，1980.

[8] 菲利普·汉森. 历史、政治与公民权：阿伦特传 [M]. 刘佳林，译. 南京：江苏人民出版社，2004.

[9] 贺照田. 西方现代性的曲折与展开：学术思想评论 [M]. 第6辑. 长春：吉林人民出版社，2002.

[10] 霍布斯. 利维坦 [M]. 黎思复，黎廷弼，译. 北京：商务印书馆，1985.

[11] 吉尔伯特·赖尔. 心的概念 [M]. 刘建荣，译. 上海：上海译文出版社，1988.

[12] 卡尔·科恩. 论民主 [M]. 聂崇信，朱秀贤，译. 北京：商务印书馆，2004.

[13] 列奥·施特劳斯. 自然权利与历史 [M]. 彭刚，译. 北京：生活·读书·新知三联书店，2003.

[14] 卢梭. 社会契约论 [M]. 何兆武，译. 北京：商务印书馆，2001.

[15] 罗伯特·诺齐克. 无政府、国家与乌托邦 [M]. 王建凯，译. 台北：时报文化出版公司，1996.

[16] 罗杰·斯克拉顿. 保守主义的含义 [M]. 王皖强，译. 北京：中央编译出版社，2005.

[17] 马克斯·韦伯. 支配的类型 [M]. 康乐，等，译. 桂林：广西师范

大学出版社，2004.
[18] 迈克尔 · 沃尔泽 . 正义诸领域 [M]. 褚松燕，译 . 南京 : 译林出版社，2002.
[19] 乔纳森 · 沃尔夫 . 政治哲学绪论 [M]. 龚人，译 . 香港 : 牛津大学出版社，2002.
[20] 让-马克 · 夸克 . 合法性与政治 [M]. 佟心平，王远飞，译 . 北京 : 中央编译出版社，2002.
[21] 石元康 . 从中国文化到现代性 : 典范转移? [M]. 北京 : 生活 · 读书 · 新知三联书店，2000.
[22] 石元康 . 当代西方自由主义理论 [M]. 上海 : 上海三联书店，2000.
[23] 石元康 . 罗尔斯 [M]. 桂林 : 广西师范大学出版社，2004.
[24] 斯蒂芬 · 霍尔姆斯 . 反自由主义剖析 [M]. 曦中，等，译 . 北京 : 中国社会科学出版社，2002.
[25] 托马斯 · 雅诺斯基 . 公民与文明社会 [M]. 柯雄，译 . 沈阳 : 辽宁教育出版社，2002.
[26] 汪行福 . 通向话语民主之路 : 与哈贝马斯对话 [M]. 成都 : 四川人民出版社，2002.
[27] 王浩 . 哥德尔 [M]. 康宏逵，译 . 上海 : 上海译文出版社，1997.
[28] 王健文 . 奉天承运 : 古代中国的“国家”概念及其正当性基础 [M]. 台北 : 东大图书股份有限公司，1995.
[29] 王庆节 . 解释学、海德格尔与儒道今释 [M]. 北京 : 中国人民大学出版社，2004.
[30] 威尔·金里卡 . 当代政治哲学 [M]. 刘莘,译. 上海:上海三联书店，2004.
[31] 威尔 · 金里卡 . 自由主义、社群与文化 [M]. 应奇，葛水林，译. 上海 : 上海译文出版社，2005.
[32] 尤尔根 · 哈贝马斯 . 在事实与规范之间 [M]. 童世骏，译 . 北京 : 生活 · 读书 · 新知三联书店，2003.
[33] 约翰 · 罗尔斯，等 . 政治自由主义 : 批评与辩护 [M]. 万俊人，等，译 . 广州 : 广东人民出版社，2003.

[34] 约翰·洛克 . 政府论 [M]. 叶启芳，瞿菊农，译. 北京：商务印书馆，1982.
[35] 约翰 · 麦克里兰 . 西方政治思想史 [M]. 彭怀栋，译 . 海口 ：海南出版社，2003.
[36] 赵汀阳 . 论可能生活 [M]. 北京 ：中国人民大学出版社，2004.
[37] 赵汀阳 . 年度学术 2005 [M]. 北京 ：中国人民大学出版社，2005.

中文参考论文

[1] 程炼 . 公平游戏与政治义务 [J]. 哲学门，2000 (1).
[2] 李俊增 . 多元分歧与正当性 [J]. 政治与社会哲学评论，2004 (11).
[3] 石元康 . 家国同构与政教合一：论儒家政治传统与民主政治之异质性 . 未刊初稿 .
[4] 石元康 . 两种民主与两种理性 // 许纪霖 . 全球正义与文明对话 [M]. 南京 ：江苏人民出版社，2004.
[5] 石元康 . 天命与正当性：从韦伯的分类看儒家的政道 [J]. 开放时代，1999 (6) .
[6] 苏文流 . 洛克的同意论 [J]. 政治科学论丛，2002 (17).
[7] 徐向东 . 自由主义、政治中立性和人类幸福 [J] . 中国学术，2003 (4).
[8] 许国贤 . 商议式民主与民主想象 [J]. 政治科学论丛，2000 (13).
[9] 曾国祥 . 宪政主义与民主的冲突 [C]. 人民民主主权会议论文，2004.
[10] 周濂 . 沟通行动具备独立性与优先性吗？ [J]. 求是学刊，2005 (2).

后　记

本书的雏形是我在香港中文大学的博士论文，于 2005 年春完稿，2008 年交由北京三联书店出版。感谢上海三联书店和“理想国”的刘瑞琳女士决定在 13 年后的今天再版此书，这在一个意义上证明了本书还没有过学术保质期。

从 2005 年至今，我几乎没有再去触碰正当性与合法性的主题，这一方面是因为个人的学术兴趣发生了转移，另一方面则是因为我暗自认为该说的话都已说完了。这当然是错误且狂妄的想法。大约 4 年前，我开始认真研读以伯纳德 · 威廉斯为代表的政治现实主义文献。按照威廉斯的区分，本书的立场属于政治道德主义的范畴，我虽然不认为政治现实主义的冲击足以改变本书的理论框架和论证结构，但我确实认为有必要认真对待这一挑战。为此，我原计划趁着再版的机会，把新近写作的《威廉斯合法性解释的批判》收入其中，但因为种种原因还是放弃了，但愿以后有机会能以别的方式弥补这个缺憾。

在原版的后记里，我感谢了很多师友，他们分别是我的博士论文导师、香港中文大学哲学系荣休教授石元康先生，首都师范大学哲学系陈嘉映教授，中国社会科学院哲学研究所赵汀阳教授，澳门大学哲学系王庆节教授，香港大学哲学系慈继伟教授，以及我在香港求学期间结识的好友邓伟生、周保松等人。在我人生的不同节点上，他们曾以不同方式给予我许多启发，让我体会到思考的乐趣和友情的温暖。

最后，我想把这本书献给我的家人们，尤其是我的父亲。与时间赛跑的人，终究跑不过时间。但无论如何，家对于我来说永远是最温暖、最珍贵的一个汉字。

周濂

2021 年 11 月